三晋历史文化名人书系

高专诚——著

荀子

山西出版传媒集团
北岳文艺出版社

图书在版编目(CIP)数据

荀子 / 高专诚著 . —太原：北岳文艺出版社，
2021.5
（三晋历史文化名人书系 / 古卫红主编）
ISBN 978-7-5378-6362-9

Ⅰ.①荀… Ⅱ.①高… Ⅲ.①荀况（前313-前238）
－传记 Ⅳ.①B222.6

中国版本图书馆CIP数据核字（2021）第004854号

荀子

高专诚　著

//

责任编辑
薄阳青

书籍设计
张永文

印装监制
郭勇

出版发行：山西出版传媒集团·北岳文艺出版社
地址：山西省太原市并州南路57号　邮编：030012
电话：0351-5628696（发行部）　　0351-5628688（总编室）
传真：0351-5628680
经销商：新华书店
印刷装订：山西人民印刷有限责任公司

开本：787mm×1092mm　1/16
字数：208千字
印张：21.625
版次：2021年5月第1版
印次：2021年5月山西第1次印刷
书号：ISBN 978-7-5378-6362-9
定价：66.00元

荀子

杨苇 绘

出版前言

❦

习近平总书记强调："文化自信是更基础、更广泛、更深厚的自信，是更基本、更深沉、更持久的力量。"坚定中国特色社会主义道路自信、理论自信、制度自信，说到底是要坚定文化自信。奋进在建设文化强国的伟大征程中，我们要努力从中华民族世世代代形成和积累的优秀传统文化中汲取营养智慧，延续文化基因；萃取思想精华，展现精神魅力。

山西是中华文明的重要发祥地之一，以尧舜禹为代表的根祖文化，以长城为代表的多民族交融的边塞文化，以云冈、五台山、平遥为代表的物质遗产文化，都极大地彰显了山西传统文化的软实力。特别是从尧舜禹起，乃至晋文公、荀子、赵武灵王、卫青、霍去病、关羽、薛仁贵、王勃、王维、柳宗元、司马光、元好问、关汉卿、薛瑄、傅山、于成龙、陈廷敬、祁寯藻、杨深秀等，一大批政治家、思想家、军事家、文学家，在中华民族历史上做出过重大贡献，占据崇高地位，产生了持久的影响，是山西乃至中华文化的典型性人物，他们的文化成就，是中华文明的宝贵财富。

2020年5月11日至12日，习近平总书记再次亲临山西视察，对山西历史文化给予高度评价，对山西历史文化名人给予高度肯定，勉励山西要深入挖掘优秀传统文化，引导广大干部群众提升道德情操、树立良好风尚、增强文化自信。习近平总书记的重要讲话重要指示，给山西人民以极大鼓舞和激励，为我们传承和弘扬山西优秀传统文化，建设文化强省、文化强国，进一步指明了方向。

当前，山西正处于转型发展和建设文化强省的重要历史关头，迫切需要汇聚更强大、更深厚的精神力量，这就要求我们要更加坚定地以习近平新时代中国特色社会主义思想为指导，深入贯彻、忠实践行习近平总书记视察山西的重要讲话重要指示，乘势而为，守正创新，充分挖掘和弘扬山西历史文化名人的精神内涵，为山西高质量转型发展提供精神动力。为此，我们山西出版传媒集团主动策划了《三晋历史文化名人书系》。

该书系从众多的山西历史文化人物中遴选了荀子、卫青、霍去病、关羽、司马光、于成龙、陈廷敬7位极具代表性的名人，以传记的形式，深入浅出地讲述他们的生平事迹和重要成就，彰显了他们在中国古代政治、经济、军事、文化、教育等领域所做出的杰出贡献。尤其重在阐释荀子的"为学之道"，卫青、霍去病的"勇武之功"，关羽的"忠义之气"，司马光的"正直之德"，于成龙的"廉能之志"，陈廷敬的"清勤之能"，通过深入挖掘山西历史文化名人的精神内涵，汲取精神力量，引导全省干部群众深入了解山西历史文化名人、大力弘扬中华优秀传统文化。这是山西出版界贯彻习近平总书记殷殷嘱托的一项成果。

党的十九届五中全会吹响了建设社会主义文化强国的冲锋号，我省提出要凝心聚力建设新时代文化强省，熔铸发展软实力，增强文化晋军影响力，用璀璨文化之光照亮转型发展之路。我们相信，《三晋历史文化名人书系》的出版，一定有助于全省党员干部进一步深入贯彻落实习近平总书记视察山西重要讲话重要指示；有助于全省干部群众在新的历史起点上，加速转型发展，率先蹚出一条新路；有助于增强我们的历史责任感，重塑文化形象，坚定文化自信，为实现中华民族伟大复兴的中国梦奋勇前进。

山西出版传媒集团党委书记、董事长

贾新田

序论

中国古代杰出的思想家荀子

荀子是先秦时代的思想巨子、中国古代的杰出思想家。荀子思想是对先秦学术的总结，也是秦汉以来中国古代思想的重要源头。从思想史角度来看，荀子也许并不是中国古代最伟大思想家，但是，从对社会现实和历史进程产生影响的角度来看，荀子必是中国古代极有贡献的思想家。

荀子姓荀名况，后人尊称荀子。他在齐国做过客卿，又被称为荀卿子。荀子是战国中后期赵国郇邑人，郇邑地望在河东地区，具体指今山西西南部临猗、安泽和新绛一带。荀子大约生活于公元前340年至公元前235年之间，年寿在百岁左右。

年轻的荀子主要在家乡生活研习儒术，学宗孔子弟子子夏之学。子夏是三晋儒学的创立者，荀子思想把子夏的三晋儒学推到了一个新高度。

荀子的思想贡献之一，是对孔子、孟子以来传统儒家思想的继承、调整、深化和发扬。荀子坚持了孔子、孟子以来儒家思想的基本主张，即把道德修身、道德教化、道德约束政治放在其思想首位，强调以先王之道、圣人之道或仁义之道治理天下。尽管荀子非常重视法治的作用，但在法治的每一个环节都没有忘记强调"礼"的核心地位。

荀子对于孔孟之道理想化的内容进行调整，对于孔孟之道简约之处加以细化。对于孔子的德政和孟子的仁政思想，荀子一方面以德政和仁政思想为基础提出了王道思想，同时，他也立足现实，强调了传统霸道思想的现实有效性。传统儒家看重圣人、仁人和君子，孔子和孟子对此都是一概而论，荀子则细分为若干层次，主张应该有各种类型、不同层次的圣人、仁人和君子，以便更好地发挥儒家道德修身体系的作用。

荀子思想对儒学最突出的贡献，也是对孔孟之道的补充，是用法治精神补充儒家思想对社会现实的作用力度，推动传统儒家更有效地应对现实。通过对社会现实的全面考察和深入思考，荀子明确肯定了法治的有效性，并从正面讨论了如何推进法治，以及如何以儒家的礼义约束和提升依法治国的方略。其对儒家以德治国和法家依法治国的深入思考，既是对儒家思想的提升，也是大一统帝国必须具有的治国之道。

公元前320—前311年燕王哙在位期间，荀子曾在燕国求仕，这是荀子20—30岁期间发生的事情。求仕未得，荀子返回家乡。

公元前290—前259年之间，荀子与齐国之相、赵孝成王、秦昭襄王、范睢等人有过面对面交流。荀子离开家乡，游仕和游学天下，大致就在这几十年之间。这个时期，荀子大约是在50—90岁左右。

荀子50岁时离开家乡，开始周游天下。荀子游仕的第一站是齐国，主要活动区域在齐国都城临淄。齐湣王（公元前301—前284年在位）和齐襄王（公元前284—前264年在位）时代是所谓"稷下之学"昌盛的时代，荀子在此期间与天下学术流派的相关人物进行交流，对许多学术流派思想提出批评。荀子与齐国的一位丞相有过交谈，对于齐国政治的各个方面都有议论。有人向齐王建（公元前264—前221年在位）进荀子谗言，荀子被迫离开齐国。粗略估计，荀子此次在齐国生活有25年左右，这是他的学术思想成熟期。

在赵国，荀子与赵国将军临武君在赵孝成王面前有过一场对话。赵孝成王于公元前265—前245年在位。虽然无法确定荀子到达赵国的确切时间，但应该是在公元前264年之后、公元前259年离开秦国之前的某个时间。与赵孝成王对话主要讨论军事问题，双方明显意见相左，所以荀子并未在赵国久留。

在秦国，荀子会见了相国范睢和秦昭襄王（公元前306—前250年在位）。范睢是三晋人氏，在魏国受到排挤，逃往秦国。因为受封于秦国应地，亦称应侯。范睢受封应侯、任秦国之相在秦昭王四十一年（公元前266年），至秦昭王四十八年（公元前259年）辞相国之位。荀子访秦，大约在公元前266年—前259年之间。在秦国的访问和考察，对荀子思想影响很大，使荀子强烈感受到法家治国理政的效力，认真思考法家思想的作用。但是，荀子与秦国君臣政治理念不同，不能留在秦国。

荀子思想的最大贡献，是提出了儒、法兼容并存的思想。这一思想的形成，与荀子考察各国政治，特别是考察秦国政治的得与失有关。

荀子从理论上全面而合理地论证了儒家思想和法家思想如何能够并存于社会现实和政治现实之中的问题，世称荀子思想"杂王、霸之道"或"礼、法并重"，虽然也是从这个角度作出的观察，但并没有强调荀子所主张的儒、法可以并存，可以共同作用于现实，甚至相得益彰的问题。

如同所有深刻影响历史的伟大思想家一样，荀子思想虽然没有被当世完全采纳或遵从，但在他身后两千多年的中国社会里，儒、法共存的政治愿景，儒、法共同作用于现实的时代，终于从西汉中期开始实施。

荀子最晚在公元前259年离开秦国。荀子离开秦国，到了楚国，没想到终老于此，使楚国成为他的第二故乡。

到达楚国后，荀子被当政者春申君黄歇赏识，在公元前255年担任楚国兰陵（在今山东省南部苍山县兰陵镇）的行政长官（兰陵令）。

公元前238年（楚考烈王二十五年），楚考烈王去世，阴谋家李园谋杀了春申君。荀子失去兰陵令职位，但还是在兰陵安家，生活在那里，直到去世。

在楚国期间，楚国人李斯和韩国人韩非子跟随荀子学习。公元前246年，秦庄襄王去世，秦王政继位，李斯在这一年辞别老师，进入秦国，后做到秦国丞相。韩非子是最有影响力的法家思想家，李斯是最有成就的法家实干家。

荀子的一生与三晋文化关系密切。越来越多的研究表明，三晋地区的思想发展在先秦思想史和学术史上的地位不仅是重要的，而且是有着独特发展脉络和整体成就的。从这个角度去审视，能够更好地为荀子思想和学术成就做历史定位。

荀子的思想和学术成就是先秦文化整体的一部分，是人类文化遗产的一部分。但是，因为荀子的思想和学术成就源于晋文化，深受晋文化启迪和塑造，所以，从晋文化角度看待荀子的思想和学术成就，既是重要的，也是必要的。

孔子弟子子夏（卜商）是三晋人氏，子夏从三晋地区进入孔门，又在孔子去世后回到三晋地区。子夏以其在孔子门下的学术所得，整合性地推动了三晋文化的发展，应该可以说是全面推动晋文化发展的第一人。子夏之学在三晋地区的传播，最终形成三晋儒学。三晋之儒始于子夏，到战国中后期出现了荀子之儒，最终形成三晋儒学的整体脉络。先秦时期的晋文化发展，从学术进程的角度来看，始于子夏，终于荀子。

荀子的出生地是紧邻魏国东部的赵国郇邑（在今山西

西南部），他五十岁之前也主要活动在以郇邑为中心的三晋地区。荀子在郇邑的活动年代上距子夏去世大约百年左右，从地域和时间上讲，荀子有大量的机会接触子夏之学，受到子夏之学的影响。子夏思想在魏国的重要继承者之一是弟子李悝。李悝的主要贡献在经济思想和法治思想方面，前者是子夏思想的重点，后者则是荀子思想的重点。可以说，李悝思想是子夏思想与荀子思想之间的传递环节。

荀子把子夏创立的三晋儒学推至高峰。儒家坚持以道德治国，认为道德标准是千古不易的法则。这种指导思想使其容易漠视对实际政治形势的分析和理解。子夏出自孔子之门，但他对于孔子的政治追求并不是完全继承或一味模仿，而是结合三晋实际，做出了新的调整，取得了可观成效。荀子儒学思想鲜明体现了子夏儒学思想的这种精神。三晋儒学从子夏开始，到荀子时代走向成熟。荀子儒学思想不仅适应了天下政治和社会的需求，也奠定了三晋儒学和三晋法家的思想基础，把子夏儒学思想的核心精神提升到了一个新高度，甚至可以说是三晋儒学发展的至高点。

战国时代最具进步特色的是法家思想，而战国法家直接来源于三晋地区，并在三晋地区发展壮大。三晋法家既有注重实际的法家政治家，也有成就非凡的法家思想家。三晋法家的起源既与晋和三晋不断进行的变法活动有关，也与三晋地区不断涌现的思想家有关。在这些思想家中，最早的是子夏，最晚的是韩非子，在子夏与韩非子之间的则主要是荀子。

在子夏注重实践的儒学思想中，主要是发展经济、选用贤人、学以致用等内容，这些思想是荀子思想的主要内容。子夏和荀子的思想虽然本质上是儒家的，但却为法家思想的产生和发展提供了各个时期的思想准备。子夏思想是法家思想的开端，由李悝和吴起等人发扬光大。后来，荀子思想继承了子夏重法思想中的积极部分，并由他的弟子、法家思想的集大成者韩非子最后完成。

在荀子的礼学思想中，最为人称道的是他的"隆礼重法"学说，这与子夏儒学是一脉相承的。在荀子看来，早期儒家偏重于礼，致使奸邪之人有机可乘，容易犯上作乱，难以约束其行为。为了纠正这样的偏颇，法家一味强调法治，又容易使人表面上规规矩矩，内心却始终潜伏着犯罪动机，一有机会就有可能爆发。所以，荀子提出"隆礼重法"思想，就是想弥补传统儒、法两家的不足之处。事实上，在战国初期魏文侯的治国精神中，礼法并重的思想已经初步形成，而子夏对魏文侯思想的影响是不可忽视的。子夏本人对礼乐制度颇有心得，他在西河设教，是孔子儒学重礼的具体表现。子夏又有太多的著名弟子归于法家，说明了子夏思想中重法的倾向是存在的。

荀子的政治思想虽然以礼为根本，但由于对法治的重视和全面论述，使人们感觉到他的思想重点更在法而不在礼。他和两位重要弟子，韩非子和李斯，一位成为法家思想的集大成者，一位成为秦国和秦朝立法和执法的主要人物，应该说都与荀子思想的这种倾向有关。

荀子的法治思想表现了荀子思想中始终如一的战斗精神，这正是三晋思想家一贯的思想作风。某种程度来说，孔子的思想是比较理想化的，而子夏和荀子的思想则相当注重实际。子夏思想孕育了早期三晋法家，荀子思想则为法家思想的最后完成奠定了理论基础。

　　荀子去世的确切时间无法得知，秦始皇在公元前221年统一天下，荀子著述中未谈及与此有关的事情，说明荀子的寿数应在这一年之前。荀子去世后被弟子们安葬在兰陵。

第一章

儒学家：传承子夏儒学，锻成三晋风骨

晋人、晋地，早期学术历程

如同先秦时期几乎所有思想家一样，由于记载阙如且混乱，荀子的生平事迹，能让后人确知的内容也是少之又少。历史上首次为荀子写传记的《史记》，在解决了极其有限的荀子生平的几个问题之后，又给后人留下了更多问题。不过，无论《史记·孟子荀卿列传》有多少不足之处，它仍然是一个基础。在此基础上，我们可以建立起尽量可信的有关这位杰出思想家的生平记载。

姓名尊号、生卒之年和出生之地

对于任何一位思想家来说，其姓名、寿数和籍贯等外在标记，有其可有可无的一面，也有其必不可少的一面。我们在探寻荀子相关外在标记时，也深深感受到了这一点。荀子的姓名，与他的思想对于后世的影响关系密切；荀子的生卒年和出生地，与他的思想形成和影响，也有极大关系。

（1）名字和尊号

根据史料记载和历代研究，荀子的姓名、字氏和尊号等，歧见较多。比如，荀子姓荀，或曰姓孙；名况，或曰名卿；尊称为荀子，或曰荀卿子，或曰孙卿子、孙子，等等。

《汉书·艺文志》称荀子"名况"，因为说得很确定，后人多予承认。《史记》一直称"荀卿"而不称"荀况"，让后人颇费思索。观司马迁之意，将"荀卿"与"孟子"并称，似以"卿"字为尊称，并不以为是名；而后人又有"孙卿子""荀卿子"的说法，显然又是以"卿"为名。但是，有一点是确定的，即因为《史记》的影响力所在，自司马迁称荀卿以来，荀姓之说渐占上风，并最终取得正统地位。

在先秦时代，"卿"是朝廷高级官员的称呼，是大夫之中的高层人物，故有"卿大夫"之称。在战国时代，齐国设有客卿，有待遇，没有实权，是一种政治地位和荣誉。司马迁认为荀子在齐国稷下学宫做祭酒，享有客卿之待遇。这种说法为司马迁《史记》所独创，所以司马迁在《史记》中绝不提及荀子时代早已通行的以"子"为尊的习惯，不使用"荀子"之尊称，而只使用"荀卿"之尊称。

从历史上来看，尽管人们更愿意接受"荀子"的尊称，但是，通过上述分析，也能真切感受到不同姓名和尊号所透露出的文化历史内涵。比如，"荀"与"孙"的不同，很可能会说明荀子的不同家世，而在那个时代，家世对人的影响是巨大的。"况"与"卿"的不同，反映出后世学者对于某种历史文化现象的不同解读。所以，在这个问题上虽然不必纠缠不休，也没有必要一定要给出一个人人都能接受的标准答案，但必要的探究还是有价值的。

（2）生年和寿数

荀子的生卒之年，历史典籍不仅没有明确记载，而且相关线索只足以让人在迷宫里打转。在我们相对比较可信的《荀子》一书中，并没有关于荀子生卒之年的记载或正面提示，只有与荀子有过直接交往的人能给出一些这方面的间接思考线索。我们也不得不参考《史记》提供的材料。总之，人们只能利用《荀子》和《史记》提供的一些时间节点，大致确定荀子的在世之年。

根据《史记》记载，荀子五十岁时离开家乡，在公元前237年楚国春申君（黄歇）死后的某年去世。结合《荀子》所记，荀子很可能生活于公元前340年至公元前235年之间。世传荀子长寿，应该能够达到百年左右。

《韩非子》记载荀子曾经到过燕国，那应该是荀子二十岁之后的一段短暂经历。由《荀子》所记可知，在公元前290至公元前250年之间，荀子与秦昭王、范雎、赵孝成王等人有过面对面交流，那么，荀子离开家乡赵国，开始游仕和游学天下之后，其活动时间大致在这四十年之间。其余十多年间，荀子在楚国兰陵度过晚年。

根据学者们的研究结果，荀子的年寿之长，在先秦学者中间是相当引人注目的。尽管寿数之长短属私人之事，但是，在荀子这里却与所谓"世运之升降，史迹之转换，人物之进退，学术之流变"，都有很大关系。这充分说明，作为杰出思想家的荀子及其思想，确实是三晋文化和中华文化的重要组成部分。

（3）姓氏和籍贯

《史记·孟子荀卿列传》说到荀子的籍贯时，称"荀卿，赵人"，即战国后期的赵国之人。战国时代，三晋国家的地域范围变化最大，仅说荀子是赵国人，很难确定其籍贯。后人主要是根据其荀姓，追溯郇国、郇地，以此来确定司马迁所说"赵人"的具体区域。

司马迁撰写《史记·孟子荀卿列传》时，荀子的赵人之地的地望已经不是很明确了。《左传》屡有郇地出现，说家认为在晋国河东之地，即现在晋西南地区，这里是晋国的核心地域。

晋国后期卿大夫左右朝政，其中的荀氏家族也曾盛极一时。而荀子之荀姓，与古郇国、郇地、荀氏家族中的某一方面必有关联。古郇国在今山西临猗境内，在战国时代属赵国，所以才说荀子是晋国故地赵国人氏。《史记》认为荀子"年五十始来游学于齐"，那就是说，荀子在五十岁之前一直生活在家乡赵国。

至于这个作为荀子家乡的赵国之地究竟在现在的哪个地区，历来多认为在现在的山西运城市临猗县境内。近些年来，又有学者认为与临猗相近的安泽县是古郇国和郇地的所在地，而安泽县也利用多种机会和方法纪念和祭祀荀子，使荀子大有被确定为安泽之人的趋势。还有一些考证认为，荀子的家乡在山西运城市的新绛县境内。

晋国有郇地是没有问题的，晋国有荀姓大族也是没有问题的。关键是，荀子之为三晋人氏，其荀姓究竟是与古郇国有关，与郇地有关，还是与荀姓大族有关，或者与三者都有关系，殊难断然确定。至于"郇"字与"荀"字的关系，或者是古、今字的不同，或者是别字、通假字之关系，学者们也是莫衷一是。

综合各家之说，荀子出生在赵国郇邑。郇地是西周早期封国，受封者是周文王的一个儿子。晋武公扩张领土，郇地为晋国所有，并赐封给原氏，原氏因封地而改为荀氏。因为郇地西近秦国，在晋国历史上一直是军事重镇。

在晋国后期，与姬姓晋公室不同的异姓卿大夫执政，逐渐形成若干个大家族执掌晋国政治的局面，这些大家族中就有荀氏，后分化出中行氏和智氏。荀氏、中行氏和智氏均被赵氏所灭，郇地为赵氏占有。赵氏家族后来被封诸侯，就是战国时期的赵国。

荀氏的政治地位和权力虽然被赵氏剥夺，但荀氏家族却代有人才出现，在赵国政治舞台上不断表现。荀子本人的身世，由于缺乏记载，后人无法知晓。对于荀子之前晋地荀氏家族的详情，在此也没有必要作太多考证。

早期思想历程，学术师承

一般来说，思想家的思想发展都有一个过程，有各种阶段，荀子也不例外。《荀子》虽有十多万字，但关于他的思想分期并没有明确记载，只能依据必要的分析来决断。另一方面，既然学术思想的发展有阶段，也就应该有一些相对明确的时间节点，比如孔子所说的"三十而立，四十不惑"之类。但是，荀子本人和《荀子》一书都没有类似说法，只能根据相关记载做一些必要推测，以便更加全面和深入地认识荀子及其思想发展历程。

以《史记·孟子荀卿列传》为基础，结合《荀子》透露出的信息，本书把荀子思想发展阶段分为四个，即：首次离开家乡的早期阶段、在齐国稷下学宫的中期前一阶段、游历各国的中期后一阶段和终老兰陵的晚期阶段。

（1）"五十"与"十五"

荀子思想发展第一阶段与第二阶段之间的时间节点，应该是荀子五十岁离开赵国，开始在各诸侯国之间游仕和游历的时间。荀子家乡河东地区是一个相对独立的生活环境，荀子的思想在这个区域内基本定型和成熟，此后，他才下决心游学天下。

关于荀子早期的思想和学术活动，相关文献没有明确记载。荀子二十多岁时离开赵国，到北方燕国游仕。在位的燕王哙无能而好大喜功，号称遵循上古明君尧、舜"禅让"之德，把王位让给了相国子之，导致内政一片混乱。燕王哙的太子与子之争夺王位，更使燕国陷入长期内战。

年轻的荀子虽然尊崇儒学，却认为，被儒生津津乐道的尧、舜禅让王位的故事纯粹是"虚言"，这让燕王哙非常恼火。又因为反对子之执政，荀子受到燕王哙和子之的排斥。于是，荀子愤然离开燕国。

《史记·孟子荀卿列传》说："荀卿，赵人，年五十始来游学于齐。"这一记载，看上去明明白白，是说赵国人荀卿在五十岁的时候离开赵国，到齐国来游学。然而，清代乾嘉以来，颇有学者怀疑"年五十"之说，认为有可能是"年十五"的失误。不过，《史记》先说"年五十"，接着就说"始"，从文法上讲，这个"始"就是"才开始"的意思。正是司马迁认为荀子五十出游有些太晚，所以才使用"始"字。

撇开"五十"与"十五"的争执不谈，以情理言之，"十五游学"确有难度。

第一，如果说荀子十五岁时离开赵国赴齐国游学，且不说那是个战乱的年代，即如和平年代，由赵到齐，从现在的山西西南部山区到达山东东部齐国都城临淄，千里迢迢，翻过太行山，渡过黄河，对于一个十五岁的少年应该是有相当难度的。

第二，尽管孔子自谓"十有五而志于学"，十五岁的少年可以立志于学习，但要去"游学"，就要有相当深厚学养了，而一个十五岁的少年能不能具有深厚的学养，以至于有资格去游学，确实是个问题。

第三，从《荀子》来看，荀子是坚定的儒生，荀子思想是建立在深厚的儒家思想基础上的，而这样的基础显然不是一个十五岁少年所能具备的。如果说荀子十五岁开始游学天下，他的思想就只能在此后的游学生涯中形成了，而在当时学术界，儒家思想并不盛行，也没有出现过学术上非常过得硬的儒家学者，更不用说儒学大师，那么，荀子儒家思想的素养从何而来，殊难想象。荀子只有在五十岁时离开赵国，并在离开赵国的晋南故地时已经形成坚定的儒家立场，才会在随后游学天下的过程中对各家思想提出深刻而严厉的批判。

总之，荀子"五十始来游学于齐"的记载还是比较在理、比较可靠的。五十岁之前的荀子在家乡深受儒家思想浸淫，并在学成之后离开家乡，与百家之学相互砥砺，从而使他的思想上升到了更高层次。

（2）所师与所友

五十岁之前的荀子，在家乡是如何奠定其儒家思想的深厚基础的呢？说到这里，不得不探讨与荀子师承相关的问题了。

荀子思想发展有两个显著特征。一是儒家思想始终占据主导地位；二是在离开晋地，游历天下之前，荀子的儒家思想主干已经形成。无论是他独立表达思想的时候，还是在评论和批评其他思想学说的时候，甚至是在与其他人物特别是政治人物争辩的时候，荀子的主张从来都是以儒家思想为核心。这样一来，就必须弄清楚，荀子思想在走向成熟的过程中，其所师所友为何人？

荀子对于师友关系和师友作用非常重视，这一方面说明荀子承认师友关系对他的思想发展具有重要影响，同时也为全面理解荀子思想提供了重要依据。

荀子举例说，自古以来，有许多精良的弓箭、刀剑和骏马，但是，这些声名显赫的器物，无不是经过百般锤炼和训练才成为世间追捧的宝物。没有必要的矫正，就不可能制成良弓；不经过必需的锻造和砥砺，就不可能造就良剑；没有必要的驯化和鞭策，就不可能出现良马。

同理可证，一个人，即使有着美善的本质，有着正常甚至是超常的智力，也一定要向贤能的老师学习，与益友为伴。在贤能老师那里，才能听到古来的圣王之道；在益友那里，才能感受到高尚言行。就是在与这样的师和友的相处中，人才会不知不觉地造就高尚人格、不断取得进步。

荀子之所以特别强调师友的作用，看重的是相互间通过日常生活的习染，从思想意识上根本性地改变一个人，而不是只看重对人的外在行为的强制性约束。这种观念，显然是传统儒家的。如果有这样一个人，舍弃正直的师友，而与不善之人日常相处，他听到的便都是欺骗诬妄、诈骗伪造之类的言语和事情，看到的也是些污秽散漫、极端奸邪、贪婪谋利的行为，那么，他就会逐渐走向犯罪之路，甚至身处囹圄还不知道原因在哪里。

荀子明确指出，如果没有条件去直接了解一个人，就去看他交往什么样的朋友；如果不能直接了解一位君主，就去看他任用什么样的主要大臣。这都是在说，要从日常所作所为中认识一个人，从不经意的习染中了解一个人。

荀子思想的基础和基本要素是以孔子思想为代表的儒家思想。从荀子对其思想的正面表述中可以了解到这一点，从荀子在不同程度、以不同口吻所称赞的人物和事件中也可以了解到这一点。在孔子心目中，最伟大的人物是古来的圣王，尧舜禹文武周公等等，这些人物也同样在荀子的极度崇拜者之列。

另一方面，能够直接影响荀子思想的形成和发展的，主要是荀子生活时代的人物及其思想，尤其是荀子五十岁之前能够接触到的思想。为此，必须把目光聚焦在当时的晋地思想界。

（3）子弓与子夏

荀子与子弓的关系最为研究荀子师承、师友者所重视。在《荀子·非十二子》这篇著名文章中，荀子对当时天下有名的思想学说都予以了严厉批判，唯独对孔子和子弓的儒学思想极度赞赏，并声明他遵从的就是孔子和子弓之学。更重要的是，荀子把子弓与尧、舜、文王、周公、孔子并列，并称之为圣人、仁人、大儒等，显然，其地位在荀子心目中是非常崇高的。从时间顺序上看，这位子弓明显是在孔子之后，应该说是离荀子时代最近的圣哲之人。如果说子弓与孔子一样深刻影响了荀子思想，甚至说就是荀子之师，也不为过。

但是，真正困惑后人的，不是子弓对荀子的影响有多大，而是这位子弓究竟是什么样的人？是典籍失传的圣贤呢？还是与传世的某位圣哲就是同一人呢？由于《荀子》只提到"子弓"二字，再没有交代其姓氏和事迹，致使这位荀子之师千百年来一直是公案中的人物，其身份始终没有令人信服的定论。

因为《荀子》及其他典籍并没有记载子弓的思想成就，

后世考证者就只能在名姓上做文章，而名姓问题关乎基本事实，最需要确凿证据。可是无论如何考证，在现有材料的基础上都难以准确道出子弓是谁人。所以，在讨论荀子思想来源的时候，应该把重点放在那些在思想成就上能够与荀子思想建立起内在联系的人物身上，这就是孔子弟子子夏。

综合各种因素，《荀子》中所提到的子弓，最有可能是孔子晚年的弟子卜子夏（姓卜名商，字子夏）。子夏是晋国温地（今河南温县）人，年轻时追随孔子，是孔子后期弟子中的佼佼者。在孔子弟子中，子夏对儒家早期经典最有研究，成为孔子时代儒家典籍的主要传承者，比如《诗经》、《春秋》和《尚书》等，在后世的流传中，都得从子夏说起。

孔子于公元前479年去世后，孔子弟子之间的思想分歧开始明朗化。《论语·子张》详细记载了孔子弟子们的那场伟大的思想辩论，而子夏受到的批评最为剧烈。从孔子儒学的角度来看，子夏思想表现出明显的"离经叛道"倾向。孔子在世时，批评子夏的为政之道有"欲速"和"见小利"的倾向。这两方面的内容，表现在治国之道中，就是追求革新和注重发展经济。

在老师去世后与同门的论辩中，子夏明确提出，正像工匠一定要做出成品来证明其才能一样，儒家君子也要把所思所想运用在社会实践中，为社会服务，以证明其价值所在。在当时，子夏的选择就是谋"小利"，即与儒学大道之利相对而言的经济利益，也就是发展经济、改善民生。为此，子夏甚至强调在坚持孔子思想的同时，可以根据社会实际，对孔子儒学做出适时调整。具体说来，社会管理者必须首先取得民众信任，然后才能管理他们，否则，任何管理措施都有可能被民众视为当政者有意压迫他们、残害他们。要取得民众信任，最根本的就是要保证他们正常的生产和生活，而这必须在发展经济的基础上得以实现。

魏文侯于公元前446年即位，是战国时期魏国历史上最有作为的君主。魏文侯拜子夏为师，确立了以子夏儒学为核心的国家意识形态。魏文侯之所以拜子夏为师，除了子夏的孔子弟子身份，以及他是晋国温地人之外，最重要的原因恐怕还是子夏的上述思想更为契合战国初期魏国上下励精图治的治国精神。为了更好地学习和理解子夏思想，并以子夏思想为指导，使魏国尽快实现民富国强，魏文侯甚至在年轻时做世子（太子）的时候，就去鲁国向子夏学习，并在继位之后把子夏请回魏国，让子夏思想能够对于魏国社会产生更有力的影响。

子夏思想非常适合三晋地区的实际，加之魏文侯全力支持，子夏之学很

子夏画像

快在三晋地区传播开来，并吸引了一大批有才能、有志向、有作为的人物，比如魏文侯的主要大臣李悝、吴起，后来成为著名道家人物的田子方、段干木，以及著名墨家人物禽滑离等。

子夏之学在西河地区的传播，最终形成三晋儒学。西河地方与荀子的出生地郇邑毗邻，子夏之学的广泛传播肯定会使好学的荀子有机会接触子夏儒学。荀子之所以成为儒学大师，与子夏儒学的影响是分不开的。

战国时代最具进步特色的是法家思想，而战国法家直接来源于三晋地区。法家著名人物，如李悝、吴起、商鞅、申不害、慎到、韩非子等人，或者是三晋人物，或者是主要活动在三晋地区。三晋法家的起源，既与晋和三晋不断进行的变法活动有关，也与三晋地区不断涌现的法家思想家有关。在这些思想家中，最早的是子夏，最晚的是韩非子，在子夏与韩非子之间的则是荀子。

在子夏注重实践的儒学思想中，主要是发展经济、选用贤人、学以致用等，这些思想既是法家思想的核心，也是荀子思想的主要内容。子夏和荀子的思想虽然本质上是儒家的，但却为法家思想的产生和发展提供了各个时期的思想准备。在战国前期，子夏思想是法家思想的开端，并由李悝和吴起等人发扬光大。到了战国后期，荀子传承子夏思想，并由他的弟子、法家思想集大成者韩非子最后完成。

子夏所居西河，正在魏国境内，主要区域是现在山西

吕梁和临汾地区
的黄河沿岸。孔
子去世时，子夏
二十九岁，根据
孔子弟子间的思
想分歧程度来
看，子夏不可能
于孔子去世之后

子夏书院

在鲁国久留，其到达魏国，当在三十岁之后的几年之内。
世传子夏寿过八十。他在三十岁之后不久来到魏国，并且
老死在这块土地上，那么，子夏在魏国传教辅政有四五十
年的时间。子夏在公元前430年左右去世，这与荀子出生
还有百年左右的时间。其间的思想传递者是子夏弟子李悝。

　　李悝是三晋法家在政治实践领域的开创者。李悝不仅
是法家的政治实践者，而且持有法家主张和思想，他的法
家思想的重要来源就是他的思想导师子夏。

　　在儒、法并重的用人之道方面，李悝明确主张，有功
劳的人，即为国家做出实际贡献的人，才有资格享受物质
奖赏，才有资格得到爵位。李悝痛斥"无功而食"之人，
他们对国家没有实际贡献，只是享受祖辈父辈的功业而已。
对于这种传统的既得利益者，李悝主张取消他们的禄位，
以便吸引和任用"四方之士"，最终实现有效利用社会资
源、推动社会进步的改革目的。

　　子夏与李悝师徒二人都是儒、法思想并重的思想家，

只是子夏更偏重于儒，李悝更偏重于法。李悝是魏文侯重臣，又是魏文侯变法的主导者。李悝创制《法经》，使他的思想更具有法家思想色彩。

李悝是子夏思想的实践者。作为子夏弟子，如果说子夏思想中已经形成以法补儒或由儒入法的倾向，那么，李悝就是这一倾向的现实推行者。秦汉以后的中国古代社会逐步形成儒家思想主导意识形态、法家人物掌握国家治理的格局，就是滥觞于魏文侯时代，而李悝则是法家人物主导现实政治的第一人。至少从三晋法家的角度看去，李悝无疑是战国时期晋法家的鼻祖。

就战国早期的晋法家而言，子夏是其思想领袖，李悝是其行动领袖。当时的魏国，因为子夏和李悝而影响巨大，因为魏文侯而国势强盛。这些历史过往不可能不对半个世纪之后降生于斯地的荀子产生巨大影响。荀子在五十岁之后才离开晋地，而他长期生活的河东地区正是子夏和李悝思想影响巨大的区域。荀子以儒为主、儒法并重的思想特色，在子夏和李悝思想中表现得最为明显。这样一来，从思想继承和发展的角度来看，荀子思想的来源就非子夏思想和李悝思想莫属了。

荀子不仅继承和发展了子夏思想，而且在早期儒家重要典籍的传承方面，荀子也是子夏一派的主要继承者。特别是《诗经》和《春秋》，更有明确的传承线索，证明了荀子之学对子夏之学的继承和发展。《荀子》说的荀子所崇敬的"子弓"，极有可能是"子夏"之误，是《荀子》传抄过程中的文字错讹。正是这样的错讹，才使后人弄不明白荀子所说的"子弓"到底是什么人。也有研究认为，子夏之"夏"字有一种讹变之形与"弓"字近似，这方面有待于文字学研究的进一步证实。

荀子思想并不是无源之水，也不应该是无源之水。从荀子生长地域、思想成熟时间，特别是其思想特色来看，毫无疑问应该是来自晋地。荀子的思想来源，在有所继承和发展方面，远端是孔子的儒家思想，近端则是子夏和李悝的思想。正是在此意义上，才可以说荀子是在晋地成长起来的思想家。

从客观情势上来看，公元前300年左右，距离秦国统一天下不过半个多世纪的时间，这个时候，赵国都城在太行山以东的邯郸，对于太行山以西，特别是邻近秦国的山西西南部，赵国已经无力控制，这片土地经常处在秦军袭扰之下，被秦国吞并是迟早的事情。在这样动荡的形势下，已经五十岁的荀子不得不选择离开战乱之地，顺势游学天下，或许还能得到一展其政治抱负的机会。

就这样，荀子离开家乡赵国的郇邑，来到了距离秦国最远，相对安宁的齐国。

○
○

儒者的品类及其作用

五十岁之前的荀子在故乡深受子夏儒学思想影响，形成纯正儒家思想。五十岁之后游历天下，在首先到达的齐国和随后游历的其他各国，荀子都与各派思想家有过深入交流，在认识别家思想的同时，自身儒家思想也有所调整和发展。总体上讲，虽然各家思想都有长处，但在荀子看来，与他所宗从的儒家思想相比，各家思想的短处更加明显。所以，与各家思想的碰撞结果，使得荀子对于儒家思想更加深信不疑，认为天下之乱就在于没有遵从孔子所创立的儒家思想。本章所述荀子对儒者的全面论述虽然很难确定完成于什么时候，但在晋地的儒学思想的形成依然是其最深厚的基础。

荀子的儒家思想是相当全面的，其中，对于儒者的全面认识是非常重要的方面。令人意想不到的是，正是在与一位对儒者缺乏好感的大国君主的对话中，荀子系统论述了儒者的地位、作用以及不同层次的儒者的表现。这位君主，就是秦始皇的祖父秦昭襄王，《荀子》中称秦昭王。

荀子一生中的重大事件之一，就是他的西行入秦，并与秦昭王（公元前306至公元前250年在位）和丞相范雎进行的面对面交谈。范雎也是三晋人氏，由于在魏国受到政治迫害，逃亡到秦国，受到秦昭王重用，并在秦昭王四十一年（公元前266年）受拜为丞相，封以应地，号为应侯。荀子得以面见秦昭王，也许还是由范雎所引见，但史籍对此并无明确记载。

此次在秦国的实地考察和访谈，对荀子思想触动很大。真正的思想家，他们的思想并不完全是在书斋里思索出来的，而是在与现实的激烈碰撞中逐渐形成的。在秦国所见所闻使荀子在亲眼所见法家思想之效力的同时，更加深入思考儒家思想价值，重新对儒家思想在现实政治中、在历史洪流中的作用进行定位，最终使自己的儒家思想登上了一个新台阶。

儒者："贵道诚存"

荀子与秦昭王讨论的主题是"儒效"，即儒生和儒家思想对国家到底有无实际益处。

秦国自秦孝公时进行"商鞅变法"，到秦昭王已经是第四世，秦国已由战国前期的中等国家发展成为从战国中后期开始傲视山东六国的大国。秦国在政治军事上的崛起，确实与儒学没有明显关系，所以，秦国上下一向认为儒学无益于治国，秦昭王也不例外。当秦昭王与荀子见面时，就直截了当地告诉荀子："儒无益于人之国。"即：儒学对于治国并无益处。

荀子的应对也在人们的意料之中。

荀子以善辩著称，秦昭王当然不是对手。对于荀子的一番辩白，秦昭王也只能是称"善"。不过，表示同意是一回事，实际采纳却是另一回事。荀子眼见与秦昭王意见不合，并且对秦国的政治方向也不赞成，自然就不会在秦国谋求发展，只能选择离去。可是，秦国以至秦朝的政治发展的结果，却没有出乎荀子的预料。

儒家思想以及儒者的价值是个千古难以定论的问题。

不同时代背景下，不同的评说者和认识者，总是有着不同观点，甚至是相反观点。在荀子与秦昭王的对话中就生动反映了这种状况。

秦昭王对儒家思想不感兴趣，又用法家思想把秦国治理得井井有条。这个时候，他很肯定地说，"儒"无益于诸侯之国，也是顺理成章的事情。秦昭王知道荀子之所学，也知道荀子的主张，因为荀子的同乡范雎就在秦国朝廷之上，他在向秦昭王介绍荀子的时候，重点肯定是要介绍荀子的思想和主张，因为荀子再没有其他可以介绍的情况了。客观地说，秦昭王见荀子，也是奔着荀子思想而去的。在这种情况下，秦昭王明确地否定儒家的价值，也是想知道荀子心目中的儒家到底是个什么样子。所以，荀子就平心静气地向秦昭王介绍了儒家的主要思想，于是才有了荀子非常著名的一通对儒者的论说。

荀子没有客气，以他的学养和气度，首先给了儒者一个明确定义。他告诉秦昭王说，儒者效法先王、隆崇礼义，身为臣子是谨慎的，对在上者是极度尊敬的。荀子如此开宗明义，主要是因为他面对的是一国之主，而且是强大且不乏暴虐的秦国君主。荀子以儒者谨守礼义等级为开端，是宣示儒家的政治立场，直接回答儒家是否有益于国家的问题，以便让秦昭王能够安心倾听荀子接下来的主张。

身为秦国君主，评价一个人或一种人的有益与无益，当然是指政治上的。所以，荀子就针对性地展开论述了儒者在一个国家的政治价值。荀子指出，一位儒者，如果任用他，他就会是一个称职的官员；如果不能被任用，就会是一个安分守己的老百姓。即使穷困潦倒，也不会为非作歹，而是仍然持守大义；即使无人理睬，照样坚持为百姓着想。一旦地位升高，儒者做个王公贵戚也没有问题；地位下降，做一个社稷之臣，也会是国君之宝；再下降，隐居民间，也会赢得人们的广泛尊敬。为什么会是这样呢？荀子的答案是，"贵道诚存！"所谓"贵道"，是以道为贵；所谓"诚存"，是诚信长存。有这两项原则，所谓"儒者无益"的说法就不攻自破了！

为了证明自己的观点，荀子以孔子为例，说明身为普通人的儒者，其道德影响力会有多大。孔子五十多岁时，曾经在鲁国从政五年，官至司寇，大抵相当于司法负责人。荀子说，就在孔子即将出任司寇的时候，鲁国民风发生了巨大变化。有沈犹氏，在市场上卖羊，以前总会故意在早上让羊多喝水，以增加羊的体重，现在听说孔子要做司寇，马上停止了这种不道德的造假行为。又有公慎氏，马上休掉了妻子，因为其妻行为不检点。还有慎溃氏，因为生活奢侈，超出了法度规定，就仓皇出逃，迁居到其他国家了。另外，鲁国市场上贩卖牛马者往往集体哄抬物价，现在也马上收敛了。更可喜的是孔子邻里的年轻人，他们打上鱼之后，也不再平分，而是给家中有老人的多分一些，以尽孝养之道。这些改变固然与司法长官的权力有关，但荀子认为更重要的是，孔子是讲求道德之人，人们预期他掌权之后肯定会把道德要求化为具体措施，普遍推行到鲁国社会，这才提前加以改变。

以上事例说明，正是因为孔子坚持了儒者的做人标准，才推动了鲁国风俗的好转。荀子的结论是，作为臣下的儒者，既能提高一国的政治水准，也能改变社会风俗。

当荀子昭告了上述事实和结论之后，秦昭王马上追问道："儒者做了一国之君会怎么办？"对于这类问题，荀子照样心中有数。

荀子宣称，当儒者身为人君之时，其影响力是广大无边的。因为他内有意志，外修礼节，会用严格的法度管理官员，用忠信爱利对待百姓。在得天下的过程中，即使是通过做一件不义之事、杀一个无罪之人就能实现目的，这个天下也不应当得到。这份信义，通行于普天之下，当然能使天下之人都来欢呼应和。这是为什么呢？就是因为儒者把让自己的好名声大白于天下作为唯一追求，让天下人都能从中受益。结果就是，在他已经统治的区域之内，人们万般歌颂他，在他还没有实现统治的地方，那里的人们都不顾一切地奔他而来，从而使四海之内的人们如同一家人在一起生活，凡是通情达理之人无不顺从他的统治。这样的儒者，荀子尊称为"人师"，即人类的师长，老师和尊长。

说到这里，荀子反过来质问秦昭王，像这样的儒者，做人臣时是那样，做君主时是这样，怎么能说他们无益于国家和社会呢？不用说，秦王只好服软，以"善"字结束了这场论争。

儒者有品类

荀子是孔子创立的儒家思想的继承者、发展者，是真正的儒者。

孔子创立了儒家学派，并不是说孔子在世时就刻意建立一个思想派别，并称其为"儒"，而是说，孔子思想奠定了儒家思想基础，是儒家思想的创始人，孔子与门下弟子及其他思想追随者形成了最早的儒家集群。事实上，在孔子时代，对于"儒"的定义还处在众说纷纭阶段。孔子告诫弟子子夏，要做"君子儒"，不要做"小人儒"。这给人的感觉是，做个"儒"并不是不可以，只是不要做"小人儒"罢了。不过，既然"儒"可以分为"君子儒"和"小人儒"，那么，"儒"的基本内涵应该还是比较中性的。在先秦之后，特别是汉武帝"独尊儒术"以后，"儒"就变成神圣的名词，不再有"君子儒"和"小人儒"之类的区分了。

实际上，在荀子笔下，"儒"的中性内涵并没有彻底改变。尽管荀子在与秦昭王的论争中肯定了儒者的价值，但综合荀子对儒者的看法，他眼中的所有儒者并不都是一样的，也并不都是能够有益于一国的。在荀子看来，同样是儒者，他们的才能和品格是有高下之分的。

大儒。荀子所说"大儒"是儒者的最高端，无论人身修养，还是各种能力，特别是治理天下的能力，都是至高无上的。身为大儒，如果得到治理天下的机会，就会成为圣人。荀子从比喻入手描绘大儒，先要告诉人们，大儒是能做什么的。

荀子先举出两位尽人皆知的能人，即周穆王时代的造父和夏代的羿，前者是公认的最善于驾车者，后者是最负盛名的射手。要想真正领教他们的才能，必须给造父准备好车马，给羿准备好弓箭。所谓大儒，就是最善于调治和一统天下之人。若要见识大儒的才能，至少要给他提供百里之地。百里之地是周文王建功的基础。这就是说，如果条件合适，大儒有能力建立像周文王一样的功业。

反过来讲，如果合适的马和车都备好了，却不能跑出一日千里的水平，那必定不是造父在驾车；弓已调校好，箭也是笔直的，却不能射中远处的微小之物，那必定不是羿在射箭。同样地，如果已经拥有百里之地，还不能实现调治、一统天下，也未能制伏强权和暴政，其统治者就肯定不是大儒了。这其中，对现实统治者的批判是显然的。在荀子时代，战国七雄的土地都在百里甚至千里之上，但天下混乱、战事连绵也达到无以复加的程度，所以，期待大儒的出现，甚至把大位让给大儒，没有任何一个时候比此时更迫切。

在叙述了大儒能够完成的功业之后，荀子描述了大儒的主要特征。荀子认为，大儒即使是极度地穷困潦倒，王公大人也无法跟大儒获得同样的名声；大儒即使只有百里之地，千里之地的诸侯也不是对手；至于大儒惩罚那些暴虐的国家，一统天下，更是无人能及。用后世儒家的话来说，大儒就是治国、平天下的最佳人选。这是大儒的总体特征。

说到大儒的具体表现，荀子认为，大儒言行有规矩、守礼法，不做令人遗憾的事情，处理危机、应付事变的办法很恰当，紧跟时势变化，不论做什么都是遵循大道的。其实，大儒的行为，最关键就是"其言有类，其行有礼"，这是做人的最高境界。言有类，是指当说则说，说则适当；行有礼，是指行为遵循儒家思想，而儒家思想正是大道的体现。

进而言之，大儒效法儒家崇敬的先王，统合于儒家礼义制度，以儒家思想对待万事万物。因为有儒家礼义的统摄，即使奇异事物突然出现在某个地方，也能从容应对。由此可见，在荀子那里，大儒形象之崇高，已经到了相对神秘的境地了。

尽管大儒言行无可挑剔，但他们作为个人，却有"穷、通"之时。在儒家理念中，"穷"是指政治上的穷途，没有施展政治才能的机会，"通"是政治上的通达。在对大儒的描述中，荀子专门讨论了"穷、通"问题。在这个问题上，大儒最容易受到非议，包括荀子在内的大儒，在他们的时代基本上是不得志的，他们的思想也经常在这个问题上挣扎。

大儒在不得志的时候，会受到俗儒的讥笑；可在他们政治通达的时候，英杰之人也会受到教化，猥琐之徒会逃之夭夭，持歪理邪说者会感到畏惧，那些曾经瞧不起他们的人则深感羞愧。总之，通达的时候要把自己全部奉献给天下，穷困的时候则坚持原则、爱惜"大儒"的名号，直至"天不能死，地不能埋"，即使身处桀王和盗跖那样的混乱时代，也只有像孔子和子弓（夏）这样的大儒，才能坚持儒家的立场。

可以想见，当荀子讲述大儒的精神和品格的时候，必是热血沸腾的时候。在荀子时代，眼看儒者的精神正在被埋没，如果没有这样的气势，儒家思想就会消亡。正是因为有了像荀子这样的大儒的坚持，儒家思想才如浩荡洪流，在历史的长河中永流不绝……

为了确定大儒的地位，证明大儒的作用，明示大儒的能力，荀子以周公旦的事迹为例，再次强调"大儒之效"。

周武王灭亡商朝，建立了周朝，但周武王在西周王朝建立不久之后即去世，而当时的周人并没有建立起很稳固的政权。这时候，有名的周公旦，也是周武王的弟弟，挺身而出，担当起了稳固政权，进而建立制度的责任。但是，这时候还有个大问题，那就是，继承王位的周武王的儿子周成王还是个少年，没有能力掌控大局。所以，周公旦在西周早期主持大局的做法，在历史上一直有种种说法，最主要的是摄政说与篡位说两种截然不同的观点。

荀子主张摄政说。他认为，周公旦为了完成周武王未竟事业，保护周成王地位，这才代行周天子权力。因为有多种势力背叛周天子，想乘机夺取权力，所以，天下人并不认为周公旦是贪取天子的位置。这些反对势力中，在周人内部是周武王的另外几个弟弟，主要是管叔、蔡叔和霍叔，在外部则是殷商遗民中那些不服从周人的力量。周公旦毅然杀灭了"三叔"，把那些叛乱的殷商遗民迁离原住地，同时进一步实行分封之制，建立了七十一个新的诸侯国，其中周王的姬姓独占五十三国，对此，天下之人并不认为周公旦有偏心。

在执政过程中，周公旦还教导周成王，让周成王逐渐认识和学习治国之道。当周公旦把上述大事完成之后，周成王也到了成人年龄，于是，周公旦顺利地把政权归还给周成王，自己又回到了大臣位置。

显然，周公旦只是摄政，代行天子之政，并不是真正成为天子，即不是篡夺天子之位。但历史上确实还有其他说法，比如篡位说，认为周公旦篡夺天子之位，把周成王放逐到某个地方，到后来，只是由于天下人反对，在迫不得已之下，才把政权归还周成王。此类说法应该在荀子时代已经不少，所以，荀子才大声地为周公旦辩护。

荀子认为，天子的称号、天子的位置是不可以随便由他人代替或代管的。如果是理所当然的天子，天下人就会归顺，否则天下人就会远离而去。周公旦只是代行天子之政，天子还是周成王。所以，天下人不仅没有离去，还追随周公旦，完成了周武王没有完成的事业。周成王成人之后，周公旦马上把天子之权归还周成王，显然没有蔑视周成王，更没有攫取天下的意思。周公旦只是把权力归还周成王，并不是禅让王位。周成王一直掌握着天子之权，不存在夺回王位的事情。他们只是顺应时势的要求，有理有节地进行了调整和变通而已。

由于没有更可靠的文献记载，周公旦到底是篡位还是摄政的问题，应该是还会继续讨论下去的。不过，荀子的辩护也还是能够站得住脚的。在此基础上，荀子得出结论说，周公旦不过是以旁枝之族代行宗主之职，并不是实际的僭越；以弟弟的身份诛杀管、蔡等兄长，是因为他们有罪在身，并不是施行暴政；君、臣之间只是替换职位，不是改变身份，并不是逆行之事。顺应天下和谐的要求，完成周文王和周武王的功业，最终还是明确了宗主和旁枝之族的大义，这是一种权变的做法，并且被天下人安然接受。周公旦的这一做法以及最终取得的成效，在荀子看来，只有圣人才能做得到。因为周公旦是儒家公认的大儒，所以，周公旦的摄政和归政、大乱和大治，充分证明了大儒的作用。

周公旦是周礼的制定者，而周礼是孔子思想的政治基础，所以，在儒学发展史上，周公旦也被视为儒家思想的重要源头之一。荀子在此把周公旦称为大儒，从思想文化发展的角度来看，是完全合理和正确的。

俗儒、雅儒。在谈及人的修养时，荀子有过民、士、君子、圣人四类区分，重点在于世俗的行为或成就。在论及儒者的时候，荀子又从对儒家思想的理解和遵循方面入手，把人分为俗人、俗儒、雅儒、大儒。

什么是荀子眼中的俗人呢？不学习儒家思想，没有端正义利之辨，只看重物质利益，这就是俗人。显然，俗人就是不学习、无头脑，只顾获得钱财的人。看重钱财是没有问题的，关键是不学习，没有培养出正确的义利观。

荀子对俗儒的批评甚至攻击，是从他们的穿戴开始的。在荀子看来，俗儒穿着肥大的衣服，扎着宽厚的腰带，戴着高峻的帽子，看上去像个儒生的样子，但内心却完全等同于世俗之人。他们在学问上只是约略效法一下先王，结果却足以扰乱正常道术。他们对于当代之事，视而不见，却醉心于学习儒家之外的各种杂学，不理会《诗经》和《尚书》之类的儒家经典。已经到了这步田地，他们还是不知道错在哪里。所以，荀子对他们的思想做了这样的总结：他们的言论已经与儒家反对的墨家之说无异，自己却无法区别；他们只是利用先王之名混吃混喝，却还洋洋得意；他们追随达官显贵，丝毫不敢表达自己的意志。

如同任何时代的杰出思想家一样，对他们形成最大伤害的并不是那些公开与他们对抗的反对派，而是本派之内的那些似是而非的投机钻营者。俗儒就是这样的一些人。他们穿着儒者服装，口中讲说的也是儒家语言，但他们内心所想与行动所现，却是另外一副模样。他们这样做的最大恶果，就是败坏了儒家思想的真正价值，损坏了儒家学者的真实形象。对他们表达愤怒，进行批评，可以说是做到什么程度都不算过分。

俗人和俗儒都是反面教材，荀子接下来描述雅儒。雅儒的表现与俗儒正好相反，他们效法后王，以制度规定一切，尊崇儒家礼义，重视《诗经》和《尚书》等儒家经典。不过，严格说来，雅儒虽然已经拥有了儒家经世大法，然而只是心中明了，但无法用以济世。更重要的是，凡是儒家思想没有讲到的地方，以及他们没有实地了解的事物，他们就无法去规范了。他们的优点正如孔子所说，"知之为知之，不知为不知"，对于不知道的思想和事物，不自欺，也不欺人。他们尊崇贤人、敬畏道法，一切言行不敢怠慢。

无论从他的人生经历来讲，还是从他的学术历程来看，荀子都是非常注意实效的。在上文与秦昭王的对话中，荀子不仅介绍了儒者思想，还强调了儒者所作所为的实际作用。当他比较了俗人、俗儒、雅儒和大儒的思想和行为之后，也指出了他们能够做出的不同的实际贡献。

荀子断言，君主如果任用俗人，万乘之国也会灭亡；任用俗儒，万乘之国仅能自存，不至于灭亡而已；而如果任用雅儒，千乘之国可以平安无事。那么，如果任用大儒，即使百里之地也能持久发展。荀子以此使用的万乘、千乘、百里等说法，与春秋时代万乘代指天子、千乘代指诸侯、百里代称大夫的封地等用法不同，指的是一国本有的力量。"乘"是四马所拉的战车。一国的军事力量的多寡足以代表该国的强大与否。拥有万乘之军，力量应该相当强大了，但在俗人和俗儒手中，不是灭亡，就是苟存。千乘之国虽然力量不及万乘之国，雅儒却能保证其平安，证明雅儒的才能远在俗人和俗儒之上。至于大儒，即使只有百里之地，也能保证其长久生存。再进一步说，大儒在这百里之地上，还能够做到使天下人听从号令，让诸侯称臣。如果大儒能够在万乘之国主政，则能在短时间内称霸天下。很显然，这其中的不同，并不在于外在物质力量上，而是在于内在精神力量和实际才能方面。

儒者"曲辨"

作为整体的儒者，或者说原本意义上的儒者，是有远见、有追求的，也是有责任心、有节操的。在荀子看来，当全社会从上到下轻视礼义的时候，"儒者为之不然，必将曲辨"。此所谓"曲辨"，是说曲折辩白，即用尽一切办法加以解释和辩解的意思。当儒家坚持的礼义处在不被社会各阶层积极接受，即人们普遍认为是儒家的礼义之道出了问题的时候，儒者是难以正面应对的，也就是说，现实中存在的许多问题，确实是儒家思想一时难以解释、儒家人物一时难以解决的。尽管如此，儒者还是要努力去辩白，设法去辩白，从而坚持自己的主张、坚持自己的方向。在荀子思想中，则是仍然坚持儒者对于儒家政治理想的追求。

荀子指出，最高统治阶层必须尊崇礼义、等级严明，士大夫才会看重节操、拼死维护制度。各级官员遵守制度、看重职责，普通公职人员才会敬畏法度、遵章守纪。市场上税收合理、条律明确，商贾之人才不会欺诈掺假。工匠能够按时服劳役，有条件发挥巧思，他们就会踏踏实实地做工。政府能够减轻农民的税赋和徭役，不要侵占农时，农夫就会勤勉种地，不去想其他事情。国家在道德教化、政治制度、工商管理、农业生产等方面都有章可循、合理运作，就会成为儒者眼中的理想国度。

荀子进一步推导说，士大夫有节操，国家军力才会强大。官吏守法，国家才能安定。商贾诚信，经济供给才不会出问题。百工踏实肯干，财用就不会匮乏。农夫勤勉，国家的各项事业才能成功。在这种情形下，必会达到政令通行、风俗淳美。结果就是，国家选择自守则稳固，要去征伐则强大，安居时有名望，行动时会建功。"此儒之所谓曲辨也"，这就是荀子所谓的儒者"曲辨"的主旨。

身为大儒，荀子既有深切的荣誉感，又有紧迫的责任感。当荀子在晋地宗从子夏儒学，最终形成完整的儒家思想之后，他并不是固守前辈学人的主张，而是根据时势要求，对传统儒家思想进行了理性的调整和提高。

儒学从孔子开创到荀子接续，已经过去了近三百年，而这三百年又是中国古代历史上思想最活跃、学说最创新、现实最复杂的三百年。儒学从一家之说，成为百家的众矢之的，加之社会现实的考验，儒生群体必然会发生各种各样的集中和分化、上升和下降、进步和堕落，所以，当荀子对儒生进行分类时，确实不是耸人听闻之举，而是对现实的全面描述。

荀子对儒学本身一直是有信心的，对于大儒的存在和作用也是有信心的，为此，他不得不"曲折"，不得不"辩说"。荀子不仅全面发展了儒家思想，而且最终得出儒家和法家思想可以并存兼用的结论，为儒、法思想共同主导此后两千年的中国古代社会做了必要的理论准备。荀子的"曲辨"成果是中国古代社会和思想发展的重要里程碑。

○
○

儒家的道德修身

生逢动荡之世，各种思想纷至沓来，荀子又是极包容之人，所以，荀子思想看上去内容很多，涉及面很广。特别是着眼于现实，中后期的荀子思想深受法家治国之道影响，对于法家思想不得不做出积极回应，甚至对于法家思想中一些行之有效的合理观点加以肯定和阐发，直至兼容法家思想的诸多合理之处，因此，便有人认为荀子不是纯粹儒家思想家。事实上，从先秦儒家的真实情况来看，最全面最深入地正面论述儒家思想的，不是孔子和孟子，而是荀子。

或许是由于书写和传播手段的限制，孔子并没有给后人留下太详尽的思想述说，在所有问题上只有完整框架，具体内容并不够丰富，更谈不上丰满。孟子时代的情况有所改善，孟子本人也说得够多，但未免失之于偏。到了荀子时代，思想家的数量、活动区域、思想传播和记载的手段，相关方面都有了极大改善，加之荀子本人游学广泛、善于思考，所以，荀子作品就表现出了更为广博和深邃的思想。

在传统儒家看来，社会的动荡、政治的混乱，源之于人们被外在名利左右，忽视了个人内在修养，所以，传统儒学便把个人道德修养放在首位。每个人只有成为一个有价值的个体，才能谈得上为社会大众服务，而有价值个体的核心，就是讲道德、有修养。

修身有道术

强调道德修身是先秦时代儒家思想特色，严格来说甚至是儒家独有的思想内容。是不是重视道德修身，可以作为判断一个人是不是儒家学者的重要标准。在这方面，荀子思想是非常明确的。

所谓修身，就是向善。见善而自存养，见不善而自省；善在身而自然喜好，不善在身而自然厌恶。这是人必须修身的自然基础。为了实现修身向善，一个人既需要别人的批评，也需要别人的表扬，关键是一个"当"字，即适当与否。不以适当为标准，就是谄谀，就是对人的伤害。修身之人需要别人的批评和表扬，并把正确批评我的人视为老师，把正确表扬我的人视为朋友。

当与不当的标准是什么呢？荀子明确地提出了"礼"。

孟子把孔子思想总结为仁、义、礼、智、信"五德"，使得这五个字对后世的影响不可估量。"五德"之中，只有礼是有可操作的具体内容和具体规约的，是既有内在规定，又有外在条文的。仁、义、智、信等四项，都必须通过恰当的礼的形式即礼仪来表现。一个人修身的水平如何，或有没有修养，给人的最直接印象首先是礼仪方面的外在表现。荀子提到了饮食、衣服、居处、动静、容貌、态度、进退、趋行，这都是一眼就能看到的外在表现。由外在表现做深入观察，又可以发现人的血气、意志、知虑，把这些综合起来，就决定了一个人是能够通达于世，还是在政治上走投无路。循礼则进则通，不循礼则退则穷。人是如此，由人组成的社会和国家亦复如是。人无礼则无法生存，事无礼则无法完成，国无礼则不得安宁。

修身的标准决定了之后，荀子还提出了修身的具体要求。

教：用善引导人。顺：用善对待人。

谄：用不善诱导人。谀：用不善附和人。

智：弄清是非。愚：是非不明。

谗：中伤贤良；贼：祸害贤良。

直：是就是是，非就是非。

诈：藏匿行踪；诞：言语轻浮。

无常：取向不定。

至贼：为得利而舍弃义。

博：多闻；浅：少闻。

娴：多见；陋：少见。

偍：怠惰；漏：漫不经心。

治：举措少而有条理；眊：举措多而杂乱。

这些有关修身的正反概念或要求，都是人们习用或习见的。这说明，荀子基于儒家思想而倡导的修身的具体要求，是与现实生活紧密相关的，而不是出于思想家的想象。荀子不仅对相关美德有正面要求，也有负面提醒，甚至对负面行为的描述更多一些，这表现出了思想家的现实批判精神。这些虽然不是修身的全部要求，但至少也是修身之所急。

传统儒家所谓修身之道，荀子也称之为"治气、养心之术"。这样的提法明显受到战国后期阴阳家思想的影响。人是一个整体，传统儒家更多的是讲"身"，即自身，不是分为气和心，所以要说修身之道。这种思想的受众主要是接受过相当文化教育的阶层，不利于向社会其他阶层传布。到了战国后期，各种思想的传播日益广泛，社会各个阶层都成为被动员和争取的对象。在现实中，能够接受道的人显然少于能够接受术的人。多数人急功近利，致使术行而道敝，以至于荀子这样的大思想家也不得不随俗，也得从术的角度阐述修道之道，以期有更多的人向儒家的修身要求靠拢。

在上述主要修身概念的基础上，面对人的不同性格或脾性，荀子提出了治气、养心的相应对策。从长远来看，治气、养心要面对的是人性中更为根本性的东西，包括与生俱来的和性格养成的，或者是二者兼而有之。性格刚强之性，要用调和之气加以柔化；优柔寡断之性，要用简明之理加以整束；勇猛斗狠之性，要用引导规矩加以辅助；卑下贪利之性，要用志气高远加以激励；平庸懒散之性，要用良师益友加以促动；怠慢无度之性，要用灾害祸患加以明示；愚钝实在之性，要用礼乐修饰加以充实。

荀子主张性恶，认为人性是需要约束和提升的，与之相应的人的气和心也是需要治、需要养的，所以他总结说，治气、养心需要有三方面的努力，一是守礼，二是投师，三是向善。这三项大的原则，再加之以上所述具体对策，使荀子的修身之论既有明确方向，又有具体路径和方法，这就从本质上发展了孔子和孟子的相关思想。

当然，荀子也不是没有认识到修身之路以及治气、养心之术并不是简单易成之事，而是肯定会遇到种种困难和挫折。为此，荀子又从修身之利益、必成之信心、持之以恒心等多方面对他的修身之论加以充实，以期更多的人加入这一行列之中。

儒家倡导的修身是不断提高人的内在修养。内在修养提高了，就会不为外物左右。在荀子时代，所谓外物，也不外乎荣华富贵之类。不为外物左右，就是不把富贵和王公放在眼里，一切以儒家的道术为准则。但是，这样的修身之路并不是轻而易举就能实现的。着眼于现实，修养越高，怕是距离荣华富贵越远。为了保持原则的纯洁性，荀子坚持认为，好的农夫不会因为天旱就不去种地，像样的商人不会因为价格低就不做生意，更重要的是，合格的士君子不会因为贫穷就懈怠对大道的追求。追求大道是做人的本质要求。

对于士君子的自信心，荀子有一段非常生动的描述。

他说，君子行路时恭敬小心，并不是因为脚下是泥淖之地；对人谦恭低头，并不是因为脖子有疾患；与人对视时先行躬身，也不是因为惧怕对方。那是因为，君子追求修身养性，不跟一般人计较罢了。儒家的修身是要提高人的内在修养，并不是装点门面，用外在模样欺哄人、吓唬人。更重要的是，越是在普通人面前，越不需要表现出自大和傲气。

实现儒家的修养，完成荀子所说的治气、养心，当然是个永无止境的过程，但这并不是拒绝修养身心的理由。在普通人看来，因为无法在短时间内实现，所以认为还不如止步不前，或别寻他途，但在君子看来，一分努力就有一分收获，只有不断努力，才会无限接近终极目标。千里马一天飞奔的路程，普通马匹只要不停地行走，迟早也会达到。如果不能面对现实，把人生目标制定得无限高远，当然很难达到。可是，如果针对具体情况制定切实可行的目标，或迟或早地，每个人就都会有所收获，最终都会实现。

荀子指出，先天条件并不能决定修身的高低成败。即使是一只跛腿的鳖，如果爬行不止，也能到达千里之外；即使是一匹千里马，如果一路上左顾右盼、忽进忽退，也不会到达目的地。在才性方面，人与人之间的差距有时会远远超过跛鳖和良骥区别，那么，为什么跛鳖能到达的目的地而良骥无法到达呢？原因很简单，就在做与不做之间。进而言之，再近的路途，不走也达不到，再小的事情，不做也完不成。

修身有境界

在不同的上下文中，荀子对于儒家修身做人的境界有不同划分，这可以理解为荀子相关思想的发展变化，也可以理解为在不同情势下荀子的不同思考。当孔子奠定儒家思想基础之时，就提出了圣人、仁者、君子、士人等修身的不同境界或层级、等次。除了这些相对固定的概念，孔子还表扬过通达者、有恒心者等。这些修身做人的境界，在孟子思想中也有明确的肯定之辞，并在此基础上提出了影响深远的关于"大丈夫"的做人境界。

对于人的不同道德境界和修养层次，荀子是坚信不疑的，并利用诸多方式加以表述。荀子假设了孔子提出的一个问题，即："智者若何？仁者若何？"什么是智者？什么是仁者？并以孔子的三位杰出弟子的口吻做出回答。

孔子这三位弟子中，子路是军人出身，学力最低，他的回答是："智者会让人知用自己，仁人会让人爱戴自己。"孔子认为这是士人的回答。子贡是弟子中最聪慧的人，擅长表达和表现自己，悟性高，但学习比较浮躁，他的回答是："智者能够知用别人，仁者能够爱护他人。"孔子认为这是士君子的回答。最后提供答案的是颜回，他学习用功，喜欢深思，是孔子最欣赏的学生，他的回答是："智者了解自己，仁者爱惜自己。"孔子认为这是明君子的回答。

以上三种回答，严格说起来都是高层次的认识，并且都得到了孔子的肯定。由此可以得出结论，荀子认为儒家道德修身境界又可以分为士、士君子和明君子等三个层次。这虽然又是一种不同的划分方法，但还是坚持了道德修养有层次高低的区别。这就再次说明，荀子对于这个问题是相当敏感的，并且其观点也是不动摇的。

被知被爱、知人爱人、自知自爱是由低到高的境界。为什么这么说呢？因为越是较高境界，越需要更多更强烈的人的主动性。在荀子看来，士人做好自己即可，士君子还需要主动去顾及别人，至于明君子，则不仅需要做好外在努力，还需要反观内心。也就是说，自知者能够达到知人、被知；知人者能够达到被知，但却不能自知；至于被知者，则既达不到知人，更达不到自知。

与上述三种意见相对应，荀子也曾把成功的修身之途分为三个阶段。能够循礼而行的，荀子称之为"士"；意志坚定地遵守礼规定，并且能够体现在实际生活中的，就是"君子"；内心完全明彻，动力源源不竭的，这就是"圣人"。

荀子注意到，世上之人并不尽是士、君子和圣人，甚至可以说这三类人并不是人群的主体部分，所以，荀子在三类人之外，又加入了一类人，即"民"，普通人而已。从这个角度来看，在荀子眼中，人可以分为四类。只是从儒家修身做人的角度来看，"三境界"已经足矣，普通人因为不知修身，实质上是被排除在儒家所要求的道德修身的视线之外的。

总体上来看，荀子认为人是有等级区分的，只是他继承孔子思想，强调这种区分不是来自先天自然原因，即并不是人们生来如此，而是后天环境，以及与环境相关的个人努力的结果。在前文描述儒者思想境界时，荀子也把人分为四类，即俗人、俗儒、雅儒、大儒，这种区分与此处的四类划分是一致的。而这两种划分的主要区别是：民、士、君子、圣人的划分，主要是把修身落实在外在成就上，而俗人、俗儒、雅儒、大儒的划分，则主要是认为修身依据内在修养。不过，从修身的角度看，严格区分内在修养和外在成就是相当困难的，具体到某个人，甚至这两个方面是不可区分的。所以，荀子的两种"四类"分法，也只是侧重点有所不同而已。

那么，人分四类的具体情况是什么呢？

民。把从众从俗作为善良，视货财为宝，以养生为个人最高行为准则，这就是普通民众的追求。此处所说的"养生"，是指普通人满足衣食住行的行为，并不是思想家们所说的高层次的精神方面的涵养。在普通人这里，主动自觉地进行道德修身是不可能发生的事情。

士人。行为守法，意志坚定，不以个人得失判断事物，不会无原则地满足私欲，这就是士人的德行。荀子有时称士人为"劲士"，是强调士人坚持原则的精神。与君子特别是圣人相比，士人的行为虽然也很可贵，但其态度是被动的，是不得已而为之。

君子。君子具有士人的优点，并能克服士人的不足之处。对于所见所闻，不是听之任之，而是能够加以修正，然后再传播出去。君子善于学习，言语都很妥当，只是不知其所以然而已。君子的行为是无可挑剔的，只是没有去深入了解其行为方式的由来而已。君子也有对人对事的正确思考，只是还欠缺一些周密性。尽管如此，君子对于他们推崇的东西也能有所开拓，对于不如自己的人也能够加以开导，让他们不断进步。因为君子的言行总是扎实可靠的，所以，荀子在此称君子为"笃厚君子"。君子的表现更多地体现在积极行动上面，但与圣人相比，缺乏的是创造性。在荀子思想中，履行已有礼法的同时并加以创造性的发展，才是最高的修身境界。

圣人。与民、士、君子相比，圣人的最大特色是创制性、主动性和灵活性。圣人能够修正古来的礼法，毫不费力地应对现实中的各种复杂变化，自如地把握各种礼节，很自然地适时建功，轻松地掌握现实政治，统一所有人的意志，为所有人造福。总之，圣人的内心有着源源不断的动力，并把这种动力运用在无限的创制之中。

荀子假托了孔子晚年与鲁哀公的一场对话，从另外一个角度叙述了"人有五仪"，即人有五种表现，也就是人的五个等级的观点。

最低的等级，荀子称之为"庸人"，即普通人。这种人的表现是，说不出善良的言语，也没有上进之心。尽管如此，也不懂得向贤人和善士学习。只是为眼前利益打算，行为没有高尚目标，只看重外物，为外在利益左右，不知道什么是真正尊贵的东西、什么是人应该追求的目标。庸人看上去也是五官端正，与其他人没有区别，但总是听从私心驱使，一旦有所行动，就会做出坏事，暴露出本质。很显然，这样的庸人是需要教育和约束的，甚至有时候还需要采取强制措施。

比庸人高一级的是士。士的特点是，尽管不能不折不扣地按照儒家的道和术行事，但做事也有一定的遵循和规矩；即使不能事事做到尽善尽美，但也能够有个模样。士未必是依礼而行的典范，但也不会放纵无度。士对于儒家道术也可能知道的并不很多，但是，一旦有所知晓，就要弄清楚来龙去脉。其出言吐语不务求多，而是一定要明白自己在说什么。同样，士也不务求做太多的事情，但每做一事都有根有据。总的来说，士的思想、言语、行为都有一定之规，不可更改，不论是富贵还是贫贱，都不能使其增加或减损分毫。可以说，士并没有完全获得儒道的修养，也没有达到高尚的做人高度，但由于积极向儒道靠拢，其言行并不会出现明显偏差。

在士之上的是君子。君子的言语讲求忠信，但内心之中并不要求表扬；行为符合仁义，但其表情却并不自傲；思想通明，却不在言辞上争胜。君子的人生节奏把握得非常得当，没有他想做却做不成的事情。很显然，此处所言君子，是那种能够把握自身的明智之人。与更高层次的做人要求相比，荀子此处所说君子是相对消极和保守的人物，属于后世所谓明哲保身一类。

君子之上的贤人，行为符合规矩，并且也不会影响根本的道德原则；言语足以让天下人效仿，但不会因此而自满；即使富有天下，也不会为自己蕴藏财富，给天下布施恩惠之时，不会忽视贫穷之人。这样看来，贤人是那些具有儒士的道德修养，且能够掌握较大权力和较多财富，能够影响大众、建立世俗功绩的人。

"五仪"之中的最高一级是大圣。大圣之人，其思想贯通大道，能够应对一切变化，并对万物的本性和表现了如指掌。通达大道、明辨情性的大圣，能够上知天文，下识地理，其行为做事，是普通人无从了解、无法评判的。可见，最高层次的大圣，其智慧和才能远远超乎众人，他们掌握的是人类大方向，普通人不可能理解，也没有必要理解。

荀子所述三阶段或三境界，以及四类或"五仪"之说，其分析的角度和用词都是儒家传统的，只是内涵有所不同罢了。从普通角度去看，无非是上、中、下三档。但是，随着荀子思想认识的提高，他强烈地意识到人群当中最上和最下等是相对不变的，而最难把握的还是中等之人。中等之人人数多、变化大、可塑性强，所以，荀子最终不得不把中等之人多次细分。当然，这种不同并不是与传统儒家思想的不同，而是具体落实不同，即究竟什么样的修养应该落实在什么等级的人的身上，荀子有着自己的理解。但不管怎么理解，成功的修身之道始终是儒家式的。

需要强调的是，在孔子和孟子那里，对于儒家修身境界的认识和定义，虽然有一些不同概念，但并没有分出高低层级，更没有对于某一概念，比如君子，再作更细致划分。之所以在孔子和孟子那里保持这样的格局，与现实中社会成员的复杂程度有着最直接和最重要的关系。特别是在孔子时代，社会分层基本上是明显的上、下两层，所谓社会精英阶层人员较少，变化也相对固定。可是，到了荀子时代，先秦时期的社会动荡达到极致，除了社会上层和下层之外，社会中层人员的数量和复杂程度绝非孔子、孟子时代所能想象，仅用君子之类的概念加以描述，显然力不从心，基本不能说明问题。在这种情况下，荀子以其现实主义精神和敏锐思想能力，毅然把社会中层做了更为细致的划分，不仅将士与君子相分离，而且把士和君子自身也予以分疏，甚至还加入了贤人之类的新概念。后世之人未必完全接受荀子的看法，况且荀子看法本身也不固定，但从中应该体会到荀子对于社会现实的全面观察和深入思考。

论圣人、仁人

在《荀子》中，荀子对圣人的推崇和褒扬随处可见，由此证明荀子对圣人治世是多么的渴望。同时，荀子对仁人的肯定也是非常明确的。这样就产生了诸多问题。什么是荀子认为的圣人和仁人？圣人和仁人在荀子的思想中有什么同异？

对于圣人的定义，在孔子那里如同其他概念一样，也是一种相对和间接的表述。在孔子看来，圣人是比仁人更高的修身境界，所以圣人高于仁人。另外一个特点是，圣人一定得是拥有世俗最高权力的人，在道德修养达到天下一流的同时，还有条件在物质上施惠于全天下之人，而仁人的重点则在于修身的崇高境界。另外，尽管弟子们认为孔子是圣人，但孔子明确否认。很显然，孔子并没有达到能够在物质上惠及天下的世俗高度。

在孔子那里，圣人的境界至高无上，然后才是仁人和君子。荀子也持有这样的观点，只不过是说得更加清楚明白而已。荀子对于圣人的描述及尊崇，更多出现在荀子关于大治之世的理想愿景中，而对于圣人的单独定义和描述并不多见。在不同上下文中，荀子对圣人也有不同定义。这些定义的主体是一致的，但也各有侧重。

从礼的角度来看，荀子认为，礼的作用是正身，即端正人的行为。那么，礼是怎么产生的呢？作为个人又是如何能够学到真正的礼呢？荀子认为必须要有老师或师长的存在。人要做到礼怎么要求就怎么做，这就把人交给了礼，安心于礼的要求；人还要做到老师说什么就说什么，这就说明你明白了谁是你的老师。做到了上述两方面要求，荀子认为就是圣人了。乍看上去，对圣人的如此要求并不高，不过就是两项，但这两项之严厉，却是越想越难的事情。

圣人无论是日常生活，还是其他方面，都是井井有条；对自己严格要求，非常自律；秉持乐观态度，不会有任何危险；有充足的理智，其理性精神尽显无遗；分门别类看待事物的运作，思路非常清晰；外在表现有礼有节，按部就班；对于他人之善，感到由衷高兴；对于他人不当言行，则表现出深深的忧虑。

为什么圣人能够做到以上要求呢？荀子强调说，圣人之道源之于"一"。"一"字的哲学意蕴是整体性、统一性和耐久性的意思。圣人之道，就是儒家的思想学说。圣人坚持儒道不动摇，既证明了圣人的品格，也强调了儒学的正确性。圣人与儒道是一而二、二而一的关系，相互依存，不能分离。荀子的定性是，圣人是儒家大道之"管"。此所谓"管"是"管枢"之意，即枢纽和关键所在。儒学的管枢，就是天下大道的管枢。自古以来的王者之道就是圣人及其儒学。那些传世重要经典更是有赖于圣人的传承。由此看来，圣人就是人类文明的关键，是人类社会的精华。

圣人是如此伟大，那么，圣人是怎么产生的呢？换句话说，其他人，甚至普通人，能够成为圣人吗？荀子给出的答案是，不断地累积土石，就能成为高山；不断地汇聚水流，就能成为大海；不断地积攒每一天，就能够达到一年之数。倒下第一筐土的时候，看到一条河流的时候，很难想象大山和大海的模样；开始一年之中的第一天时，也许会觉得一年还是个遥远的数字。可是，等到坚持不懈地完成积累再回头看的时候，就会发现不断累积的强大力量了。因此，荀子才说，即使是那些普通老百姓，只要不断地累积善行，达到必要的高度时，就会成为圣人。反过来讲，每一位圣人，都是累积其善行的结果。

事实上，不仅圣人，任何一种人，甚至一种职业、一件事件，都是累积的结果。不断地努力耕种才能成为合格的农夫，不断地到处贩货才能成为合格的商人，同理，不断地累积合乎礼义的事情，才能修养成为君子。确定方向是第一步，而只有坚持不懈地去做，才能保证成功。用荀子的话来理解就是，任何事情的完成、任何类型的人的成长，都不是天生如此，而是不断累积和艰苦磨炼的结果。

荀子五十岁离开家乡，游学天下，并成为一代宗师、万世楷模，就是积累的结果。有过五十年不懈累积，荀子思想才能那样明晰、那样坚定，以至于在随后岁月里，尽管有百家思想的冲击，有像秦国那样的以法家之道治国产生的巨大成效，也没有使荀子放弃儒家主张。正是有了累积，荀子对于儒家思想才有了练达的掌握，才能在复杂现实促动下，进一步修正和发展儒家之学，使儒家思想更具现实有效性，从而在秦汉之后逐渐成为中国社会的主流意识形态。

对于圣人和仁人，荀子有时分开述说，有时则合而叙之，这其中的原因是相当复杂的。

事实上，孔子更多的是谈仁人，很少谈及圣人，而且，孔子论仁、论仁人，重点在于道德修养的境界，不多涉及仁、仁人与具体某种事务、某类事情的联系，即不去说仁人适合做什么、能够做什么、能够做成什么。孔子心目中的圣人是修养最高且必能成就事业的人，而仁人则是侧重于崇高修养的人，比如说孔子的得意弟子颜回，孔子曾许之以"三月不违仁"，即能够较长时间保持仁者的境界，而颜回的一生只是一位贫穷布衣，未曾做过任何实际事务，更不用说建功立业了。

到了荀子时代，由于时势混乱至极，急需整治，于是，在儒家内部，圣人的功业更能够吸引人们注意，也更具有现实性。在这方面，荀子的论述集中在两个主要方面：一是对圣人品格的叙说，二是在对现实政治功业进行评价时，把圣人之政或王者之政置于最崇高地位。换句话说，一方面是探讨圣人的道德境界，另一方面是推崇圣人功业。在荀子思想中，这两个方面是一个整体。

荀子对于仁人和圣王的美德有具体描述。他说，信任应该信任的，怀疑应该怀疑的，这是守信的表现。看重贤人，轻视不肖之徒，是持仁的表现。当说的时候则说，不当说的时候不说，是智慧的表现。不管是多说，还是少说，只要严守法度，就都是圣人、君子的表现。说的很多，但却不合法度，即使听上去很有道理，也是小人的表现。荀子对仁人和君子的如此描述，始终是以大道和原则为准绳，反映出荀子思想的理性主义精神。

圣人的品格是，高贵却不骄人，圣明却不困人，迅捷却不抢先于人，勇敢却不伤害他人。遇到不知之理、不知之事就去请教别人，不能做到的时候就向人学习，即使有能耐也会礼让别人，然后才去获得。侍奉君主的时候遵循臣下之义，与乡人相处的时候讲究长幼之义，在长者面前遵守子弟之义，与朋友相交奉行辞让之义，遇到地位低下者就表现出足够的教导和宽容之义。总之，圣人的处世原则是，无人不爱，无人不敬，无人可争，心胸恢宏，包容天下万物。荀子的这番描述，虽然在言语的气势上不同于孔子和孟子，但其思想基础依然是儒家的原则和胸襟。

仁人以其崇高的道德修养，如果机会合适，当政者诚心任用，同样可以做一个胜任的政治家，同样能够建功立业。

一方面，大凡是攻击别人或别国者，一般是有三种原因，即为名、为利，或者发生了让攻击者感到愤怒的事情。

另一方面，仁人治理下的国家，会修养国民和国家的思想，端正其举止行为，倡导崇高的事业，做出忠信之事，做事有理有节。

那么，如果达到了仁人的修养，即使是布衣之士，生活在贫民区，王公贵族也不能跟他们争名；如果让他们掌握一国之政，全天下也无法遮蔽他们的名声。他们的名声是公认的，没有任何为名的人会去攻击这样的仁人。

如果说要加强战备，带领大军攻击远方敌人，这是仁人不会做的事情。可是，如果说治理一国内政，迎击敌人进攻，对于仁人来说则如同拔麦子一样简单。这样一来，敌手不能从中获利，当然也不会主动发起进攻了。

国与国之间的愤怒，通常是大国对待小国的态度。可是，如果让仁人主持小国之政，就会明白强弱大小的道理，对大国表现足够的恭敬，贡献适宜的财货，派出胜任的使节。这样一来，即使大国原有的愤怒也会化为乌有，当然也就不会进攻小国了。

仁人治理下的国家，没有人会因为名、利和愤怒发起攻击，这肯定会是一个安全的国度。这样的国家，别国都有动乱的时候，仁人却治理得很好；别国出现危亡的时候，仁人治理的国家却很安稳；别国都在丧失土地和人民的时候，仁人会很安详地趁机去帮他们治理。一旦仁人掌握了一国之政，不仅会治理好这个国家，还会影响和兼并其他国家。

圣人和仁人都是人类最崇高的道德标杆。如果说圣人是道德水准和政治功业兼具的话，仁人则更偏重于道德修养。圣人必须建功，仁人则两可。圣人必是仁人，仁人未必是圣人。仁人以其道德修养著称，如果有合适的机会，在政治上也能达到圣人的高度。

论士人、君子

与论圣人、仁人相比，荀子对君子和士人更加重视，因为前者毕竟有诸多理想化成分，更多的是人们的愿景。但是，真正能够影响社会生活的，或者说更贴近现实的，是士人和君子。

（1）士和仕士、处士

"士"字在甲骨文中未见，在西周早期文字中才开始出现，其造型是一柄利斧，而斧则是权力的象征。"士"字最早是指武士，由武士之威武引申为"士师"，即执法之官。在西周社会上升时期，"士"由武官或法官而泛指官员。随着周王朝社会转型，武官和法官的意义逐渐丧失，但"士"

的基本意义却没有轻易丧失，这一基本意义就是尚武精神，勇气和气概。到春秋战国时期，旧时代的武士渐渐消失，"士"泛言一般意义上的有才能和有修养之人，进而专指后世所谓知识分子。一方面，"士"都是受过教育的，当他们在周朝廷上无法以"士"的原有身份和地位存在时，其中一些人无疑会以文化之道谋生；另一方面，这样的知识分子中确实不乏既有勇气又有毅力的人。显然，从"士"之意义的变迁，足可以从一个侧面看到周朝社会的变化。"士"阶层的地位升降，以及"士"字之意义的变化，在东周以来的文献中尚可看出。在《论语》中，"士"的意义明显正在向着最后的意义迈进，在很大程度上可以说，正是孔子及孔门对"士"的重新定义，才使"士"的新的价值和意义得以普及于世。

在孟子思想中，士人已经成为纯粹的知识分子，而且是有见识、有勇气、有担当的知识分子。从孔子开始到孟子，儒生心目中的士人已经成为一个明确的社会阶层。到荀子时代，这个发展过程更为定型化，所以，荀子对士人就有了更全面深入的了解和定义，并对士人做出了种种不同类型的划分。

如前所述，荀子把修身分为三个层次，或者说把修身者定义为三种类型的人格。从荀子的定义中可以看出，所谓"士"，也可以称之为士人，是能够依照礼法而行的人士。所谓"君子"，不仅能够依照礼法而行，还能对礼法予以整体掌握，并把礼法推广到社会之中。所谓"圣人"，是在"士"和"君子"的基础上，对礼法能够有所发明和推进，并且是持续不断地进行。

士人总体上讲是"好法而行"，但就个体而言，他们还是有所区别的，荀子把他们分为四类。

悫士。所谓"悫士"，就是端悫之士，是那种行为端正而踏实，内心诚实而坚定，能够严格要求自己的人士。他们平常的言和行，都能做到谨慎而守信。他们既能避免效法流俗之人、流俗之风，也不敢过度肯定自己的行为。显然，这是儒家所说做人的最起码要求，既严格要求自己，又不敢把自己看得很高。

直士。所谓"直士"，就是正直之士。与"悫士"相比，"直士"已经进入了现实政治领域，而不是仅仅停留在个人修养上了。在儒家看来，从事政治，为社会做贡献，是个人道德修养的归处。具体说来，在面对在上者、面对君主的时候，如果自己有长处，甚至有功业，却没有被君主知晓，直士是从不怨恨的；如果自身有短处，甚至犯了错误，即使没有被君主发觉，也不会去领取相应赏赐。这就是说，无论是长处，还是短处，正直之士都不会去掩饰，而是每时每刻都以实情呈现。这是起码的政治品德，但重点还在于个人得失方面。

公士。"直士"是对儒家从政者的起码要求，再往上的要求就是"公士"了。在古代君主制下，在上者与在下者的关系相当复杂。儒家"公士"不会勾结在下者去蒙蔽在上者，也不会巴结在上者去嫉恨在下者，即使与人有纷争，也不会以私害公，所以称为"公士"，公正之士。公士已经超越了个人得失，上升到了与他人，特别是与在上者的相互关系上了。

通士。尊君爱民，是儒家从政者的最高要求。在自己的岗位上，有事情出现了，能够起而应对，继而妥善办理，就是荀子所说的"通士"，通达之士。政治上的通达，是儒家士人从政的最高境界。通达之士既能够妥善应对君主，还能够造福于大众，也是荀子心目中士人最高的从政追求。

需要指出的是，士人的境界由低到高，所谓最高的"通士"乍看上去已经到了做人的顶峰，其实不然。这是因为，士人只是简单的中规中矩之人，他们只能遵循儒家基本规范，但并没有吃透儒家思想整体，更不用说能够明白儒学的所以然了。所以，士人只是一个能够把自己约束在最基本个人操守上的人，在现实政治中则是基层公务人员。他们的行为表现虽然已经相当可贵了，但距离儒家的全面要求还有相当距离。

如同那个时代所有的思想家一样，荀子的最高追求依然是现实政治。他定义的士、君子、圣人，也是把人生修养集中表现在现实政治之中，而不是简单的独善其身。所以，荀子就又换一个角度，从仕与不仕的角度区分了两种"士"，即仕士和处士。

合格的从政士人，应该具有以下美德：禀性善良，善于组织，注重民生，排斥恶人，以理服人等。没有资格从政的士人，则有以下恶行：不讲礼义，言行没有规矩，贪图个人利益，人际关系很差等。虽然古今之仕士者区别明显，甚至正好相反，但整体的层次并不算高，这与士与君子和圣人的不同是有关系的。

不用说，当荀子放眼现实时，作为士人整体，并不是每个人都能得到从政机会，且不说从政时的顺利与否。这些没有机会从政的士人，当时称之为"处士"。"处"是原地不动的意思，即安于时势、安静等待时机之意。后人形容战国时代的思想界为"处士横议"，就是说那些不在官位的士人们随意评论各国政治，高谈政治见解，力图对时势有所影响。

同是处士，在荀子眼中也有古、今之分，优、劣之别。处士之优者，道德高尚，心思宁静，约束自身，知天认命，并把这些正确的东西表现出来。处士之劣者，没有能力却自称有能力，本来无知却自称有知，贪婪不已却装作一无所求，行动险恶却自称为人实在，并自我辩护说，这是以不落俗套为习惯，所以才有意与众不同。

荀子是那个时代的斗士，言行持守原则，而在批评那些应当批评的人物和事物时，总是能够毫不留情地掷出投枪，以近乎刻薄的语言正中要害。在这一点上，只有他的学生韩非子继承了荀学精髓。读着《韩非子》中那些真正出自韩非子之手的政论文，大声诵读着文中那些犀利的句子，上述荀子形象会跃然眼前。

（2）君子和士君子

从孔子开始，在传统儒家的修身之路上，就被描绘或定义出各种境界，其中，从社会现实的角度来看，"君子"在修身之路上达到的境界最为引人注目，影响也最为广泛。在孔子看来，君子是既有成熟的道德修养，又在现实政治中卓有成就的人物。"君子"一词的本义就是"国君之子"，起初只是对那些具有相当高的社会地位的人物的称呼。也正是因为他们具有很高的社会地位，也才有可能在礼仪修饰、行为举止方面接受良好教育，至少在外在行为方面中规中矩，看上去比普通人更有修养。但是，在孔子看来，仅有外在的合乎规矩的行为举止是不够的，真正的道德修养是由内到外的、全方位的。正是在孔子时代，那些拥有高层社会地位的人，在他们的漂亮举止之下，表现出的是对普通人的欺压、对政治秩序的危害、对道德原则的践踏。孔子下决心重新定义君子之行，宁愿把君子的称号给予内外皆修之士，而不仅仅是拥有社会地位的人。这样一来，孔子的"君子"就从其最初对"国君之子"的特指，逐渐转向了对于把修身放在首位的人士的褒奖。在《论语》中，"君子"就是道德修养合乎儒家标准的人。到孟子时代，"君子"一词又由内外俱佳者的称号，逐渐专指在道德修身方面达到崇高境界的人士。

　　荀子极度推崇传统儒家的君子之道、君子之行，并在自己的著述中从不同角度，在不同背景下论述了他心目中的君子之行。根据荀子对于士、君子和圣人的区分，"君子"的境界正处在士人和圣人之间。圣人的境界相当高远，能达到的人少之又少。士人境界有低有高，基本的士人标准，甚至一般人稍有所学就能达到。只有君子之人，既超越了士人，又不像圣人一样渺不可及，正是人群中应有的现实典范。所以，荀子把对修身的认识重点放在君子身上，也就是自然而然的事情了。

对于君子的定义或君子内涵的说明，荀子采用的也是传统方法，即只历数哪些长处属于君子，而不是说君子是什么。因为前者的逻辑是相对开放的，即君子的长处是无穷无尽的；而后者的逻辑则是相对封闭的，一旦说君子是这个样子，就不能是那个样子了。

荀子认为，总结起来，君子的长处有如下几项：

思想端正，内心诚实，做兄顺，做弟悌，喜好学习，谦逊审慎。

有节制地取利，以远离灾祸；谨慎地避开容易取辱之事，但要勇敢地追求真理。

君子即使陷于贫穷，也要保持高远志向，目的是推崇仁义；即使身处富贵，也要保持谦恭之态，目的是避免以势压人；安逸的时候不松懈，因为始终要遵循天理；劳累疲倦的时候不失态，因为有着良好修养；发怒的时候不过度夺取，高兴的时候不过度给予，那是因为，在君子身上，原则胜过了私利。

很显然，君子是以天道、礼义和法则严格要求自身的，这与荀子始终遵循的理性精神是一致的。他说，君子之人，行为要追求高雅，言语要追求明察，名声要追求远传。但荀子强调说，对这些追求不能片面理解，不会为了难而难、为了察而察、为了传而传，而是要把握一个"当"字，达到恰当、适当。所谓的"当"，就是天道、礼义和法则所允许的范围。

君子之"当"是如此重要，荀子在讲述道理的同时，还以例引申之。据记载，商朝时曾有一位贤人申徒狄，因为痛恨世道混乱、大道不行，进而愤懑不已，最终负石投河而亡。一般人都很表扬这位贤士，认为他有着难能可贵的坚持道义的精神，但荀子不这么认为。在荀子看来，世道混乱固然是一个人难以改变的，但只要不懈努力，多少还是能够做出积极贡献的。所以，他认为申徒狄的极端做法并不符合礼义要求。

在言语表达方面，荀子时代有著名的名家或称名辩家，因为提出了一些在一般人看来不符合常识的哲学观点而名声大噪。比如他们认为，如果站在足够高的地方往下看，高山和深渊是在同一个平面上，没有高低之分。他们还认为，严格说来，鸡蛋是长着毛的，因为鸡蛋孵出的鸡是有毛的。这些观点，从哲学上讲是能够讲得通的，并且有趣的是，也能够为今天的科学观点所证实。但是，在当时的荀子看来，人们固然难以驳倒名家的类似说法，但这些说法于事无补，毫无实用价值，更不在礼义要求的范围之内，所以，君子并不以为可贵。

说到人的名声，荀子举例说，春秋末年的盗跖，聚众山林，与诸侯为敌，博得了很大名声，甚至达到了与大舜、大禹的声名一同被民间广为传唱的程度。但是，荀子强调，仅有知名度或名声并不足以说明问题。盗跖凶贪，为害于世；舜、禹勤勉，有功于民。所以，即使有同样大的名声，君子也不会像称颂舜、禹一样地称颂盗跖，因为盗跖的行为是不符合礼义的。

因为原则或礼义是君子的唯一坚持，所以，荀子豪迈地说，君子心地坦荡，与世俗之人是不同的。具体说来，认识一位君子并不难，但要跟他深交就有难度了，因为他对别人也是讲原则的。君子做事小心翼翼，但却并不惧怕别人的无理威胁。君子是不愿意惹麻烦的，但是为了大义，却是连死都不怕的。君子并不反对获利，但非法得利之事却是从来不去做的。君子也会与人亲近，但却不会丧失原则。君子也是要跟人辩理的，但却不会强词夺理。

荀子眼中的士和君子的品格在许多方面是重合的，在某些外在行为方面甚至是无法分开的，所以，荀子有时也会把士和君子的修养结合起来，极赞所谓"士君子"，只是他的重点还在于君子。士人虽然在外在行为方面可圈可点之处很多，但在内在道德修养方面总是无法与君子相提并论。不过，着眼于现实，正如孔子经常感叹的一样，多数情况下很难找到理想人格，更多时候只能是达成降低一等的目标。这也可能是荀子使用"士君子"一词的原因之一吧。

在内在品德方面，士君子能做什么，不能做什么，荀子从三个方面加以考量。

第一，能做到可贵的高度，但不能强求别人因此而看重自己。士君子能够达到道德修养所要求的高度，但并不是每个人都看重这样的高度，也就不能强求每个人都看重自己。让士君子深感羞耻的是自己达不到修养的高度，而不是别人对自己的污蔑之语。

第二，士君子能做到有资格被人信任，但无法强求别人都信任自己。这也是说，士君子只能严格要求自己，却不能也没有必要去强求别人。让士君子感到羞耻的是自己达不到值得被人信任的程度，而不是别人不信任自己。

第三，士君子能做到被人任用，但不能要求人家一定要任用自己。所谓能被任用，就是其德其才能够做一个合格从政者。但现实是复杂而又无情的，有德有才者未必能够得到从政机会。

荀子强调的这三项做人原则，应该是他人生经历的总结，来自他一生中奋发修养、汲汲从政过程中的思想所得，当然也是他的人生追求。正是源之于自己的经历和思想所得，荀子才能发自内心深处地总结说，真正的君子，一定是不为声誉所诱惑，不惧诽谤和恐吓，直道而行，端正自己，始终不能被外在利益所左右。从他丰富的人生阅历中，荀子看到，人的是是非非，根本上讲是源自外在利益的驱策。他坚定地说，只有超越了外在利益，才会成为真君子、士君子。

关于君子的品德，荀子也使用了一些非常生动的说明手法，比如借用孔子与弟子们交流思想的场景。这样的故事未必为真，但述说此类故事的人对于孔门弟子颇有了解。

子贡在孔门以善于思考著称，他提出的问题通常都很有分量。这一次，子贡问的是，君子为什么看重玉而轻视珉？难道是因为玉太少而珉太多的原因吗？子贡提到的珉是一种石头，看上去像玉。

不用说，孔子马上明确否定了子贡的答案。在孔子看来，君子看重玉，是因为玉的内在品质与君子的道德修养有相似之处。玉有色泽温润的特点，这很像是君子的仁厚表现。玉的文理缜密，如同君子的智慧。玉很坚硬，像是君子守义一般。玉虽然有棱角，却不伤人，好像君子的行为一样。玉不能被弯曲，就像是君子的勇敢正直。玉有瑜有瑕，但却瑕不掩瑜，表现君子有人情味儿的一面。叩击玉时，会听到清扬之声悠然远去，然后断然停止，就像是君子的言辞一样，该说的时候能说清楚，该停止的时候马上停止。

在中国古代，特别是先秦时代，知识分子如果要生存，除了从政，是没有其他选择的。特别是君子之人，在孔子定义中，就是有修养、有社会地位的人，所以，君子本身就意味着从政。不过，也是由于从孔子开始就特别强调君子的道德修养，所以，此后对君子的定义，就开始往个人修养方面倾斜，经过孟子等人的强调，似乎有没有社会地位、有没有官职，对君子是可有可无的事情了。但是，在荀子这里，君子的内涵又开始向孔子时代回归，君子不仅有修养，还有必须实现的政治抱负，所以，君子的政治理念和政治行为，是君子的定义中必不可少的内容。

在中国古代专制政治体制下，用人的问题是根本问题，而从君子本身的角度来看，能不能被任用，如何才能被任用，同样是根本问题。荀子指出，君子能够做到有德有能，成为有价值的从政者，但却不能让君主或当政者一定看重自己；君子能够做到具有治国理政的才能，但却不能让在上者一定任用自己。这是君子面对政治现实时必须具备的起码认识。尽管有如此的艰难，尽管君子并不能左右自己的政治前途和命运，但是，一旦被任用，就会增加在上者的荣誉，减少在下者的忧虑，必能以其真才实学建立功业，让任用他们的人和追随他们的人都能放心。从反面来说，君子认为，没有才能而居其位，就是诬妄者；不能做出有益于上下的事情还要接受名和利，相当于是窃取者。

荀子对君子治国的这份自信，就是源于他的道德思想和政治主张。着眼于现实，在荀子所见到的实际治国过程中，理想中的圣王和仁人基本上无法遇到，所以，要想使社会走上轨道，或者不出现大的闪失，更重要也更现实的选择是使用好士君子阶层的政治资源。孔子和孟子的政治思想更多的是讨论治国理政的大方向，而只有到了荀子这里才大量地讨论了儒术如何解决实际政治的问题。在当时政治背景下，选人用人是第一位的，而选择士人、君子这些实际政治中的中坚力量更是重中之重，所以，荀子对士人和君子的重视就显得非常重要了。事实上，荀子对于士人、君子在治国理政中的技术性强调，对于此后中国古代社会士大夫阶层的形成起到了重要的指导和促进作用。

在中国古代家天下的专制政治体制下，至少在理论上讲，或者多数场合，是君主一个人说了算，用什么人与不用什么人，特别是用谁不用谁，往往是君主个人就能决定的事情，这就造成了在用人上的相对随意性，从而在从政者的感觉中，就有了用与不用、遇与不遇、通与不通、穷与不穷这些在中国古代政治传统中特有现象的名词。这个问题，在孔子时代就有，到荀子时代表现得更为强烈，所以，荀子对此也有很多探究。在讲到君子的生活品格和政治品格时，自然也少不了对于这个话题的探讨。荀子利用孔子的一段经历，即周游列国途中所遇到的困顿之时，设想了孔子与弟子子路的一段对话。

周游列国后期，孔子曾经接到过楚昭王的邀请，打算前往楚国。没想到在途中遭遇困顿，在多达七天的时间没有吃过像样的食物。子路性格直爽，不由得提出一个重大问题。常人认为，善人得福、不善人得祸，而在子路看来，孔子"累德、积义、怀美"，而且还能长久坚持，为什么还会遭此极困？对于如此艰难的问题，孔子除了列举古代那些公认的善人所遭遇的困境之外，还从理论上阐述了这个问题，既抒发了情怀，又消解了子路的困惑。

根据荀子陈述的孔子观点，对于君子来说，在政治上能否得到在上者的知遇和任用，那是时机的问题，孔子有时表达为天命，即各种条件是不是具备的问题。但是，一个人是不是有德性、有才能，那就是自身的问题了。这也就是说，君子只能决定通过自己的努力而达到博学深谋，并不能决定是否被知被用。换句话说，君子之人自己能够决定的事情是：博学、深谋、修身、正行，然后等待合适的时机。这正如后儒所总结的：尽人事，待天命。

君子与小人之别

荀子一生游历天下，由三晋东向齐，然后向南入楚，还曾经到秦国考察，并北上燕国，也就是说，所谓战国七雄之地，荀子都有过亲身观察和体验，更不用说与社会上各个层次、形形色色的人物都有过往还。根据亲身经历、亲自交往，荀子深刻体会到了小人的害处，这才声色俱厉地谴责小人和小人之行，并以酣畅淋漓的文字表达出来。

对君子之行的最大威胁是小人之行。孔子不断强调君子与小人的区别，所谓"君子喻于义，小人喻于利""君子坦荡荡，小人长戚戚"等，更是耳熟能详的格言。这就说明，在孔子时代，如何看待君子与小人的对立就已经是儒家道德修身进程中的一个重要课题了。

荀子继承了孔子的道德关怀，在任何地方都不会忘记把君子与小人相区别。事实上，只有认清了什么是小人，什么是小人之行，才能更确实地认识君子，把握君子之行。对此，荀子主张以"能"与"不能"来区分君子与小人。所谓"能不能"是一个综合说法，包括会不会、行不行、通不通等方面的含义。在荀子看来，人的修养和品德，在能与不能所造成的结果上，有着生动体现。当君子有能力的时候，就以宽容心态帮助别人；没有能力的时候，就会虚心向别人学习。小人则不然。小人有能力的时候就骄傲待人，有能力的时候妒贤嫉能，诽谤他人。在与人相处过程中，君子没有能力的时候，人们就会以向君子学习为荣；没有能力的时候，人们就会乐于告知君子，以期君子加以改正。小人呢，有能力的时候人们则以向其学习为耻，没有能力的时候则羞于告知他们。

荀子肯定道："君子，小人之反也。"君子在所有方面都与小人正好相反。从大的方面来说，君子敬天尊道，小人傲慢暴虐。从小的方面来看，君子以义而行，有所节制，小人则缺乏底线，一味地向权势靠拢。君子与小人的区别在于后天道德修养，而并不在于性格或才性等先天方面的不同。智慧者明理而通达，愚钝者诚实而守法，被知用则恭敬而不放纵，不被知用则守节而不抱怨。不论喜和忧，君子都能安和沉静地加以对待。仕途通达时努力奉献，不通达时则束身安详。与君子相反，小人因为大方向上的错误，智慧者会变得贪婪不已，愚钝者就会贼害为乱。被知用时无所顾忌，不被知用时怨恨而偏激。高兴的时候不知所以，忧愁的时候一蹶不振。通达的时候骄横无度，不通达的时候则自暴自弃。

荀子也从天人关系的角度区别了君子与小人。他说，大自然不会因为人们不喜欢寒冷就停止冬天的出现，也不会因为人们不喜欢距离辽远而缩短距离。联想到人世间，荀子强调，君子也不会因为小人的抱怨或其他恶言恶语而停止君子之行。

如果说天道对人有什么影响的话，在荀子这里，只是从天道的永恒不变联想到君子之行的永恒不变。天地有其永恒不变的大道和规则，君子也有其永恒不变的行为规范。君子的行为规范不会因为环境和际遇不同而改变，但是，小人的行为则完全受眼前利益左右，既不崇高，也不恒定。

荀子说，君子真正关注的是自我选择，而并不羡慕那些能够天然得到的东西。小人相反，他们把自己的选择放在一边，而只羡慕那些天然赋有的东西。结果就是，君子天天进步，小人日日退步。君子进步和小人退步在道理上是一样的。同样，君子与小人之所以相距甚远，原因也是一样的。

○
○

儒家本位的礼义之道

传统中国是一个礼治社会。先秦儒家思想中，礼是落实其思想的具体表现。在集中体现孔子思想的"仁、义、礼、智、信"的"五常"之中，礼相对更具有形式性他和我我是个人口问题能提供，可以说是其他"四常"的载体。具体来说，礼有礼仪、礼教、礼法等不同侧重面，礼仪之中含有礼义，礼教针对个人修养，礼法针对社会治理。

在总的倾向上，中国古代社会确实重礼胜过重法。这种特色主要是由中国古代农耕社会的特点决定的。农耕社会的生产力相对低下，物质财富的生产能力有限，社会成员流动性程度也很低，社会关系的稳定性相当强烈，这就使得礼义对于维护社会安定更为持久有效。相对于法治而言，礼治的成本更低，效率却更高。从这个角度来看，中国古代的礼治社会并不是某些个人的选择，也不是某种思想单独发生作用的结果，更不是某种特殊的人性使然。

传统中国是一个人治的社会，这样的结论主要是源于礼治的精神。礼虽然注重外在表现形式，所谓"礼仪三百，威仪三千"，但这些约束人的行为的种种形式尽管很多，甚至不乏烦琐，但却并不带有法令的明确性、强制性，而是建立在自觉性、灵活性的基础上，强调的是人性、道德影响力。在礼治社会的原初设计中，当礼仪、礼教、礼法等能够有效约束社会成员的时候，当然是一种非常高尚的社会发展状况。但是，在现实中，当礼的作用遭遇政治权力和特权地位的时候，却只能屈从于当权者，礼的作用也只能服务于人治社会。

反思礼治下的中国古代社会，确实是有许多问题需要探讨。中国古代的礼治思想和礼治精神，与荀子思想有着千丝万缕的关联。

荀子政治思想总体上讲是礼治思想。虽然荀子比孔子和孟子更多地强调和探讨法治的作用，但荀子并不认为法治在走向仁道、王道或圣道社会中能够发挥主体作用。在对当时最有效地执行法治的国家——秦国的考察中，荀子固然被法治的效率和效果所震撼，但出于思想家的洞察力和儒学家的人文情怀，荀子更为法治的严酷性忧心忡忡。

荀子的结论是：礼治是治国之本，法治是治国之术，法治必须以礼治为主导，才会造就一个公平公正和长治久安的社会。

世称荀子"隆礼重法"，其实是以礼制法、以礼约法，最终走向儒、法并举，儒、法协同，共同作用于社会现实。荀子的这一思想，是对中国历史的最大贡献。经过了秦王朝迅速走向衰亡的验证，两汉时期在塑造中国古代大一统形势下的政治模式时，充分接受了荀子的这份贡献。

对于传统儒家之礼，荀子进行了多方面的深入思考和论述，这是其他儒家学者难以企及的。荀子的礼治思想坚持儒家本位，这既是他的政治思想的核心内容，也为儒家思想成为国家意识形态塑造了整体形态。

在荀子看来，礼是一个整体。礼不仅要表面一致，而且要保持内在整体性。这种整体性，不仅体现在礼的完成形式上，而且强调了对礼的精神的整体把握。礼不可以唯我所用，不可以一事一礼、一时一礼，而是要在任何时候、任何情况下，都要遵循礼的内在和外在要求。对于礼，普通人只知其然，不知其所以然，只知道遵守礼，不知道为什么遵循。但是，作为制礼者的圣人，则始终明白礼的始末缘由，只有这样，才能从根本上遵循礼、发展礼，使礼不仅具有强大的现实性，还要有深远的指导意义。很显然，正是由于荀子对于礼有着如此全面的理解，他的礼之论才能深刻持久地影响着中国社会。

礼的起源，制礼的目的

从事物发生的角度来看，任何事物的发生都是有原因的。中国古代的礼法，或者礼和法，其发生或起源也是有原因的。礼和法，或者任何可以称作规矩的东西，都是对于人的言行的约束。

（1）礼的发生

人是不是需要约束？怎样约束才更为合理和有效？这是荀子论礼、论礼的起源时所要回答的问题。

礼是因为什么而兴起的呢？

荀子的答案是，人生下来就有欲望，当欲望得不到自然满足的时候，就不能不去主动求得。在这个求得的过程中，人们很难把握好尺寸量度，而物资供应或财富供给在任何时候和任何情况下都是有限的。以难以把握量度的欲求，面对有限供给（不管是天然所生，还是人所生产），人与人之间就难免发生纷争与斗争。这种纷争和斗争，在最初的时候是无序的，而无序的争斗必然产生混乱，当混乱无法停止的时候，人们就会陷于走投无路的境地。先王（圣人、圣王）不能接受这种混乱，就制作礼义规矩，让人们各有其分，让物质财富的求得各有其分。先王这样做的目的并不是限制人们的欲求，而是解决全体人类的生存问题，满足所有人的合理欲求。或者说，不要使人们的欲望因为缺乏物质而得不到满足，也不要因为人们的欲望太过无度而使物质出现匮乏，进而影响社会安定。总之，要让人们的生存欲望和物质供给之间保持合理平衡，相互促进，以利于社会安定和发展，这就是产生礼的根本原因。

荀子认为，礼制有三个来源。一是天地，那是生命和本源；二是先祖，那是人类产生的本源；三是君主和师长，那是社会成立的本源。没有天地，就没有人的生命。没有先祖，人们就不会来到和繁衍在这个世界上。没有君主和师长，社会也就建立不起来。三者缺一不可。所以，礼制的内容与礼制的来源相一致，就是事奉天和地、尊重先祖、推崇君师。

（2）物质需求

荀子所说的人生来的欲望，主要是指人的物质欲求，至少是生存欲求。为了生存而要求得到物质保障，这样的要求既是自然的，也是合理的。荀子的这一观点是其思想学说的重要基础。荀子对人性的理解，对法治的认识，对政治理想的追求，都是建立在人的基本物质欲求是自然且合理的，并且人类社会必须对此给以满足的基础上的。

人的物质欲求是合理的，并不是说人人都能把握好这个合理要求的度量。且不说能供人们所需的物质财富是有限的，就是无限的，事实上也不能满足所有人的缺乏度量的要求，人与人之间的纷争同样是不可避免的。如果一直纷争下去，人类社会必然混乱无序，人们生活在混乱和痛苦中则是不可避免的。

在这个时候，建立规矩，在规矩之下分配物质财富以减少纷争和痛苦，应该说是人们的必然要求，只是在某个节点上，由什么人、以什么方式提出这种要求、实现这种要求，是人类发展史的研究者们争论不休的问题。荀子提出是"先王"为此做出了贡献。之所以把这个功劳给了"先王",应该是认为先王有能力使用必要的强力手段制定和推行礼义。只不过这样的礼义如果是合理的,大家就会接受,如果不合理,就不会得到大家的赞成和拥护罢了。

从事物发生的角度来看,礼的作用就是平衡人们的生存需要。礼既要让人们获得相当的物质以保证其生存,又要限制人们没有量度的欲望。荀子断言,"礼者,养也",就是把礼要保证人的生存的物质需求放在首位。没有物质条件保证,人类的其他追求都不可能实现。荀子的这个"养",最基本的有"养口、养鼻、养目、养耳、养体"等几项具体要求,包括了衣食住行所有方面。"养口"是说要吃好,"养鼻"是说食物的味道要好,"养目"是说住的地方要有装饰、衣着要赏心悦目,"养耳"是要听音乐,"养体"是要坐好车、住好房子。这些方面,都是人们的合理要求,都是礼要保障的内容。

强调基本生存的"养",是就逻辑 的礼的产生而言的,因为生存是人的第一需求,也是所有生物的共同需求。这样的"养",还有一种说法,就是"顺人心"。

礼并不是无理地强加于人的外在东西,而是发自人的内心,是仁义之人的内在要求和自然流露。大体上讲,礼的作用就是节制和修饰,因为担心人的过度高兴和哀痛,就制定礼来修饰和节制,这显然是适中的态度,舍此则容易出现种种流弊,正是在此意义上,才说礼是顺应人心的规定。就算是传统儒家所推崇的记载礼法规则的那些经书,

第一章　儒学家：传承了夏儒学，锻成三晋风骨　·

其中的规矩也并不是凭空而来，而是源于实际生活的合理需求，特别是在衣、食、住、行方面的要求，更是以适度美观、食品卫生、住所舒适、出行快捷安全为根本出发点。

（3）精神需求

人毕竟不是普通生物。人在满足了物质需求之后，还要有精神需求、社会需求。既然礼的目的是养人，那就不仅要有物质之养，还要有精神之养，这是人区别于其他生物且又高于其他生物的关键所在。

人在面对死亡威胁时要保持节操，这才是养护生命，因为人的生命的价值并不是一味地长生不死。人如果只是为了长生而活着，必然会是无所不为，遭人唾弃，这样就是真正的死亡了。

人在必要的时候要有所付出，这才是真正的养护财富，因为没有付出就不会有收获。如果一切以利为计较，必然会损害他人、损害自己。

人要表现出恭敬辞让，这才是养护安逸，因为对他人彬彬有礼，才会被尊重。如果懒惰无礼、苟且度日，迟早会危及自身。

人要表现出礼义节制，这才是养护性情，因为按照礼义行事，在社会中才能顺畅而行。如果一味追求身体快乐，就会害死自己。

荀子的结论是，如果完全用礼义要求自己，人就会两全其美，物质和精神享受全部到位。如果完全以口体之娱、外在享受为追求，到头来是物质和精神享受全部丧失。

在物质满足和精神满足的基础上，荀子提出了礼有等差的观点。"礼"是为了养人而制定的规矩，但是，不同的人有不同的规矩，也有不同的"养"的方式和水平。社会地位高低不同、成年人与未成人的差别、穷人和富人的不同，都要有与他们的处境相对称、相适应的礼。礼不仅要限制人，还要提高人；不仅是关注人的过去和现在，还要关注人的未来。也就是说，礼治并不仅仅是被动要求人们不能做什么，而是还要主动要求人们去做什么，以期人们得到全面的满足和发展。

礼是治国之道

先秦诸子百家的思想，其出发点和归宿处都是指导现实政治，荀子更不例外。荀子关于礼的重要性的阐述，最终也是落实在了治国之道上。作为治国之道的礼，在孔子和孟子的思想中也有论及，但其重要性和独特作用却远远没有荀子论述得那么全面，也没有像荀子那样把礼视为治国总纲。

荀子对礼的内容有很全面的说明，对礼的重要性更有无以复加的推崇，这主要是因为，荀子思想的中心是其政治思想，而其政治思想的核心就是礼。礼既是传统儒学政治思想的实践内核，又是荀子思想中以儒家政治理念主导法家政治理念的工具，甚至可以说，礼是荀子打通儒、法两家政治思想的关键所在。理解了这一点，就不难理解荀子对礼的极度重视了。

礼是人间正道，上自国家治理，下至个人生活，即使稍微偏失于礼，也会导致绝大的混乱甚至动乱。

礼好比是国家政治的运营之车，政治运行不遵循礼，就无法前行。如同衡量之器与事物轻重的关系，墨斗与曲直的关系，不依靠衡器就无法知道轻重，不使用墨斗就确定不了曲直。如果没有礼，国家就不会走在正道上。对于个人来说，礼就相当于鞋子，鞋子不合适，走路就不会顺畅。总之，人无礼就不能生存，事情无礼就不能完成，国家无礼则不会安宁。

（1）礼是什么

既然礼如此重要，那么，礼究竟是什么呢？

问者说，有一种巨大之物，它不是像丝帛一样的具体事物，却看上去很有纹理。它不像太阳和月亮那样能够发光，却为天下人提供光明。它可以使活着的人长寿，死去的人安然下葬，也可以使城池坚固、三军强大。完全遵循它就可以称王，部分坚持它就可以称霸，完全背离它只能灭亡。我很愚笨，不知道这到底是个什么事物，请圣王予以指点。

荀子回答说，在圣王看来，这个事物确实很有纹理，但却并不会光彩照人。它虽然简单而易于了解，但却是最讲理性的事物。君子敬重它，小人看不起它。人性如果得不到它的改造，人就会变为禽兽；如果能够得到它的修饰，人就会变得高雅。普通人推崇它就会成为圣人，诸侯推崇它就会统一天下。总的来说，这个事物是最光明的，又是最简约的，非常通达，却又顾及全体。在圣王看来，这个事物就是"礼"。

就实践层面而言，礼是人类社会的最高要求和最高境界。礼，既关乎君子与小人的区别，又关乎天下安危和国家兴亡；既关乎人的外在仪表，又关乎人的内心修养；既关乎人的行为（特别是政治行为），又关乎人的思想水平，特别是人生态度；等等。可以说，礼涵盖了人生和社会的方方面面，任何人都没有理由轻视它。

（2）礼是约束

荀子认为，礼能够约束一个人，不论是在前途通达的时候，还是在走投无路的时候，都能够保持行为适度。人的思想，遵循礼则通顺，不遵循礼则混乱；人的日常行为，遵循礼则温和有节制，不遵循礼则到处碰壁；人的举止，遵循礼则雅致，不遵循礼则乖僻而粗俗。无礼之人等于失去了生命活力，无礼之事则不会成功，无礼之国则不得安宁。

礼，是处理事务的终极手段，是强国固家的根本原则，是表现威严的途径，也是建功扬名的集中表现。因此，荀子断言，对于国家最高统治者来说，遵循礼就能得天下，不遵循礼就会毁灭社稷。与推行礼相比，强大的军队不堪一击，壁垒森严的城池算不上牢固，严酷的法令也不会有什么威严。荀子的如此断言是有事实依据的。他说，楚国之兵装备良好，行动迅捷，但却屡战屡败，原因就是不走正道。楚国本有江河高山的天险，但却难以有效抵挡秦兵的进攻，同样是不走正道的结果。商纣王施行严刑峻法，但当周武王的大军到达时，却无法推行其号令，这也是不走正道的结果。

在古代，王者之兵使用的都是些普通兵器，却可以让敌对国家不用交战就屈服；不必构建特别的防御工事，却能使国家安定，不必畏惧外来侵略。这没有其他特别原因，就是因为王者能够深明大道，公平分配社会财富，适时使用民力，真诚爱护百姓，使得在下位者能够全面而积极地听从在上者，然后再对有令不从者施之以刑罚。所以，只要惩罚一个人，就能够让天下之人服从，而被惩罚者也不会抱怨在上者，因为他们知道罪责在己。这样一来，刑罚没有多少，却能使在上者的权威顺利发挥作用。这一切的一切，都是因为在上者遵循大道，遵循礼去治理社会和国家。

在水道中标志出水的深度，目的是让人们不要走进危险的深水区。治理民众的人也要对混乱甚至犯罪的行为做出标志，以使人们避免做出这类事情。所谓治国之礼，就是一种标志和尺度。先世圣王之所以治礼，就是要标志出天下的祸乱是什么。后人如果废除了先王之礼，就等于去掉了这样的标志。结果就是，民众因为看不到标志而产生迷惑，进而做下了祸患之事。

（3）礼是凝聚

礼的本质是用真心爱护之力、道德感召之力、说服教育之力，使人们从内心里遵循某种行为规则。与礼相反的做法，荀子称之为"赏庆、刑罚、势诈"之力。

如果人们只是为了获得奖赏而行动，那么，一旦见到不利的东西，见到有害的情形，就会停止行动。用奖赏、刑罚和欺诈的手段鼓励或诱使人们有所行动，都不可能让人们尽心尽力地去做，更不会让人拼死去做。身为人主，对于治下的百姓，不是用礼义忠信去激励他们，反而是用"赏庆、刑罚、势诈"的手段强迫他们，就只能获得一时和有限的功效。一旦国家发生重大险情，比如侵略军来到、两军对垒、繁重劳役等等，百姓就会分崩离析，在下者反而会借机要挟在上者。所以，荀子明确指出，"赏庆、刑罚、势诈"的办法，是商品交换的办法，不足以团结大众、美化国家，是体面的人们羞于称道的东西。

荀子为说明礼的终极作用而提出了"凝"这个概念。他认为，使用强力手段把一国的土地和人民兼并过来，相对来讲是比较容易的事情，但是，让兼并来的人民归心，让兼并来的土地永久归我，这却是最难的事情。人民的归心是根本。没有人的存在，土地是没有价值的。

在这方面，最典型的史实莫过于赵、秦二国对上党的争夺。那是在赵孝成王四年（公元前262年），由于韩国的上党之地（在今山西东南部）已经成为飞地，韩国无力把守，意欲献给秦国，落个人情。没想到上党守将不听君命，决定把这块地送给赵国。赵国贪地，派出重兵把守，结果由于"纸上谈兵"的守将赵括失误，兵败秦军，酿成历史上有名的"长平之战"的大败局。在荀子看来，这并不能简单地认为是守将的失误所致，而是赵国当时没有能力"凝"住这块土地，这才被秦国夺去。荀子在此所说的"凝"，既指管理人民和土地的能力，也指这个国家的内在力量。所谓"凝"就是指凝聚力，即人和社会的内在力量、精神价值的力量、道德水准的力量。这样的力量只能来自礼义，不可能来自赏罚。

有力量兼并，却没有能力凝聚，必定让别人夺走，甚至还会使国家灭亡。如果有凝聚能力，就一定有兼并力量。把凡是得到的土地和人民都能凝聚起来，面前就不会有强大到不可兼并的对手。商汤王当年的封邑亳、周武王当年的根据地镐，都只是百里之大，最后却能统一天下，让天下诸侯称臣，荀子认为，其原因就在于他们都有凝聚天下的能力。不用说，这样的能力，其核心力量就是"礼"。

要凝聚士人，靠的是礼；要凝聚民众，靠的是政令。这两方面的事情做好了，通过修治礼仪让士人诚服，通过平缓政令让民众安定，荀子把这种社会政治局面称之为"大凝"，即最大的凝聚。一个国家达到了"大凝"，需要坚守的时候就会非常牢固，需要征伐的时候就很强大，所谓令行禁止，王者的事业也就能够完成了。荀子心目中最高的政治成就，就是王者之政。而实现王者之政的核心，就是以礼治天下、依法治天下。

荀子生动描绘说，在天上最光明的是日月，在地上最光明的是水火，在事物之中最光明的是珠玉，而在人身上，最光明的就是礼义。一个国家，如果不把礼义放在首位，就不可能建立光辉的功名。如果说人的寿命决定于上天，那么，国家的命运就在于礼义。那些管理人民的人，那些统治者，特别是最高统治者，如果能够推崇礼义、尊重贤人，就能称王；重视法度、爱护民众，就能称霸；如果喜好获利、多使诡诈，国家就会陷于危难；使用权谋、只想倾覆别人、心性幽险，则只能遭遇灭国亡身了。

（4）礼有要求

礼的作用是治国，是管理社会，那么，社会各阶层究竟如何以礼行事？或者对于社会各阶层，礼的具体规定是什么呢？

按照礼的要求，君主要做到公正不偏私，对大臣不能以个人偏好划分出三六九等，而是要公平要求、公平对待，这样一来，人臣才能根据礼的规定对待君主，做到忠诚、恭顺，做事不松懈怠慢。在礼的约束下，君臣关系正常融洽，充满活力，治国便有了根本保障。值得注意的是，在礼所要求的君臣关系中，荀子认为君主应该率先做出典范，以保证人臣依礼而行，这与孔子要求的"君使臣以礼，臣事君以忠"如出一辙，表现出先秦儒家在这个问题上的明确立场。

礼所要求的父子关系是什么样的呢？荀子认为，做父亲的对家人要宽厚，要施以恩惠，也要率先循礼而行，做人子的才会敬畏家庭和家族，并对父亲表现出最大的恭顺。这样的要求父亲做表率的思路，与荀子对君臣关系的要求是一致的，也反映出荀子同样遵循先秦儒家的基本主张，即父子关系即是君臣关系的初步和缩影，君臣关系是父子关系的放大和提升。

在家庭和家族内部，兄弟关系同样重要，兄弟关系的正常与否决定着家族和家庭这样的社会基本细胞能否健康成长。在荀子看来，作为主动一方的兄长照例要有表率作用，要以慈爱和友善对待弟弟，以使弟弟表现出恭敬和不苟且的行为。

在家庭关系中，最基本的当然是夫妻关系。夫妻关系的形成是其他关系得以存在的基本保证，没有夫妻关系，就谈不上父子和兄弟关系。夫妻关系如何，从根本上决定了父子关系和兄弟关系的状况。那么，荀子所要求的夫妻关系应该是怎样的呢？荀子说，做丈夫的要使夫妻关系达到最高和谐，但这种和谐又不能是一边倒的，不能是不讲原则的。

从道德伦常方面讲，夫妻关系要达到最高要求，首先是丈夫要表现出最高的道德水准，又要有能力处理好家庭事务。至于对妻子的要求，必须首先参照丈夫的表现。也就是说，当丈夫循礼而行时，妻子就要表现出足够的温顺，听从丈夫的安排，而当丈夫表现无礼时，妻子则要为丈夫担心，同时约束自身，不能听任丈夫的所作所为。很显然，荀子对夫妻关系的要求，既有那个时代的特点，也有他的理性主张。不可否认，在荀子时代农耕社会条件下，女性没有政治权力和社会地位可言，男权的地位牢不可破，是家庭的当然主导。但是，作为理性主义思想家，荀子清醒认识到，在家庭内部不可能也不应该忽视妻子以及母亲的地位和作用，所以，在他主张的夫妻关系中，不仅沿用他对于君臣、父子、兄弟关系中的思路，首先强调丈夫的表率作用，同时也明确主张妻子万不能无原则地屈从丈夫的无礼。这样的观点，在那个时代是难得一见的，甚至在儒家内部，从孔子和孟子的思想中，也见不到如此明确而硬朗的家庭伦理观念。

荀子强调指出，上述要求是一个整体，从治理国家和安定社会的意义上讲，不可偏废，只能全部遵照执行。从历史经验和现实考量来看，这是必须的要求。古代王者正是因为全面遵循礼的要求，才能兼顾天下，行为无不适当。君子之人全面遵循礼的要求，态度恭敬而不做作，敬畏而不惧怕，贫穷之时不会无所事事，富贵的时候也不会骄横跋扈，遇到特殊的困难也不会走投无路。

君子对于礼的态度是，敬畏它，还要感觉到心安理得，把礼的要求视为当然之事。这样一来，对于应该做的事情，就要径直去完成，不会出现闪失；对于他人，少发怨气，宽厚以待，不要阿谀；对于自己，要提高修养，不行诡诈；对于突发事件，要反应敏捷，不被迷惑；对于万事万物，不一定都知道为什么，但也一定要尽力发挥他们应有的作用；对于负责具体事务的官吏和有技艺的工匠，不要与他们比试才能，而是要善于发挥他们的长处；对于上级，要忠诚恭顺而不松懈；使用下级时，要持守公平，不偏三向四；交往朋友的时候，要以大义为准绳，分品类地看待人；对于邻里乡亲，要容纳他们，不要让他们陷于昏乱之中。

上述荀子的这些要求，除了没有提供具体案例，可谓是再详细不过了。对于一位纵横古今的思想家来说，也是相当难能可贵的。所以，荀子很有把握地总结说，那些遵循礼义的君子，在政治上不得志的时候也是名声在外，得志的时候必定会建功立业。这样的君子，以仁厚之德对待万事万物，终究也会得志明达，其影响会遍及天地之间。

从礼之制到礼之理

荀子对于中国古代礼论的贡献是全面的。

上文所述，是关于儒家礼论的一般性问题，只不过荀子论述得更为详尽，某些问题说得更为明确，当然不乏创见。而荀子思想对于中国古代礼论的贡献，主要表现在以下两个方面。

其一，《荀子》对于古代礼制的记载是古代中国礼文化最重要的一页。如果没有《荀子》相关记载，战国以来，特别是在汉代关于古代礼制的任何使用和记载都是不可能成立的。比如《荀子·大略》云："天子雕弓，诸侯彤弓，大夫黑弓，礼也。"类似这样的具体礼制和礼仪的记载，在《荀子》中有很多，这对后世研究相关问题有着巨大价值。

再比如丧礼，荀子说，丧礼要表现忠臣和孝子的情愫，丝毫不敢怠慢。具体说来，天子的丧礼要通知四海之内，即天下所有国家，包括周边属国，并由诸侯主持操办；诸侯丧礼要通知所有诸侯国，由卿大夫主持操办；卿大夫丧礼通知一国之人，由士人主持操办；士人丧礼通知一乡之人，由朋友主办；平民百姓的丧礼则通知本族之人，以及街道邻里。比较特殊的是受过刑罚的人，这种人的丧礼不得通知亲朋，只能由妻和子办理，棺椁葬衣都有规定，不能过重过厚，并且出殡只能在晚上，找个地方埋掉即可。由此来看，荀子对于各种礼仪的细节都是非常通晓的，是那个时代真正的知礼懂礼之人。

只是关于这方面的记载已经不在荀子思想的范围之内，所以本书只能点到为止。

其二，荀子礼论中对于"礼之理"的探讨，即有关礼的理论和学理本身的探讨，在先秦思想史上是独一无二的。传统儒家认为，礼重在内容。礼的形式固然重要，但必须要符合礼的内容的要求，与内容保持一致，更不能对内容形成损害。难道礼就是单纯地通过玉帛这样的贵重物品来表现的吗？也就是说，难道是礼品越重，就越是守礼的表现吗？显然不是。荀子认为，礼物过度贵重会有害于人的修养，过度奢侈则会有害于礼仪。如果不关注适宜与否、对交往缺乏敬重之心、不能让人心中欢愉，即使是奉上美好礼物，也是不符合礼的要求的。所以，荀子有关"礼之理"的思想，是对传统儒学礼论做了进一步的研究和细化，并有明显的提升。荀子的礼论是与他对古代具体礼仪的说明和分析联系在一起的，这样一来，就既有思想价值，又有历史文献价值。

（1）礼的作用

荀子不惜把所有的赞美之辞加之于礼。他认为，礼由内外两方面构成，内是情，即人们用具体礼仪表达感情，无论是对天地、对先祖、对君师。外是文，即具体仪式。最高级的礼制是情感真挚，仪式合规。中等级别的，是情和文在不同的仪式和场合下各有高低多少。最低级的，则完全是情感发泄。尽管情感真挚是核心，但必要的仪式也是应该具备的。荀子分礼为高中低三等，只是一种描述，并没有评价的意味，因为在很多情况下，不同等级的礼的形成，原因是相当复杂的。

不管怎么说，适时而适当的礼仪，从上到下，是能够指导一切的。礼是至高无上的，任何事物都不能对它有所增减。礼仪的恰当表现是，自始至终都很顺畅，从起始到结束都能有呼应。不同的外在形式是用来区别不同的礼仪，不同的内容则是有着不同的原因。总之，真正到位的礼仪就是要从里到外、从头到尾把相关的人和事纳入一个和谐的运行系统之中。

礼的重点当然还在于人类社会，礼是天下治乱存亡的根本。有感于那个时代的无序和混乱，荀子非常看重礼的作用。作为儒学宗师，荀子与他的前辈孔子和孟子相比，虽然更为明显地强调法的治世作用，但就人类社会的整体和发展而言，荀子还是更为看重礼的作用。因为法的作用是一时一事的，礼的作用是持久而深刻的。礼的作用是发挥在不该发生的事情之先，是预防性的，而法的作用是发挥在犯罪事实之后，是惩罚性和补救性的。所以，一个理想社会必然是礼的作用大于法的作用。

荀子以大量文字论述"礼之理"，也就是礼制产生、发挥作用的原理。荀子认为，礼仪的完成，需要有物质保证，比如祭祀之礼，要讲究祭品的材料、品质、多少和高低。有了必要的物质准备，仪式过程的繁或简，主持者和参与者的真诚与否，即人参与的程度，就成为礼仪完成的关键。最隆重的礼仪，仪式很繁复，人为的因素很节省。相反的情形则是，仪式很简单，但人为的因素很多。仪式中规中矩，人为因素很合理，二者互为表里，分量得当，这是最适中的礼仪。君子之人行礼，既要仪式隆重，又要真诚尽力，并针对实际情况加以调整。在荀子看来，遵循诸如此类的原则，是礼仪发挥其社会功能的必要保证。

礼的特殊性，在于用一套特殊设定的外在形式表达某种特定的情绪和思想，这就产生了如何协调这样的内外关系的问题。早期儒家对此有明确观点。孔子认为"文质彬彬，然后君子"，荀子用"文貌"解释孔子的"文"，用"情用"解释孔子的"质"，更全面地体现了礼的外在表现和内在情愫，认为此二者的内外一致、表里适中，才能全面表达礼的真意和真用。

荀子引用了传说中的故事，或者是他自己想象的一场对话，进一步表达这种思想。

对话的双方是鲁哀公和孔子。鲁哀公在孔子晚年时在位，与孔子多有思想交流。这一次，鲁哀公请教孔子的是这样一个问题，即礼仪的那些外在形式，比如各种礼服，是不是有益于比如像"仁"这样的道德修养的提高？孔子听后大吃一惊，没想到作为君主会问出这样的问题。孔子举例说，那些在丧葬期间守孝的人，并不是听不出动听的音乐，也不是吃不出美食的味道，而是内心的伤痛要求他不去品音乐、不去品美味，而这样的伤痛会通过专门的丧服提醒和约束守丧者。这就说明，适当的外在形式是能够发挥作用的，在那样的特定时刻也是必需的。实际上，自从儒家提出礼制的时候起，就有人怀疑礼制的外在形式的必要性，从怀有善意的担忧，到心怀不善的反对，始终与礼制共存。所以，荀子在阐述"礼之理"的过程中，也就不得不强调"内外表里"的一致性和相互依存性。

（2）"中流"之德

礼制的根本之理，是对人的行为加以节制和约束，其中心思想是防止人的行为走入极端，孔子所谓"文质彬彬"的"彬彬"，就是对于这种适中情形的形容，在荀子思想中，则把这种境界称为"中流"之德，其实质是"中庸"之德的表现。

荀子认为，礼仪是对人的实际行为的补充，在需要的时候可以去掉行为中多余的部分，增加不足的部分，以适当的仪式、仪容表达对于某种事情、某个人的爱戴和尊敬。

比如说，人在完成礼仪的时候，可以很注重外表，也可以不在意外表；可以欣赏美好的声音，也可以哭泣；可以表现得很轻松愉快，也可以悲伤忧戚。至于什么情况下如何表现，是要根据具体情况而定，但都要在礼制的范围之内。

总的来说，外表光鲜、声乐动听、轻松愉快，是在正常喜吉之事时的表现；外表粗糙、哭哭啼啼、忧伤哀戚，则是遇到凶险不吉之事时的表现。

荀子告诫人们，在参加礼仪活动时，衣着可以讲究，但不能太轻佻；不需要讲究的时候，也不能不修边幅；声乐欢愉时，不能太不严肃；哀伤哭泣时，也不能毁伤身体。

做到上述要求，才是"礼之中流"，适中而体面的礼仪表现。参加任何礼仪活动，人的装束、表情等，都应该与平常情况不太一样，但也不能表现太过度。其基本原则是，能够让人看明白是参加吉事或凶事，能够看明白参加者的身份高低，与当事者的关系远近，这就可以了。越过这样的界限，就是奸邪表现。

越过适中的界限，即使参加者很卖力气、很尽力，君子之人也会瞧不起他们。人要根据饭量吃饭，根据腰围选择腰带，否则就是不得体。以参加丧礼为例，如果有参加者并不是主家的至亲，却表现得要死要活，这并不是礼义的要求，更不能说是孝子的表现。

在荀子时代，有许多自称儒者的人是要替人们主持各种礼仪活动的。这本无可厚非，但有时做这类工作的儒生，为了讨好主人，多赚取报酬，就会不顾礼仪的中流之德，做出一些过度举动，这让荀子非常反感，所以才义正词严地做出这样的批评。这类儒生的所作所为，不仅有损人格，而且对于儒家礼仪和礼制之道也是有伤害的。

礼仪的功能或作用是，如果事奉活着的人，主要是修饰人的欢乐之情，让欢乐更尽兴；如果是送别死去的人，就是修饰哀痛，让哀痛适当表达，有所节制；在举行祭祀活动时，则要充分表达人们的敬意；在与军队的活动有关时，则要表现威武精神。这是关于礼仪的一般性原则，荀子认为古今所同。但他也承认，对于具体的礼仪根源和环节，人们并不清楚其产生过程和学理依据。

在讨论各种礼仪时，荀子用很多笔墨讨论了丧葬之礼的有关理论，因为这是传统儒家最为重视的一块礼仪之地，也最关乎社会风气和人伦之德。

荀子认为，所谓丧礼，就是生者如何对待死者，最高的要求就是像对待活人一样给死者送行。为此，在举行丧礼时，要做到事奉死者如生者，终始如一，以哀痛和敬重之心送走死者，并周到地加以埋葬。用心埋葬，是敬重死者的形体；举行祭祀，是敬重死者的精神；撰写墓志等，是敬重死者的名声。对于亲人，在生前事奉，在死后送终，都需要有礼仪的修饰，这样才能表现孝子之事，履践圣人之道。

在死生之间，在事生事死的问题上，荀子明确反对三种过激行为。墨家主张薄葬，这是轻视死者；一些陋儒主张厚葬，这是过度铺张浪费；还有一些人主张殉葬，是杀死生者去陪送死者。以荀子为代表的理性儒者坚持"中流"之德，根据"大象其生"送走死者，用适度的象征性礼仪送葬，"使死生终始莫不称宜而好善"，这才是礼义的标准，是儒者应该坚持的准则。

从礼道到孝道

根据儒家思想，"礼"既是治国纲纪，也是个人行为准则。这样的行为准则体现在个人生活方方面面，并且在荀子关于礼的思想中有了更明确、更系统的阐述。在传统儒家看来，人与人之间的关系是人类社会得以存续的最基本要素。那么，在人际关系中，荀子的礼论提出了什么样的具体规定呢？

所谓人的行为，确切讲是人的正确行为，就是根据礼的要求所做出的行为和行动。根据礼的要求，任何一个人都应该对于有社会地位的人表现恭敬，对于老者表现孝行，对于长者表现悌道，对于幼者表现慈爱，对于社会地位较低的人表现恩惠或照顾。换个角度来说，如果没有礼的约束，或者说不能按照礼的要求行事，君臣之间就不会相互尊重，父子之间就不会有亲情，兄弟关系也不会和顺，夫妻之间也没有欢愉。依靠礼的作用，年少者得以成长，年老者获得赡养。可以说，礼的这些规定是由天地所生，由圣人加以完成。这一方面是说，这些规定都是人生在世所必需；另一方面是说，这些规定需要有人去制定、去履行。对于个人来说，其最切近的要求就是孝道。

君道与父道相一致，这是儒家思想的重要内容。君主是一个国家中最尊贵、最尊长的人，父亲则是一个家庭中最尊贵、最尊长的人。在一个国家、一个家庭中，最尊长的人只有一位，这个国家、家庭就能得到大治，就能安定发展，有两位或更多，就会陷入混乱。从古到今从来没有过任何一个国家和家庭会由于多人尊长而能长久存在的。荀子的如此主张表面上看是主张君主或家长专权，但其真正想要表达的，应该是国家和家庭的团结一致，而团结一致的保证，就是权力相对集中。从政治伦理的角度来看，君道与父道的一致性，在荀子这里是不言自明之理。

夫妇之道是人际关系的基础。有了适当的夫妇关系，人与人之间的其他关系才能成立。夫妇之道的正确建立，是其他关系能够正确建立的基本保证，当然也就是君臣和父子关系的基础。荀子明确提出夫妇之道是人际关系的基础和开始，这在孔子和孟子思想中是看不到的。

有夫妇之道，必有父子之道。父子之道，从子女的角度来说，就是孝亲之道或孝道。严格来说，孝道是礼道的一部分。

儒家的孝道源之于孔子的孝论。孔子之后，弟子曾子（曾参）对儒家孝道多有继承和发展，直至儒家《孝经》的形成，都与曾子有直接关系。荀子在其礼论中讲到孝道时，也大量引用了曾子的观点。

根据曾子的观点，孝子要有明确的言论和行为。有了明确的言论，远方的人们才能听到，听到之后才会感到喜悦，进而产生归附的行为。有了明确的行为，周围的人，特别是亲人们才会感到喜悦，关系也会变得更为亲近。周围的人越来越亲近，远处的人们都来归附，这才能体现孝道的价值。荀子如此引用，是强调孝道的亲和力和吸引力，进而说明孝道是人生的基本价值。遵循孝道的孝子，才值得人们亲近和尊敬，特别是那些素不相识的远方之人，同样认可孝子的为人，这才会产生归附之感。看起来，在荀子思想中，不孝之子就是没有社会价值的人。

在父子关系中，倡导子对父孝的观点比较容易表达，相对来讲也比较多、比较全面，而对于父对子的关系，则由于相对敏感，不易把握分寸，相关理论显然比较平淡。荀子说，对于自己的孩子，君子有爱，当然也有严格要求，但是，不管是表现爱的时候，还是表现严格要求的时候，都要正颜厉色。无论是爱还是严，都要以引导为主，用严肃的大道去要求孩子，既不应该强求，也不要无原则地放松标准。荀子对父亲的如此要求，明确了传统中国的父亲在父子关系中的角色和地位。父亲对孩子的爱，表现在严格、严厉和不苟且之中。但是，荀子意识到了过度的严厉会给孩子造成负面影响，所以就强调说，这样的严厉不是无原则的蛮横，而且要以大道为折中，同时，坚决不能强求孩子去做无法做到的或不能做到的事情。这相当于是对父亲提出了更严格的要求。

在荀子看来，同样称孝，同样是孝子和孝行，却有着不同层次。荀子的这一视角，与他对于儒家其他道德之行和修行境界进行层次划分的理念是一致的。这一划分乍看之下是要求在下位者如何行事，而实质上是对于君、父提

第一章 儒学家：传承子夏儒学，锻成三晋风骨

·

091

出了更严格的要求。

具体说来，孝有三等。小孝就是所谓的"入孝出悌"，在家孝养父母，在外尊敬长者。做到这些当然并不容易，而且也是儒家之孝的基础工夫。但是，有比小孝更高层次的是中孝，即"上顺下笃"，出身社会之后，对在上者顺从，对在下者诚恳，这既是"入孝出悌"的提升，也是孝行在社会范围内的表现。不用说，比中孝更高的是大孝，即遵从道义，而不是无原则地遵从君主和父亲的意志。

荀子言孝的重点是孝之"大行"，即大孝，而荀子大孝所涉及的问题，是儒家孝论的最高层次的难题，无论在理论上还是在实践中，如何理解和践行"从道不从君，从义不从父"，即"从道义而不从君父"，既是儒家内部的大问题，也是儒家之外非难儒家孝道的主要之点。应该指出的是，在孔子和孟子的相关论述中，对于这个问题的表述远不如荀子简明扼要、公开明确。

因为最大的孝行、最崇高的孝道是"遵从道义而不遵从君父"，所以，荀子明确指出，其一，如果遵从君父之命，君父就要处在危险之中，而如果不遵从，君父则会身处安全之中，这样的不遵从君父之命，正是忠君忠父的表现；其二，如果遵从，君父就会受辱，不遵从则能让君父得到荣耀，这样的不遵从是守义的表现；其三，如果遵从，君父就会做出禽兽之行，而不遵从则会让君父的道德修养得到提升，这样的不遵从就是恭敬待亲的表现。

荀子的"三不从命"，是以君主或父亲，或在上者和亲人们并不会永远处在安全之中，也不会自动获得荣耀，更有可能犯错误等三项或多项可能性为基础的。他们并不是完美的，他们的行为也不可能永远是完善的，这才需要孝子表现其忠、义、敬。君主有错，做臣子的不言不语，父兄有错，做子弟的一味顺从，这才是彻头彻尾的不忠、不义、不敬。只有明白了这样的遵从与不遵从的道理所在，一个人才有资格说自己的表现是恭敬、忠信、诚实敦厚的，也才能有资格成为"大孝"之人。并且，自身能够遭受多大的苦楚也要表现这份敬，面对多少的灾难也要表现这份义，受到多少误会和厌恶都要坚守这份爱。这样的表现已经超出了孝子的范围，达到了仁人的境界了。

为了全面阐明"大孝"的主张，荀子设想了孔子与鲁哀公的一场对话。鲁哀公问孔子："儿子完全遵从父命，是孝子的表现吗？大臣完全遵从君命，是忠贞的表现吗？"这问题太大了，鲁哀公问了三次，孔子也没有回答。荀子之所以设想孔子不做回答，是因为孔子的回答肯定不对鲁哀公的路子。广而言之，真正的孝子和贞臣，是不会无原则地遵从父、君之命的。那些一味遵从君、父之命的人，孔子直斥之为"小人"。

大国如果有足够的诤臣，国土就不会被别人侵削；中等国家有了足够的诤臣，政权就不会出现危机；大家族有了足够的诤臣，就不会被其他家族兼并。很显然，所谓诤臣，就是能够说真话、敢于说真话，对于君主和主人的错误能够看出、指出，更不会听从他们的错误命令。一句话，所谓

"诤"，就是根据原则说话、做事的行为。

除了政治上的大是大非，荀子主张在日常生活中也需要有诤子和诤友，就是说，父亲和朋友同样会犯错误，会提出错误主张，也需要得到反对意见。弄清了这些道理，就会明白故事中鲁哀公的问题是如何地难以回答了。孔子的不答复，就是孔子弄明白了什么才是真正的孝子和贞臣。

荀子提出的这个问题，具有普遍性和现实性。荀子又假设了孔子与弟子子路的一场对话。子路是孔门之中学力较差，但本性朴质之人，他的问题是，如果有这样一个人，极度辛苦地劳作，尽力赡养双亲，最终却得不到孝子之名，这是为什么？这个问题与鲁哀公的问题在意向上如出一辙，即表面功夫能否说明真实问题。

孔子是如何回答子路的问题呢？孔子说，让我推测一下，是不是这个人对父母没有表现出足够的恭敬呢？言语是不是不够温和呢？表情是不是不够安顺呢？也就是说，如果只是单纯的物质生活赡养，而没有情感照临，就如同一味地听从而不讲原则一样，是难以得到孝子之名的啊！

孔子进而告诫颇有勇力的子路，即使你是一国之中第一勇士，也不能把自己举起来，这不是因为你力量不够，而是你所处的位置决定了这种情势。一个人在家中表现不好，那完全是他的责任；出身社会而没有获得好名声，那是因为没有交往到真正的朋友。一旦你能够在家中实实在在地修行，在外面交往善友、诤友，又怎么会得不到孝子之名呢？

第二章

哲学家：交流思想学术，纵论人性之恶

在"稷下学宫"的岁月

荀子一生以五十岁为界,大致可分为前后两个大的时期。前期五十年相对简明,就是学习和成长,在思想上则是儒家基本主张的确定。后期五十年左右相对复杂一些,本书分三个时期予以梳理。第一个时期主要是讲述荀子在齐国,或以齐国为中心活动区域,与天下学术接触、交流和碰撞,以及对天下学术的批判。

来到齐国

《史记·孟子荀卿列传》说,五十岁时,荀子离开赵国的家乡,游仕天下,成为当时非常时兴的游学之士中的一员。

荀子为什么离开赵国?为什么在五十岁时才离开赵国?史籍没有明确记载,只能做一些同情性揣度。在学术上,荀子思想以儒家正统自居,是不是会受到他所谓的三晋"贱儒"的排挤?在政治上,荀子在赵国没有得到过从政机会,从他后来的经历,特别是做楚国兰陵令的经历来看,荀子也是热衷于做官,有展现其政治抱负的强烈追求,这样一来,因为得不到从政机会而离开赵国,也是情理之中的事情。

荀子游学的第一站。为什么选择齐国？

其一，战国七雄之中，直到战国中期，齐国的军事实力未必居于七国之首，但在国土面积、人口和物产，以及生产力发达程度、经济发展程度、社会繁荣程度等方面，也应该位在前列。以荀子学问之深湛和广博，以及政治理想之高远，首选齐国游学和游仕，也是自然而然的事情。

其二，此时的七国虽然都无法摆脱国与国之间的战争，但在总体上讲，齐国和秦国的形势最好，事实上齐国也是最后一个被秦国灭亡的国家。山东六国在军事上最强劲的敌人是秦国，而在六国之中，只有齐国和燕国与秦国没有接壤，受秦军的冲击和苦害最少。但燕国偏居北边，从来没有进入中原文明主流，也不是各国间交流的主角。所以，在山东六国中，齐国的社会相对安定，适合学者久居。

其三，齐鲁之地是儒家文化的发源地和大本营，而儒家学说又是先秦时期百家争鸣的源头。在先秦时代，要论文化的连续性和按部就班地发展而言，齐国理所应当排在头一位。七国之中，秦、楚、燕地处边陲，一向被视为蛮夷之地，而地处中原的韩、赵、魏，在春秋晋国时代尚能以一个社会整体推进其文化进程，与齐鲁并肩发展，但在三家分晋之后则一落千丈，难以形成整体优势。从历史发展角度来看，三晋国家虽然有法家、兵家、纵横家、名辩家等思想流派的发展，也出现了众多一流的思想家，但韩、赵、魏的任何一国都无法形成单独的区域文化，更难以聚集起众多学者，形成相对稳定发展的文化脉络。所以，荀子虽然长期生活在赵国，最终还是不得不选择离开。而齐国则凭借着孔子儒学所创的齐鲁文化洪流，逐渐成为战国时期中原文明汇聚之地。在这样的现实之下，荀子首选游学齐国，同样是一种自然而合理的选择。

不过，荀子究竟在哪一年来到齐国，却并没有确切可信的记载。综合各种说法，荀子在齐国生活的时间，应该是在齐湣王（公元前301年至前284年在位）或齐襄王（公元前283年至前265年在位）时代。

不过，《荀子》只记载了荀子与赵孝成王和秦昭王的会面，却没有提及齐国任何一位君主。荀子在齐国的活动，纵的方面说，应该在社会中下层，横的方面说，则应该主要是在思想学术领域。

"稷下"真相

既然《史记·孟子荀卿列传》认定五十岁之后的荀子游学到了齐国，并在齐国都城临淄的"稷下学宫"滞留日久，还曾经主持过这个学宫的日常事务，就有必要对所谓的"稷下学宫"以及相关联的"稷下学派"做一个简单了解。

在中国古代思想史上，根据流行已久的观点，可以说没有任何一种学术运动堪与战国中晚期发生在"稷下学宫"的学术活动相媲美，也没有任何一个学术流派能与"稷下学派"相提并论。但是，也没有一种学术现象或学术存在竟像"稷下学派"一样，其出现和存在的根据是那样地简单和薄弱，而其真实性和确实性却从来没有受到丝毫再思考，遑论置疑性探究。因为这项探究工作与荀子的生平事迹有重要关联，需要稍微多下一些功夫，以期确定或加深在这方面的认识。

始于春秋晚期思想界的"百家争鸣"，到战国时代愈加炽烈，而在战国中晚期更达到了发展最高潮。从学术史角度观之，所谓各"家"各"派"是后人为了解和研究的方便而作的划分，也得到了先秦文献的明确支持。可是，对于稷下之学辉煌景象的描述，最早却出现于西汉前期中段，即汉武帝时代司马迁《史记》之中。不仅在战国典籍中未有提及稷下学派者，即使在西汉早期典籍中也看不到相关记载。至于"稷下学宫"或"稷下学派"的用词，则是近现代人的发明。

一般认为，稷下学宫始建于战国中期齐桓公田午（公元前375年至公元前357年在位）时期，兴盛于齐宣王（公元前320年至公元前302年在位）时期，衰亡于齐王建（公元前264年至公元前221年在位）时期，历时一百五十多年，而荀子正好生活在这一个半世纪的时间之内。根据后世研究者的意见，在这一百五十多年中，当时天下著名学者都曾到达位于齐国都城临淄的稷下学宫，或做长期学术研究、参政咨政，或作短期逗留、以文会友，近到鲁国孟子，远到赵国荀子，甚至楚国屈原，均曾显耀于此。但是，令人困惑的是，被认为凡是在那个时代到过此地并因为在此处的成就而闻名天下的学者，在其著述中，多至十几万言的巨著，少到几千言的精文，却从不提及"稷下学宫"，更不曾如后世学者一样，描述他们在稷下学宫的学术或政治经历。

这究竟是为什么？还得从事情的源头说起。

齐国都城临淄有座城门叫"稷门"，"稷下"是指稷门之下，就是稷门附近的地方。先秦典籍中只有《韩非子》出现过"稷下"二字。《韩非子·外储说左上》记载说，有个叫兒说的宋国人，善于辩说，主张"白马非马"的论点，就算是当时的"齐稷下之辩者"也不得不折服。但是，当兒说乘坐白马过关卡，吏卒认为白马也是马，他不得不按规定为自己的白马交纳了马匹的赋税。不过，众所周知，以"白马非马"之说闻名当时的是名家著名思想家、赵国人公孙龙子。在汉代，公孙龙子"白马过关"的传说已经很普遍，有好事者以兒说代之，更有人把此类附会故事掺杂进《韩非子》，所以，此所谓"稷下"的说法，其可靠性是很可疑的。

严格说来，大倡"稷下"之学，司马迁是第一人，《史记》则是其第一书。根据《史记》记载，齐宣王时，先后把成百上千的学者奉为宾客，给予上好的物质待遇，生活无忧。这些学者们不必担任公职，却可以议论政治，甚至为齐国出谋划策，使齐国得到了礼贤下士的美名。

齐宣王乃好大喜功之主，司马迁选择他来欣赏和招待游说之士，当属颇具慧眼。不过，在战国时代，尽管齐国是东方第一大国，都城临淄是一流大城市，但在那种战争频仍的年代，齐国有没有经济实力优待数量如此众多的学者，是值得提出疑问的。

司马迁之后，关于稷下学派的说法纷纷扰扰，竞相发明，其详尽程度远胜于《史记》。类似说法先是重述《史记》的看法，认为确有稷下之学和"稷下先生"等。然后依据推断，为稷下之学增加新内容，但在这个过程中，也出现了一些不同于《史记》的说法。这就说明，一方面，后世学者很想弥补司马迁关于稷下学术之说法的不合情理之处。另一方面，由于稷下学术本身缺乏必要依据，后人的论断不免具有随意性，甚至不惜与司马迁的说法相抵触。

在战国时代，一般二三流学者为引起各国当政者注意，博取世俗利益，并不在意自己的主张是否具有一贯性。后世所谓稷下先生，更以三四流学者居多，其思想驳杂，实用性极强，很难归入哪一"家"。至于稷下学派，虽为汉代若干学者所造，终究没有得到广泛认可，未成一"家"。汉代学者所认定的稷下先生，不过是在那一时代不同时间段里在齐国逗留过的一些三四流学者。严格来说，他们之中并没有纯粹的思想家，也没有人把做学者、做思想家当作一回事。对于这些学者，单独研究其思想或许有必要，但是，若把他们归入一个学派来看待，则有画蛇添足之嫌，甚至会因为把他们硬性归入一个不曾存在过的或影响力有限的思想学派而产生不应有的负面影响。

齐国也许建成过类似后世所谓学宫的地方，但那无非是一个招待来访学者的场所，并且各国都可能有这样的地方。在那个时代，有抱负的知名学者都想在政治上有所作为。如果未获政治重用，而是单纯为稻粱谋，没有一位学者愿意长久待在一个国家，此乃时风使然。也许确有一部分末流学者，或者不入流的士人，以作食客、得温饱为追求，但是，对这样的人士，一则没有一个国家愿意长久收留，再则即使有愿意"养士"的政客收留之，他们对一国政治也难以产生真正的影响。所以，所谓稷下学宫也好，稷下学派也罢，或者是出于汉代学者的美好愿望，或者是齐国君主曾有过的奢望，或者是齐国历史上昙花一现的政治败笔。

"三为祭酒"

在司马迁认定的稷下之学中，"祭酒"这一名词的说法及其确定性是非常重要的环节。《史记·孟子荀卿列传》称齐襄王时荀子在稷下"三为祭酒"，然而，遍览先秦典籍，特别是战国诸子著作，并没有看到与上引《史记》用法相当的"祭酒"一词。

根据现有记载，以"祭酒"为荣誉称号或尊号者，最早见于汉代典籍。在西汉中前期，"祭酒"只是一种尊号，并没有成为固定官职，并且"祭酒"这个尊号尚未进入学界和学宫。到西汉末期，"祭酒"被逐渐定型为一种官职，并且主要使用在学界。东汉以后，"祭酒"一职逐渐从学界演化到政界，同时，用于学界的官名也越来越多，如儒林祭酒、经学祭酒、史学祭酒等。

总之，在荀子时代，或者根本就没有"祭酒"的说法，或者"祭酒"只是"周礼"所述某项礼仪中的一个环节，而与团体领袖或学术活动带头人是毫不相干的。《史记·孟子荀卿列传》称荀子为"稷下"之"祭酒"，不过是司马迁袭用西汉前期的流行叫法，意欲说明荀子是稷下之学中最重要的人物或学术带头人、学术活动主持者。这就说明，在司马迁为荀子写传记时，如果他能确知荀子在稷下作"稷下先生"首领时的称号，就不应该使用西汉时代习用的尊号；如果他不能确知，则一方面说明描述者对于他所要描述的对象缺乏详尽了解，另一方面说明被描述的事物本身是不清晰的甚至是不存在的。

《史记》认定的荀子在稷下"三为祭酒"最为后人称道，被认为是稷下学派曾经存在和辉煌过的最有力证据之一，但事实上却是最有疑点的说法。既然"祭酒"的说法在先秦时代并不存在于学界之中，也不是这个时代的官职，那么，司马迁"荀卿三为祭酒"的说法就值得怀疑。详《史记》之说，是认为荀子居"稷下"时，正赶上"稷下"学宫在战国后期的复兴，但因为稷下先生的先辈人物已经去世，就使得荀子"最为老师"，学问最好，威望最高。齐襄王为复兴稷下之学，决定增补稷下先生的空缺，这当然少不了荀子，并因此而"三为祭酒"。

然而，在《荀子》书中并未出现"稷下"这个词，更没有出现过"稷下先生""稷下之学"和"祭酒"等相关说法，更不用说荀子的"三为祭酒"了。如果荀子果真在稷下这样一个人才济济、影响广远的思想学派担任领袖人物，并且适逢稷下之学的复兴时代，而《荀子》对此事却只字不提，这的确是让人难以接受的。

换一个角度来说，《荀子》毕竟是先秦时代和早期儒家学派中大部头的著作之一，甚至被认为是先秦思想的总结，那么，对于汉代部分学者推崇的那么重要的"稷下"学派，它竟然没有从学派的角度去论述，没有从领袖人物的角度来阐述，这难道还不足以让人对这一学派的存在产生疑窦吗？《荀子》虽然不是荀子传记，但它对于荀子一生行迹多有叙说，对于荀子在齐国的活动也多有记载。可是，对于荀子在齐国获得的堪称是其一生中最高世俗成就的"老师"地位和"祭酒"职务却只字不提，这未免让人难以置信。

荀子一生所见所闻极广，为先秦时代所仅有，所以，说他离开赵国，到相邻的齐国游仕，应当是非常可能的。从《荀子》的记述来看，荀子与齐国的"相"曾有过交谈。齐国是大国，各种人物都来这里寻找政治机会，也是很自然的事情。荀子在齐国与各色人物的交往，也是有可能的，但如果一定要说是这样的学术交流一定发生在稷下学宫，则未免有些牵强。司马迁又说，荀子在齐国被人进了谗言，不得已而离开齐国，到了楚国。总之，荀子在齐国没有寻找到自己想要得到的，只能到他国再作尝试。

哲学理念和理论

作为哲学家和思想家，荀子闻见广博，思想深邃，最有资格全面总结先秦以来的哲学成就。这个总结过程，也是荀子哲学思想的形成过程。同那个时代的所有哲学家一样，荀子虽然没有建立明确的哲学体系，但荀子思想中的哲学理念却是前后一贯的。荀子哲学思想是其整体思想学说的重要基础。当论及一些问题时，荀子势必也会专门就某个哲学观点、某种哲学理念进行专门论述，这些就是需要关注的内容。

认识论

"哲学""认识论"这样的概念严格说是舶来品，是西方哲学传统中使用的概念和范畴，至于对它们如何定义，也是众说纷纭。在此用它们来阐述荀子思想成就中的某一方面，既有使用习惯上的考虑，也有特殊的考虑。在西方哲学传统中，哲学思考的是一般性问题。哲学不会面对具体事物，而是要思考事物形成和变化发展的背后原因，甚至是终极原因。即便说哲学是"爱智慧"的学问，也是强调哲学能够回答各种层面的"为什么"的问题。这个寻求为什么的过程，就是对于世界万物万象的认识过程，而在这个认识过程中发生的所有问题，正是认识论要面对的问题。

（1）天官“解蔽”

人们关于事物的知识和认识是从哪里来的？这个认识过程是如何实现的？在探讨如何命名事物的时候，在区别事物同异的时候，荀子对于知识的来源有着相当具体的说明。

人们是如何区别事物的相同和差异之处呢？荀子的回答是：因为人有天官。所谓天官，就是眼、耳、鼻、口、身等五官。因为五官是人生来俱有的，所以称为天官，即上天所生成之器官。

凡是同类型、同性质的事物，五官对它们的感觉也接近，人就会给他们起一个共同名字，以方便交流和交接。具体说来，眼睛是观察形体、颜色等特性的，耳朵是辨别声音的，口舌是品尝味道的，鼻子是闻识气味的，身体四肢是感觉冷热、轻重等等的，这些感觉汇集一处，最后由心，荀子称之为“天君”加以综合，产生出喜怒哀乐等情感。总之，这些方面的感觉和知觉，就是思想认识的来源。

荀子既然提到了心，也就是心智、思想，就要弄清楚在认识事物的过程中，心能发挥什么样的作用。古人并没有认识到人的思想过程是用大脑来完成，而是认为大脑只与眼耳鼻口的运动有关。因为人能感觉到心脏跳动，在紧张的时候甚至还要加快跳动，古人就误认为心脏是在完成思考和认识的过程，然后自然而然地把思想的过程归之于心的作用。所以，古人所谓心，其实就是人的心智，即大脑的思想活动和思想过程。

荀子指出，心智和思想有主动求得知识和发挥认识的作用和功能。心智有要求，耳、目等五官才会发挥作用，去听、去看。五官之所得，还要归于心智的判断。还有一个重要环节是，五官必须接近或接触事物，才会认识事物。如果五官在接触事物之后却没有任何知觉和认识，或者心智在接收到五官的信息之后没有任何反应，那么，人们就会说，这种人是心智有问题的，甚至是缺乏心智的。

既然认识要经过这么多环节，那么，任何一个环节出了问题，都会形成思想"蔽塞"。荀子从思想方法的角度出发，严肃讨论了"解蔽"的问题。所谓"蔽"就是思想不能通明，被某些观点遮蔽在某个有限或偏颇的地方，用现代哲学术语来说，就是思想出现了片面性，不能全面而客观地看待事物和问题。所以，荀子也把这样的错误称为"蔽塞"，被片面性和极端主张所壅塞，思想出了大问题。

荀子认为，被某种片面思想、观点所影响，而对公理认识不清，这是人们的一个大的缺憾。什么是片面思想和观点呢？就是不能认识"经"，而是被"两"所迷惑。荀子所说的"经"是永恒真理，而"两"则是两个极端。

对于这种情况，荀子先从大的社会背景上加以分析和认识。他认为，天下政治形势是，各国诸侯的政治追求都不相同，各个君主的治国之道更不相同，这使得诸子百家都持有不同的政治主张、思想倾向，结果就造成是与非、治与乱始终处在不断变换之中。

客观形势的不同造就了不同哲学思想，同时，从哲学本身来讲，不同的学者都把自己的思想看得很高，唯恐听到批评之声。他们都是根据自己的所学所长，去衡量和看待其他思想，又唯恐有别人的思想胜过自己。这样一来，必然会囿于所见，蔽于一曲，自觉不自觉地形成个人片面认识，从根本上失去了求得正道的机会。从认识事物的一般规律上讲，荀子一针见血地指出，如果有一个人，当他的认识高度有限，不能很好辨别是非的时候，就很容易不辨黑白、充耳不闻，那么，当他被某种片面思想所局限的时候，情况只能是更糟。

荀子所说的这种片面或极端思想的具体表现是什么呢？他列出了十种极端主张，即由两个极端所组成的五方面的问题。这就是，欲求和厌恶、起始和终了、远处和近处、博大和浅近、古代与当今。具体说来，就是只知欲求而不知厌恶，只顾起始而不管终了，只看远处而不见近处，只有博大而不顾浅近，只知古代而不知当今，反之亦然。在描述了这些具体方面之后，荀子也意识到，万事万物之间都有不同，这在客观上容易导致人们的片面认识，即总以为某种单独的存在方式就是真理，而容易忽视其他存在。这是一种普遍存在的容易让人产生片面认识的倾向，需要引起人们的重视。

当然，对于引发片面认识的主观和客观情势，圣人是能够认识到的，所以，也只有圣人才能够避免"蔽于一曲"，不被极端思维和片面认识所左右。那就是，既不要极端地欲求，也不要极端地厌恶，对于始终、远近、博浅和古今，也同样不做片面的理解和极端追求，这就是全面看问题，选择适中的权衡之道，也就是大道，后人也称为天理、真理。

人的思想不可以不了解大道，不可以不持守大道。不持守大道，就会不承认大道，并且去认同错误思想。按照常理，人们都不会不顾一切地持守错误的东西，也不会禁止正确的东西。但是，一旦被错误思想所左右，就会以错误思想去衡量别人，就会认同不持守大道的人，而远离得道之人。所以说，以不符合大道的错误思想衡量人，就会与不认同大道的人一道去议论得道之人。荀子认为，这种倾向或做法，是人们思想混乱，进而是社会混乱的根源所在。

（2）以心得道

有蔽塞之处，就需要解开、需要化解，这就是解蔽。化解蔽塞的唯一正确途径，就是持守大道，以道解蔽。

大道的特点是，本体永恒不变，却能够把握万事万物所有变化，只根据某一方面或某一事物就下结论，根本不能说明大道的本质。不幸的是，那些"曲知之人"，即喜欢片面看待事物的人，只是看到了大道的某一方面，并没有把握大道整体，就开始炫耀，用这种片面东西作为装饰。这种做法对内扰乱了自己思想，对外迷惑了他人认知。他们在上位之时会蔽塞在下者，在下位之时则蔽塞在上者。荀子断言，这种思维上的偏颇和错误，就是思想陷于蔽塞的根源。

人如何才能得道呢？荀子的答案是"心"。心是如何得道的呢？荀子的答案是"虚壹而静"。如前所言，在古人的认识中，从生理功能上来看，"心"基本上相当于现在所说的大脑；从心理或精神层面上来看，"心"指的是思想意识和情绪等。荀子所说的心能得道，这个心显然是指人的思想认识。在这些方面，古代思想家的说法是比较笼统的。这种特点有其合理之处，也有其不明确之处。合理之处是，人的思想意识确实是非常复杂的，很难做到条分缕析；不明确之处是，以心指示思想意识，有时也会把人的情绪和性格、性情之类的内容掺杂进来，这就需要在认真研读其上下文之后再加以理解。但是，这样一来，就容易引发争议。

在荀子看来，人心，或者说是人的思想，有若干特点。

人心有"藏"有"虚"。这是说，人生下来就有"知"，即知觉和认识的天赋能力。根据这种天赋能力，人的思想会有记忆，不断有所获得，这是"藏"。不过，人的思想也不会因为已经有所获得，就排斥新遇到、新得到的东西，这个过程就是"虚"。套用哲学术语，藏近乎已然，虚近乎未然，也就是排他性和兼容性。

人心有"两"有"壹"。人的与生俱来的知觉和认识能力，在认识事物和有所获得的过程中会产生差异，既会认识不同的事物，也会在认识同一事物时产生不同结果，这就是"两"。然而，对每一个事物的认识，或对每一类事物的认识，都有具体确定性，不会因为一种认识而排斥另一种认识，这就是"壹"。荀子如此的区分，就是现代哲学中差异性与确定性的关系。

人心有"动"有"静"。人的思想或思虑，在睡觉的时候会做梦，在无意识的时候会自行其是，如果主动使用它，就可以有谋划，这就是"动"。但是，人有理智，有分析判断能力，有自控能力，不会把梦中所想或无意识时的臆想当作现实，这就是"静"。从哲学上看，就是无意识与理性的关系。

所谓"虚壹而静"，就是未得道者通过坚持思想的兼容性和确定性，以理性精神加以思索，这就是唯一正确的求道过程。具体说来，求道者求得大道的过程是，以兼容性为开端，进入求道过程，然后以确定性求得大道全部，最后以理性加以澄清，明白大道究竟是什么。当然，这样的先后之分只是逻辑上的。在实际求道过程中，应该"虚""壹""静"同时起作用，而在不同的阶段又有所侧重。

通过"虚壹而静"而求得大道，荀子称之为"大清明"的境界。这个境界，荀子描述为，万物之形都能看得见，万物之理都能说得清、说得准，以至于无所不见，无所不知，从自然现象到社会治理，再到宇宙规律，都在得道者的掌握之中。达到"虚壹而静"境界的人，荀子称之为"大人"，这样的"大人"不可能有任何"蔽塞"之病。荀子的"解蔽"至此也就大功告成了。

对于人心，对于人的思想，荀子也有换一个角度的理解和解释。他认为，就人的个体而言，心与形相对，思想与身体相对，这两者的关系是人自身最重要的关系。孔子就是把"仁"理解为身心和谐，但传统儒家最终还是把心放在更主动、更重要的位置上，强调人的思想修养和精神境界是人之所以为人的根本。所以，荀子也才认为，心是形的君主，即思想支配着人的身体，心对身体发出命令，决定着人的言行，而不受身体要求的左右。进而言之，思想活动完全自成体系，根据自己的判断行事。荀子比喻说，人的嘴可以被迫不说话，身体可以被迫做出屈伸动作，但是心思不能被迫改变，心里同意的就会接受，不同意的就会推辞。这当然是指内在决定，不包括表面应付和推诿。

所以，人的心里所能容纳的事情，思想所能接受的内容是没有止境的。不过，思想也有特点，就是接受的事物再多，也能够在无限的差异中找到自己要确定的东西。但是，如果思想在接受了太多东西之后却没有中心，没有专注，就会出现疑惑。也就是说，真正有思想的人，不会随着纷繁的事物而行，而是一定要运用理性，把握事物原理，这样才能做到兼知万物。

一个能干的农夫再精于种田，也做不了负责农业的官员；一个精明的商人再善于经商，也做不了管理市场的官员；一个工匠再有技术，也做不了管理作坊的官员。相反，有一个人，很可能既不会种田，也不会做生意和制作工具，但却可以管理这个行业，那是因为，他精于管理这三个行业的原理，而不是精于具体的生产和制作。所以说，精于具体事物生成原理的只能去制造具体事物，而精于相关事物生成之道的人则能够去管理这些事物。君子之人精于掌握事物的根本原理，并以此原理去掌握无穷无尽的具体事物。把握了事物的原理才是正道，掌握了万事万物才会明察秋毫，才能充分利用万物。荀子的这种思想，显然是从哲学角度去评价事物的。也就是说，在荀子看来，只有运用哲学思维，从一般性原理的角度去把握事物，才是对事物的更高深的认识，也是更有价值的认识。

荀子关于心的原理，就是哲学上的认识论。在认识论上，荀子把思想的归纳能力，即把握事物原理的重要性放在头等重要的位置。自然与人类、事物与人的个体，是相互独立的。但是，人生活在自然之中，必须认识自然、利用自然。这样的过程是从认识具体事物开始，但由于外在事物是无穷尽的，人必须通过认识具体事物而上升到把握事物的原理，即大道，进而从总体上掌握事物规律，让外在事物更好地为人所利用。

"人心"要尽可能不受外物牵制，专心致志，从容思考，这样才能裁决是非、化解疑惑。荀子认为，外在事物是纷繁复杂的，人们应该澄清思想，以事物之理为核心，就既能满足人的欲求，又能兼顾事物情理。仁者和圣人内心无为，不受具体事物牵制。他们的思虑是恭顺和快乐的，以无牵无挂的积极心态面对万物。

荀子对人心的探讨，对于人的思想认识的探究，并不是以知识论本身为归宿，而是在思考如何让人的思想更好应对现实问题。这是中国古代知识分子使命感的集中体现。

荀子心目中的君子和圣人都是治国理政的实干家，他们必须在不同层面上把握治理国家和社会的一般原理，使社会发展保持正确方向。

逻辑学

西方哲学中的逻辑学，在印度佛教是因明学，在中国先秦时代是名学、名辩之学、名实之论，荀子称之为"正名"。不过，在古代中国思想史上，此所谓逻辑学，或名辩之学，在先秦时代发达之后，即归于寂静，后来虽有因明学的促动，但究竟也没有形成中国本土的学问。其中原因，并不是因为先秦有百家争鸣，故有名辩之学，大一统之后便不需要这方面的研究，而是因为中国古代的思想传统强调力行，主张言行一致，甚至行然后言，并不重视如何在言语上取胜。这并不是说古代中国思想家不讲逻辑，不重视思维的清晰有条理，而是这种逻辑性或条理性只需落实在具体的言语或学说之中，而没有必要作为一种单独的学问去进行专门研究。在具体的言语或行动中，思想家们更注重情理，而不主张单独论理。

其实，逻辑学也是对于情理的一种理论概括，是对于言语中的对与错所做的一种独特审视，不懂逻辑学的概念，未必就是不讲理的人。语言通达，能让别人听明白就可以了。这本身就是逻辑。

在先秦时代，思想家很早就注意到了语言中和理论问题阐述中的逻辑性问题，并且这一派思想家最终形成了名家思想。最早的名辩思想家可以追溯到郑国的邓析，然后是惠施，还有墨家后期人物，以及最有名的公孙龙子。特别是墨家的《墨经》和公孙龙子的著作，更是这方面专门的学术成果。

在儒家传统中，孔子主张名称或概念一定要正确，以保证言语通达。特别是社会管理者，如果不能讲出通达的言语和政令，就无法教育人民、管理国家。这就既强调了语言的逻辑性，也指出了讲求逻辑的归趣是言语的应用价值，即社会价值，这一观点被荀子加以发挥。至于孟子，则是著名的论辩好手，人称其"好辩"，喜欢辩论。而孟子答复说，我不过是想继承先辈圣人的精神，端正人心，止息歪理邪说而已。这同样是强调了逻辑论辩的社会价值。

（1）制作名称

荀子作为先秦思想的总结者，对名辩思想既有深刻研究，也有独特思考，更有专门论述。现存《荀子》中《正名》一篇，就是对于荀子名辩思想或"正名"思想的全面记载。

荀子认为，"制名"或"正名"的目的是解决社会政治问题，这就体现了强烈的甚至是具有唯一性的社会责任感。名称应该由王者制定，确定名称的实际意义，是使大道能够行得通，能够统一民众的思想和行为。如果王者不对此加以控制，而是任由某些人利用语词本身的特点，擅自发明概念和名称，就会扰乱名称的正确含义，使人们迷惑，不能正确理解王者之政。

在荀子的言语中，"奸"指奸邪，与之相对的概念是"悫"，即诚实厚道。而正名的社会意义就是让人们诚实厚道，一是一，二是二。就算是在诉讼中，也不能利用对方言语中的疏漏而罔顾事实，从中取利，这样才能引导人们以"悫"为美德，形成诚实厚道的社会风气。民众的思想统一于王道和法令，社会管理者由此而建功长绩，社会就能达到大治。

一般来说，事物发生变化了，就会影响人们对事物的看法。出现了新现象和新事物，如果没有新的名称及时跟进，而是用旧的名称做比喻来指称，就容易把新旧事物混为一谈，使名称和实际事物之间出现混乱，最终导致贵贱不明、相同和不同没有区别。这样一来，会让人表达不清楚真实想法，好多事情也不能做到位。这时候，有头脑的人就会站出来区别新旧，制定新名称以指称实际存在的事物，特别是新出现的事物。在荀子看来，这就是新名称之所以会出现的基本原因或深层学理原因。很显然，这样的原因是必然的、不可避免。这种必然，既是社会发展的必然，也是事物变化的必然，更是人的思想变化和进步的必然。

人们有关事物名称的制作过程，其实就是人的认识的产生过程。荀子认为，人类作为生物体，本来就有天赋的认识能力，加之人们的天官，即所谓的眼、耳、鼻、口、身等五官要不断地与外界事物接触，凡是同类型、同性质的事物，五官与它们接触的结果，会由心智给他们起一个共同的名字，以方便交流和交接。同时，人的心智也会提出要求，指挥耳、目等五官发挥其作用，去听、去看。总之，事物名称的产生是人与事物在接触过程中必然产生的结果。

（2）名称分类

通过五官与心智的共同作用，人们在区别了事物的相同和不同之处以后，明白了可以用不同名称使事物相联系、相区别，就会随之给事物一个命名。但是，那么多的事物，需要那么多的名称，这些名称或命名有什么规则或规律没有？它们是如何分类的呢？

命名事物的首要原则是，相同性质的事物要有相同的名称，不同性质的事物则需要不同的名称。有些事物需要有单独名称，有些事物则需要有复合名称，比如马和白马，关键是能够让人听明白，不相混同就可以了。有时，由于情境需要，也会用单名和复合名指称同一个事物，这也是正常的。比如一匹白马，在某种情形下称马即可，在另一种情况下称白马亦可。

命名事物的次要原则就是，名称要有高低大小不同类别。万事万物虽然很多，但不能一个事物一个名称，而是需要分类，区分各类事物，制作各类名称。当需要指称越来越多的事物之时，就需要一级一级的从下到上的共名，如白马、马、牲畜、动物、生物等等，一个比一个名称更有公共性和概括性，并且还要把原来的名称包括在其中，这样一直向上拓展，直至无法再上升，比如到了"物"这个名称，就成为事物最大最高的名称。反过来看，从上到下，或者从共名到别名，也是这样，直到最具体的事物，这个过程就结束了。

荀子对于事物名称或命名方式的思考，也是所谓形式逻辑要解决的问题。从一般到特殊，或从属概念到种概念，或者相反，是命名事物的普遍原则，因为命名事物的本义就是便于说明、便于交流。在这一点上，人类的思维是一致的。并且，种概念和属概念总是相对而言的。"白马"是属概念，是特殊，"马"就是种概念，是一般；"马"是属概念，是特殊，"动物"就是种概念，是一般。荀子所说"推而共之""推而别之"，就是这种认识事物、命名事物的从特殊到一般和从一般到特殊的思维过程。在先秦名家思想家中，人们只是从荀子的著述中看到了有关形式逻辑的全面思考。

荀子还提到了一种名称或概念的分类现象，荀子称之为"后王之成名"，即当世的统治者制定或确定的名称。一般来讲，在专有名词方面，法律名词多是继承商代人使用的，官爵之名则多取于周代所用，文物典章则多取于《周礼》所载。至于普通事物的"散名"，即用来指称事物的常用名词，既要遵从中原各国各民族的习惯，也要照顾周边民族的实际使用，其中心目的只有一个，即"通"，通晓、通例、通用。

荀子说，人的认识能力称作"知"，而认知准确就称为"智"；先天疾病称作"病"，偶然遭遇称为"命"。类似这样的名称，又是与人有关的普通名词，也需要当世统治者加以确认。荀子虽然是名辩大师，但他真正关注的不是逻辑和逻辑学本身，而是逻辑的实用性，对于治国理政的实际作用。逻辑的基本问题是可以解决的，而现实的问题则是层出不穷，处在永恒变化之中的，而这种变化才是思想家真正应该关注的内容。

（3）变与不变

荀子还思考了名称在命名和使用过程中的变与不变问题，同样表现的是理性思想家风范。

名称或概念及其所指称的事物并不是一成不变的。人们对名称或概念的使用，最基本的原则是约定俗成，被人们的使用习惯所认可才是名称成立的最重要因素。同样，名称所指称的事物也会发生变化，事物发生了变化，原来的名称要不要变化，也是由约定俗成决定的。即使是与社会大势、国家政策法律有关的名称，也要考虑现实适应性。荀子认为，最好的名称，是那种直截了当、明白易懂的概念。

还有一个问题，荀子也认为是制定名称时必须要考虑的关键之一。

有一些事物，虽然从形状上看是同一种事物，但却因为在不同地方，或在不同情境之下，他们虽然可以使用同一名称，却是不同的事物。还有一些事物，形状发生了变化，实际上还是原来那个事物，但这样的变化却不足以与原来的事物产生本质区别，所以还要使用原来的名称。比如一个人，从小到大，变化很大，但姓名不改变也是可以的。

与名称的变与不变相关的，是荀子所批判的"惑名"和"乱名"者，即混淆或偷换概念和名称者。

说到先秦名家，更为引人注目的不是荀子，而是其他人物，如公孙龙子、惠施、宋钘等。尽管真正有内涵的、系统的名辩思想还是存在于荀子思想中，并成为中国古代逻辑思想史的主流，可是，在当时，还是这些时髦的名家人物提出的一些观点更吸引人们的眼球。对此现象，荀子进行了严厉批判。

对于名家人物的眩目说法，荀子总结为"三惑"。

第一惑，荀子举出三例，即受到侮辱不认为是受辱、圣人不爱惜自己、杀盗贼不是杀人。这是以名乱名，即混淆种概念和属概念。有些事情是公认的侮辱人的事情，这与当事人认为是不是受辱是两码事，也就是说，不能因为当事者不认为是受辱，就得说这不是侮辱人的事情。再比如，圣人是种概念，其中就包括有圣人本人；人是种概念，其中也包括有盗贼。换句话说，圣人爱人，也包括爱自己。盗贼是人，杀盗贼也是杀人。同时，荀子也强调，如果以实际事物或行为加以验证，上述三种说法就更不能成立了。

第二惑，荀子也举出三例，即高山和深渊处在同一平面、人的情欲是很少的，以及大餐并不好吃、盛乐并不好听。这是用人的主观感受改变事物的实际情况。如果处在高空往下看，人的肉眼有时确实难以区别实际的高山和深渊的高度差别，比如现在从宇宙飞船上观察地球。名家宋钘就从主观感觉出发，认为人们没有太多欲望。墨子则认为，他对于一般人所谓的美食和美好的音乐并没有什么感觉。但是，如果人们完全从个人感受出发去确定概念和名称，必然导致无法与他人交流。所以，荀子强调，付诸实际生活和感受，就可以禁绝这类惑乱思想。

第三惑，荀子举出两例，即排除之后还是盈满、刌马不是马。这是无视事物的变化，以名乱实。就是说，满池的水被排干之后，盈满已成过去，就不能再说池子是盈满的了；宰杀的马，应该还是马。如上所述，名称和概念应该随着事物的变化而变化，不能不讲时间地点地使用概念和名称，否则就会造成交流上的困难、思想上的混乱。对此，荀子主张"验之"，把如此主张的人放在实际中让他们加以感受，以纠正其混乱想法。

在进行了学理上的论辩之后，荀子指出，主张上述"三惑"之人，其目的无非是以这种貌似合理的说法吸引人们的注意力，最重要的是吸引君主的注意力，以求得到名和利。所以，如果君主能够充分加以辨别，这样的言论自然就会消失。

论辩说

荀子在批判各种错误的学术思想和社会思潮时提出，这些思想尽管很卑陋、很偏执，但在逻辑上却做到了"持之有故，言之成理"。尽管这些思想不尽合理，但其宣扬者却能够通过上好的言辞和口才欺惑愚昧之众。这就是说，荀子真正不喜欢的是那些纯粹的辩说之徒。诚如孔子对"佞人"和"口给"者的批判一样，纯粹的辩说者是造成社会思想混乱的罪魁祸首之一。

（1）君子必辩

作为思想家、学者、教师，荀子对于辩说这种说理手段是非常肯定和重视的，或者说，荀子并不是泛泛地反对辩说，而是反对言不及义的辩说，以及空洞地为了辩说而辩说。

荀子强调，凡是不合乎先王教诲、不顺从礼义的要求，就是奸邪之言，大方向上出了问题。这样的言语即使听上去很有道理，能够自圆其说，在表达上挑不出毛病，君子也不会去谛听，更不会听从。反过来说，君子之言虽然也注意表达方式和水平，但重在语言内容。

荀子明确指出，即使是能够效法先王、顺从礼义，并且与真正的学者为伍的士人，如果不喜好言语、不乐于言说，也算不上是"诚士"，即真诚信实的士人。这是因为，士人不仅要自身达到儒家要求的高标准，还肩负着传播道义的使命。如果没有能力，甚至不愿意做大道的传播者，这样的士人即便不是不合格的，也是不圆满的。

荀子主张"正名"，从哲学认识论入手，全面探究概念如何产生、如何使用等相关问题，并严厉批判世俗名辩人物的偏颇之论，目的就是要还"辩说"以本来面目。名称正确、概念明确是辩论和说明问题的基本要素，在荀子看来，人们不能为了辩说而辩说，辩说必有实际意义，在荀子时代，则其社会意义尤其重要。

世道之所以混乱，一个重要原因，是人们的思想混乱。对此，身为思想家的荀子并不赞成用单纯的辩说去诱骗人们，以期统一人们的思想，而是明确主张以儒家之大道换取民众的思想统一。但是，荀子也没有理想化地认为民众应该被耐心地说服，因为民众的受教育程度，以及紧迫的客观形势都不允许当政者如此从容地去做思想教育和心理疏导。英明的君主应该以威势面对民众，用大道引导民众，直接把民众应该做的事情告诉他们，公开把结论告诉他们，然后用刑罚禁止他们的不当行为。这样一来，民众向大道的归化就会如神灵的作用一样快速而见效，根本用不着跟他们用辩说的手段反复讲说。

不幸的是，当时并没有圣王存在，现实却是天下大乱，奸邪之言不断出现。像荀子这样的君子，既无权威压服民众，又不能使用刑罚禁止民众的行为，那么，要想完成其负有的社会使命，只能采取辩说的手段。具体说来，事实不能让人们自然明白，就采取直接说明的办法；直接说明还不能让人们明白，就等待一段时间，让人们进行反思；等待之后还不见效，就去努力说服他们；说服也没有效果，最后就采取辩论的办法。这四种方法都是高层次的改变人们思想的做法，是王者之业的开始。

在荀子这里，辩说并不是一种纯粹的手段或方法，不是为了辩说而辩说，而是要用辩说阐明大道、明辨是非、得荣去辱。

以当时著名名辩家宋钘主张的"见侮不辱"为例，荀子指出，根据宋钘的观点，即使是受到了侮辱，只要自己不认为是侮辱，就不算是受辱，并认为这种态度能够减少不必要的争斗。荀子认为这是一种是非不分的态度，致使人们各执己见，一直处在争辩不休的过程中。不是说不能有辩说，而是说一定要树立起高尚而正确的辩说目标。这个目标也并不是抽象的道德要求，而是王者制定的制度，因为这是天下最大的目标，也是大是大非的界线，以及世间所有名分、名称的来源。由此可见，荀子思想的最终目标是现实的政治追求，是完成改造社会、造福人类的使命。

说到具体辩说过程，荀子指出，一切的概念、判断、推理等等，都要以圣王为师法。至于如何辨识圣王的教诲，荀子提出，无非是荣、辱之两端，即享受荣耀和遭受辱慢的两个极端。

由于人并不能左右外在环境，所以，有修养的君子有可能受到外在辱慢，但却不会遭受内在辱慢；小人有可能获得外在荣耀，但不可能得到内在荣耀。即使地位再低，如果保持内在修养，并不妨碍人们去做尧、舜一样的君子；即使地位再高，如果放弃内在修养，也只能去做桀、纣一样的小人。内在、外在都获得荣耀，只能属于君子；内在、外在都遭受辱慢，也只能属于小人。荀子如此的分析和结论，就是他强调的"荣辱之分"，荣耀与辱慢的分界。这样的分界，圣王视之为治理天下的法则，士大夫认为是做人的原则，官员要作为政治操守，老百姓要作为风俗，并且永远不能变更。

对于大道，君子不仅要立志去追求、去修行、去实践，还要去宣传、去推广、去维护。所以说，"君子必辩"，君子一定要具备必要的哲学思维和语言辩说能力。

人们都喜欢言说那些他们认可的善良的东西，而君子在这方面尤其积极，因为如上所言，他们是肩负历史使命和社会责任的人。不用说，对于这方面的言语，君子是没有厌烦的时候的。在君子看来，把美好内容的言语说给别人听，比赠送人们金石珠玉更为贵重；用积极向上的言语劝勉人们，比高档服饰更为美丽；让人们听到美好的言语，更胜于欣赏动听的音乐。由此可见，得体而美好的言语是多么重要。言语不是简单的外在表现，而是能够由表及里，深刻地表现一个人，影响一个人。

荀子认为，缺乏修养的小人总是喜欢以偏险的言语压服他人，君子的辩说则是以其内容符合仁义而占得上风。在君子那里，如果言语不能体现仁道，还不如默不作声。只有在言语符合仁道的前提下，才可以说喜欢言语的人是居上者，不喜欢言语的人是居下者。总之，辩说也好，谈说也罢，内容正当是大前提。

（2）辩说之术

既然辩说对于君子来说是如此重要，那么，辩说之术又是什么呢？事实上，对于辩说术，荀子有着明晰的界说和批判。

辩说有小辩、有大辩。所谓小辩，是指为了纤细小事而辩，特别是那些简单易明之事、易明之理，显然是不值得一辩的。同时，只求口头上争胜，不顾事情的大体和根本，更是"小辩"的致命缺陷。所以，与其"小辩"，不如"见端"，即认认真真地从事情的开端说起，而不是各取所需，不要只是为了口头争胜而辩说。当然，"见端"还不是目的，也不是最重要的，所以要去小辩而取大辩，达到事物或事理的根本所在。

荀子提出了他的理性见解，即辩说者的三层境界。

最高境界是圣人之辩者，即达到了圣人修养的辩者，或者说善于辩说的圣人。其特点是，辩说时不必事先谋划，任何时候都能做出正确而准确的应对。稍逊于圣人的是士君子之辩者，其特点是提早谋划，认真听取对方的每一句话，应对时有文有质，内容广博而正直。

不用说，最让人遗憾的是小人之辩者。荀子的描述是，听其言辞，虽然很雄辩，但却没有条理；再观其行动，则多为狡诈，少有功绩，上不合天理，下无益于百姓，只不过是口才上好、辞藻华丽而已，至多也只能算是"奸人之雄"罢了，即奸邪之人中的佼佼者。所以，荀子不客气地表示，一旦有圣王到来，最先诛杀的肯定是这种人，甚至对盗贼的惩治都要放在下一步。这是因为，盗贼都有可能被教化而改过，但小人之辩者却难以改变，原因就在于他们的人性和思想已经彻底变质了。

由此看来，作为理性主义大师的荀子，对辩说、谈说或辩论术同样持有理性态度。他并没有一般性地反对辩说，而是主张在保证辩说内容的前提下，圣人、君子都应该重视辩说，甚至认为必要的辩说能力是君子的基本才能之一。这与孔子婉转地反对辩说、孟子的不得不使用辩说的态度相比，是一个明显合理的改进。为此，荀子还对辩说本身进行了深入思考，就如何保证辩说为仁道服务，如何表现有力的辩说作了多方面阐述。

荀子认为，辩说中的困难，是言说者的立意高远，言说的目的是想达到天下大治，而听者的境界很卑下，并且正处在社会大乱的境遇之下。这样一来，如果不能说到对方能够接受的程度时，说得太高远容易被误解，说得太浅近又容易被理解得太庸俗。所以，一个善于辩说的君子，当他言说高远时不至于让人误解，言说浅近时不至于让人陷于庸俗，要能做到随着客观条件变化而表现出适当的进退、高低、缓急，自如地控制自己，既要让对方明白，还要保证自己不受伤害。总的来说，是要严格要求自己，宽容对待他人，自己是贤者却能容纳普通人，自己是智者也能容纳愚钝者，自己是博识者又能容纳浅薄者，自己是纯粹者还要容纳杂乱者。荀子称此为"兼术"，即合格的辩说者要能做到兼识兼容各种各样的人、应对各种各样的局面。

再具体一些，荀子直接说到了"谈说之术"。在与人谈说的时候，首先态度要端正，以严肃的态度对待此事，以诚实的思想处置此事，以坚强的精神坚持此事。在谈说过程中，可以使用比喻来说明问题，也可以对不同的人在不同情况下分别对待，就好像是把最好的东西送给别人，让对方把你的谈说视为珍宝，认为你谈说的东西很值得高看，甚至有一种神奇力量。这样一来，你谈说的东西就会经常被人所接受，有时即使不一定会让人家喜悦，但也会被看重，因为你谈说的内容有可以让人高看的东西。

（3）辩说之道

如何进行一场合理而有效的辩说呢？荀子的观点是，听到一个名称，就能明白这个名称要指称的事物，那么，这就是个有用的、合格的名称。把若干名称或概念累积成文句，那就是名称的最好配合，也是对名称的恰当使用。有了合格的名称，以及恰当的名称使用，就可以称作"知名"，即对于名称的作用和使用都实现了应有的掌握。

名称、词或概念的作用，是要把事物区分开来。说辞、句子，是要利用概念或词汇表达出某种意思。辩说不是针对具体事物的异同，而是要说明某种道理。深入反思、直接判断，是为辩说服务的。这其实是在讲述词、句、文的区别。

所谓辩说，是要表达思想对大道的追求。思想是大道的制造者，就是说，大道是人们利用名、辞进行思考的结果和结晶，是治国理政的原则。反过来就是，思想要符合大道，辩说要与思想一致，说辞要为辩说服务。

辩说的具体原则是，名称正确才能方便人们思考，也就是所指内容真实，让人们能够明白。辩说事物的同异不过激，推断事物的类别而不自相矛盾。听的时候合乎文理，辩说的结果能够说明原因。以端正大道来辨别奸邪，好比是工匠用墨线决定曲线和直线。只有这样，奸邪的学说才不能扰乱人心，百家的争辩才不能肆无忌惮。

那么，什么才是正确的辩说，或者用荀子的话来说，是"圣人之辩说"呢？

圣人的辩说，能够达到兼听各种意见，但也没有奋争、矜持的表现。有顾及各种意见的醇厚，但没有自以为是的表情。圣人的学说如果能够推行，天下就会走上正道；如果不能推行，圣人则是一边宣扬自己的学说，一边引退一旁，等待时机。

在圣人之外，还有"士君子之辩说"。这说的是，在辩说过程中，辞让的节奏把握得很准，对待年长者或年少者应该遵循的道理也掌握得很通顺。不使用忌讳词句，不说出怪诞之语。说话的时候以仁厚之心为根据，听讲的时候抱着学习的心态，辨别同异的时候要坚持公平之心。不因为众人的批评或赞誉就改变立场，不因为人们想看什么听什么就炫耀什么，不因为高贵者的权势而迎合他们，不为自己的利益而传播偏僻的言论。坚守大道而不三心二意，辩说失利的时候也不强辞夺理，辩说有利的时候也不会荒漫无度，看重的是辩说公正，轻视的是一味的言语争胜。

显然，在辩说过程中，士君子与圣人的表现是明显不同的。士君子的辩说更具有个性，圣人的辩说则具有一般意义。士君子更注意具体的方式方法，而圣人则注意整体表现。

荀子的总结是，对于辩说而言，最让人忧虑的是，如果不知道某种东西无益，那是缺乏智慧的表现；如果明知道无益，却还要去欺哄人们相信，则是不仁的表现。既不仁又不智，才是最大的侮辱。本想让人们受益，结果却是完全无益于人，只好在莫大的屈辱中草草收场了。

○
○

人心人情人性，性恶之论

谈到人性问题，谈到中国古代对人性问题的主张，人们必谈孟子的性善论、荀子的性恶论。作为哲学家的荀子，他的性恶之论影响深远。人性论既是荀子思想的重要内容，也是荀子思想的重要基础和必要前提，理当进行耐心细致的分析和全面深入的理解。

人情、人的欲望或欲求，是人生的重要支点。总体上来说，人生的快乐与苦难，社会的安定与动乱，都与人的欲求直接关联。如何看待人的欲求，是每个哲学家必须回答的问题，也是每种政治理论必须探究的问题。荀子从人性的角度去理解这个问题，其答案虽然不必为所有人接受，但却成为古代思想史上绕不开的重大话题。荀子的性恶之论，既是原创的思想，更是理性的思想，其对于中国思想史的贡献，使用任何伟大的言语去形容都是可以接受的。

荀子主张性恶，认为人性中充斥着各种自私自利的欲望，这些欲望是生来就有的，与后天无关。这可以被理解为人的生命力所在，也是人的根本意志所在。早有学者指出，荀子是因为对现实中的罪恶过度敏感，才提出了性恶之说。确实，现实中的荀子，被时代的混乱、人性的泯灭所震撼，不得不从人性深处寻找原因。受此激发，荀子认识到，不以人性为恶则不足以惊醒时人，更不足以为他的注重礼法之治的思想提供必要的学理基础。

不论怎么说，一方面是人性之恶需要约束和改造，另一方面则是圣人制作了礼义规矩，而把这二者有效结合起来的唯一手段，就是学习。从这个角度来看，荀子主张"性恶"，其真实动机之一也是在主张和强调人们必须进行学习和道德修养，或者说是为人的学习寻求到了一个不可否定的基础和不可回避的理由。为了抑制和消除人间之恶，短期的方法是法律的强制手段，而长期的办法则是学习大道和修养身心。很显然，荀子的人性论或性恶论，同样是儒家和法家思想的有机结合。

人有人性，人有人情

荀子论说人性，是从宇宙万物的本质说起，这与他的哲学家身份和注重理性的思想品质是一致的。荀子认为，万物都存在于同一个空间，只是形状或外在状态有所不同罢了。对于人来说，万物的存在并没有特别目的，但却可以被人所利用，这是"数"，也就是必然性，是任何人都不能改变的客观现实。人们的相处方式是"伦"，即类别。人与人是有区别的，但从整体上看，人必须"并处"，即结合成群体或社会而生存。生存在人类社会中的人们有共同追求和欲望，但实现这些追求和欲望的方式方法却有所不同，并且人们的智力也有所不同。这些相同和不同，都是人性的组成部分，是人生来具有的，不是后天形成的。

不论是智者，还是愚者，在追求欲望方面是相同的，不同的是追求什么样的欲望。更糟糕的是，在情势相同的情况下，因为智力有异，如果追逐私利也不会惹祸，放纵欲望也不会有尽头，那么，人心就会奋争，要求也就永远不会满足。这就是说，人有共同的欲望，也就有共同的人性。并且，人有共同的人性，是自然而然的结果。

荀子从两个角度定义了人性。

首先，人性是人之所以成为人的原因或原则、原理。其次，人之所以成为人的原理与外界发生感应，自然生成为人，这也是人性。其实，荀子的这两种说明本质上是同一个意思。在荀子看来，所谓人性，就是人之本性，是人之所以成为人的根本规定性，这种规定性不受外界事物包括其他人的任何干预，是自然而然地发挥作用。人性就是人的天然性，其中既有人的生物性，也有社会性，总之，人性就是人在没有形成自主意识之前，人自身难以掌握和控制的所有因素对人的综合影响的结果。

荀子对人性的认识，决定着他对与人性相关的其他所有概念的理解。

与人性关系最为密切的概念是人情，或单称情。

人性必然要表现出来，或者说，人是一定要与人身之外的世界相接触的，包括自然界和人类社会，而接触的结果，就会产生对于人和事的爱好或厌恶，以及表现出自身的喜怒哀乐等等情绪，这就是情或人情。换句话说，人与外界相接触的结果，就是人性表现为人情。人性本身是看不到的，能看到的是人性的种种表现，即荀子所称的人情。

人性和人情有欲望是正常的，甚至人性和人情有无限多的欲望也是正常的。人的五官或五体，都是要本能地追求美好、追求享乐，比如眼睛要看最美好的景色，耳朵要听最美妙的乐声，嘴巴要吃最美味的食物，鼻子要闻最好闻的味道，身体则要追求最安逸的享受。这五种追求是自然产生的，是能给人带来快乐的，只要是正常人，都会感到快乐。由人情获得天然快乐的合理性，进一步扩展到社会领域，同样也有每个正常人都想获得的快乐，比如"贵为天子，富有天下"，即使是圣王，也想保持这样的地位，以便管理所有人，而不被任何人所管理。甚至是帝王的豪华物质生活，以及所能实现的功绩和得到的名声，也是下自普通人、上至王者的共同愿望。

古人认为，人情是追求更多的欲望，而不是相反，古来的圣王一直以来也都是用财富行赏，用刑杀和罚没财产作为惩罚。荀子甚至很具体地认为，最上等的贤人应该以天下作为其俸禄，次一等的贤人应该以一国作为其俸禄，再下一等的贤人也要以土地和封邑作为其俸禄，而那些奉公守法的普通人则至少要保证温饱。

但是，现实生活中并不是所有的人都能实现上述愿望，甚至有些愿望只有个别人才能实现。那么，在这种情况下，就存在着必须根据某种规则去获得上述利益、实现上述愿望的问题，也就是对"人情"加以节制的问题。

人性有欲，"顺是"成恶

世称荀子主张"性恶论"，即认为人性为恶，其最经典的表述是："人之性恶，其善者伪也。"人的本性是恶的，人的善良表现是人为改造的结果。"伪"是"亻（人）"和"为"的组合，荀子从会意的角度解释这个字，认为是"人为"的意思，传统的解释是"矫"，即矫正的意思。

人性问题是一个现实问题，人性的恶或善或其他关于人性本质的定义，是来自于人的现实表现，而不是来自概念或理论推导。荀子从对现实生活的观察出发，指出人生来就好利、有嫉恶、有耳目之欲，这些都不是学来的，也不是受自然和社会环境的影响而生发的，因此才能说是人的本性，本有之性。

荀子对人性内涵的定义是相当复杂的。

首先，荀子列举的三项人性内涵并不完全是生物之性或动物之性，他所说"生而"如何如何，也并不是指人一出生就具有的本能性的习性。所有生物都有生存本能，生下来之后都要吃食，都要保护生命，都喜欢适合自己的环境。但是，根据荀子以上描述，人不仅要吃要住，要维持生命存在，还有"好利"，喜欢拥有物质利益，甚至拥有超过日常需要的利益、财富，即贪婪、贪财。人不仅要保护生命存在，还要"嫉恶"，对于厌恶的东西也要施以打击。人不仅喜欢适合自己的环境，还要"有欲"，要去享受，甚至享受成瘾。不用说，人的这些更进一步的要求，是生物或动物所没有的，或者至少是没有全部具有的，而对于人来说，这些要求看上去又是自然而然形成的，并不需要刻意学习。由此看来，人的本性应该是不同于其他生物的本性的。

其次，人性之恶的内涵还不仅仅表现在上述生来就有的欲求中，而且必须有"顺是"的过程才能最后完整形成其"恶"的本性。所谓"顺是"，就是顺着上述生来就有的欲求，不加以任何节制或矫正，任其不断发展，甚至无以复加。具体说来，如果对"好利"不加约束，由于社会财富有限，就必然产生人与人之间的争夺，直到使辞让的表现消亡；如果对"嫉恶"不加约束，人们就会残害他人，直到使忠信的表现消亡；如果对"有欲"不加约束，人们就会滋生淫乱，直到礼义文理的表现消亡。总之，如果顺从人性的要求和人情的表现，必然导致无休止的争夺，直到"犯分乱理"，归于暴力。所谓"犯分乱理"，就是不顾及人的社会职分，不在意礼义大理，使人类生活在无限暴力之中。

荀子关于人性为恶的结论是由两部分组成，一是人性，二是人性向恶。人性由"好利、嫉恶、有欲"三者组成，确切地讲，在这个阶段，人性尚未成恶，至少不是全部的恶，不是恶的整体，类似于孟子"性善论"中的"四端"

孟子画像

之"端"，可以说是性恶之"端"，也就是苗头、开始、起始、生长点的意思。由此可见，荀子的以"性恶论"挑战孟子的"性善论"，是在深入研究"性善论"的基础上进行的，并且有可能是受到了孟子"性善论"思维逻辑的影响。

由"性恶"之"端"而"顺是"发展，就最终形成标准的恶的表现，即"争夺、残贼、淫乱"。

这样看来，人并不是生下来就是作恶之人，而不过具有作恶的基质而已，类似于有些思想家认为的，这样的基质也许只是人的生命力或生命能量的必要组成部分。人性中的恶的苗头或倾向，近似于人的自私自利之念。任何个体的生物都有这种与生俱来的自我生长、自我保护的意识、冲动或本能，所不同的是，人在这方面表现得更为强烈、更有目的性。因此，人的这种"恶之端"之所以会出现"顺是"的情形，也同样是人的本性的自然发展，也就是说，并不需要什么样的引导和要求，"恶之端"会自然而然地"顺是"而为，发展出真正的恶行。

对于这种天然基质及其自然发展，荀子并没有表现出厌恶、排斥，因为他所真正不能接受的是"顺是"之后的结果。所以，荀子"性恶论"的真正价值并不是因为人生来具有作恶的基质和倾向而厌弃人类，而是如何防止和制止"顺是"的情形出现，进而实现对人性趋向的矫正或改造。

荀子画像

在荀子那里，人性为恶已成定论，那么，人情又是如何的呢？

荀子设想了尧帝与舜帝之间的一场对话，因为这是上古传说中前后相接的两位帝王，所以才有对话的可能。尧帝问舜帝："你认为人情究竟如何？"顺着荀子的思路，这里的"如何"之问，应该是就人情的本质，即人情是善还是恶而发出的。舜帝回答："人情是非常不美的，这是不用问就能明白的事情。"此所谓"不美"就是恶。那么，人情之恶表现在什么地方呢？现实中的人们，有了妻子和孩子之后就减少了对于双亲的孝敬，欲望得到满足就减轻了对于朋友的诚信，官做得足够大了就减损了对于君主的忠心。对于人情淡薄的如此描述，当然不会让人们对人情的本质抱有信心，更不会认为人情是善。

节制欲求，矫正人性

荀子从来都是本质上的乐观主义者。尽管人情有上述

"不美"表现，荀子还是认为贤者的表现始终与此相反。这是因为，贤者能够约束和节制人性和人情。

在人的所有欲求中，最大的莫过于生命和长寿，最厌恶的莫过于死亡。但是，那些放弃生命去赴死的人，并不是他们不想活着，而是不可以生、只可以死。对他们来讲，死去是正当的，活着是不正当的。对某些东西有着强烈欲求，但却没有去行动，那是心志加以阻止了。人的欲求如果是合理的，再多也不会妨害社会治理。如果是不合理的欲求，再少，也会造成社会混乱。社会是治是乱，并不在于人们有没有欲求，而是这种欲求是不是合理。

在对欲求的认识态度上，荀子从人性和人情的实际出发，上升到社会治乱的认识高度，反映出一位有良知的思想家的道德自觉。

在荀子看来，社会实现大治是所有人的愿望，为此，就必须对个人欲望有所节制，而事实上人的欲求也是可以节制和能够节制的。

人性是天然造就的，人情是人性的本质表现，而欲求则是对人情的回答或呼应。

即使设置种种限制，人的欲求也不可能彻底去除，因为欲求是人性之中的东西，是人就会有欲求，即使是天子，已经拥有天下，还是有着不可穷尽的欲求。

虽然人的欲求是不可能完全实现的，但却可以无限接近；虽然人的欲求是不可能彻底消除的，但有头脑的人却可以节制。无限接近也好，有所节制也罢，依据的是什么呢？荀子认为是大道。大道是调节欲求的最好标准和手段。

人的所有行动都是要有权衡的，都是要有准则的，而大道则是古往今来最正确、最准确的权衡标准。离开大道而随心所欲地选择，结果是祸是福，就很难说了。

总的来说，人有欲求是正当的，而节制人的欲求也是必需的。节制欲求的最佳途径和方法就是遵从大道。在荀子这里，大道就是以儒家思想为核心的思想学说。

为什么要节制欲求，目的之一是人心不为外物所役使，进而让人心役使外物。实现人心役使外物，就是要获得人的解放。人心要有一贯主张，既不为外物的现象所蒙蔽，更不要让物质利益牵着鼻子走。

荀子的视角是，透过复杂现象，把握事物本质。一个正常的人，如果是在思想上轻视理义而却看重外在事物，或者是只看重外在事物而不反观内心、行为已经远离理义而没有感觉到外物带来的危险、外物已经带来危险却还不感觉惊恐，在正常情况下是不能接受的。不接受这四种情况，是荀子认为的正常的行为方式和标准。

很显然，人性和人情都是不可以放任自流的。着眼于人性和人情被放纵的恶果，它们不仅需要被节制，还需要被矫正。

荀子的人性论，是要在证明人性为恶的同时，还要去矫正人性、改造人性，最终建成一个仁道盛行的社会。

矫正人性的途径是师法之化、礼义之导，也就是以教育、教化和引导的方式，用圣人之礼法、儒家的礼义，约束人性之欲，不让生来就有的人性之欲毫无节制地顺着自然欲求往前走。只有按照这样的道路前行，才能回归圣王治下的仁政社会。

人之性恶，要通过外在手段，使人的行为端正而善良。犹如对于天生弯曲的木头和钝铁，要想使弯曲的木头变直，使钝铁有刃，就必须施加外力，用相应的工具把木头矫正，通过磨砺的手段使钝铁有刃。对于人性之恶来说，这些外在手段就是师法、礼义。君子与小人的区别，从人性角度看去，就在于能否"化性起伪"，变化人的本性，兴起人为的从善之道。能够化于师法，能够积累修养之功，能够遵循礼义，就是君子；放纵人性和人情，安心于无法无度，违背礼义要求，就是小人。

人性如何，是人自身无能为力的，但是，人性又是可以被启发，可以被改造的。人之情，也不是人自身有意造作的，但却是可以改变的。在日常行为中，在社会习俗影响下，人性会慢慢发生变化。人集中精力去学习，不三心二意，就会不断积累，改变人之情。习俗可以改变人的意志、思想，久居某种环境中，也可以改变人的本质。重要的是，专心于学习，就能与神明相通达，与天地相齐一。

不用说，人情也好，人的喜怒哀乐也罢，必然不能全部释放，即使部分释放，也必然不能全部得到满足，这时候就需要考虑，考虑哪些人情是合理的、适宜的，哪些是能够得到满足的。这个选择过程，荀子称之为"虑"，即思虑，这个思虑之中，就包含有节制的成分。

在做了必要的思虑或节制之后，人情就要付诸实施，把喜怒哀乐表现出来，落实在行动中，这样的结果，荀子称之为"伪"，即"人为"，人的实际行动。荀子的解释是，思虑不断积聚，直至自己认为合理、适宜，然后付诸行动，最后得以完成，这就是"伪"。

人性相当于是原始质朴的材料，而人为则是对质朴材料的加工装饰。如果没有人性，人为的行动便没有了对象；如果没有人为的做法，人性就不能表现出善良和美好。这并不是说人性需要美好，而是说，人为使人性变得美好。荀子说，人性与人为相结合，才能成就圣人之名，才能完成天下最伟大的功绩。正是因为圣人的努力，人性与人为才能实现完美结合。

荀子思想的伟大之处，在于他既能够深刻认识现实，又能够顺势而利用现实，最终达到为现实有效服务的目的。在人性问题上，尽管荀子力主人性为恶，但是，利用人性之恶、改造人性之恶，正是人类进步的必经之途。荀子所说的人性之恶，并不是说人类因此就陷入无底深渊。相反，正是因为人类顺着恶前行时遭遇到了种种困难，甚至有可能濒于灭亡，才使人类真正认识到善的重要，并因此而弃恶从善。

圣人制礼，化导美善

荀子主张人性为恶，就是说每个人都是带着生来就有的恶的性情来到人世间。所以，荀子性恶论遭受到的最大质疑，就是人世间善的来源和善的产生的问题。对此问题，荀子并不是没有充分自觉。他以疑问者的口气设问：如果说人性为恶，那么，礼义廉耻等美德又是从何而来的呢？

（1）势在必行的圣人制礼

在荀子看来，美德或善良的产生有两个原因，一是有圣人创制，二是恶极而生善。前者是人的原因，后者是理的原因。

关于圣人创制礼义，荀子认为，礼义美德产生于圣人的人为之功，而不是产生于人性之中，不是人性中固有的事物。圣人经过不断的理性思考和道德实践，创制了礼义道德和行为法度。

人性或人的自然赋有的特性是，眼睛喜欢观看外表美好的事物，耳朵喜欢欣赏好听的音乐，口中喜欢咀嚼美食，内心喜欢得利，身体喜欢安逸享乐。这些特性，是人与事物相遇时的自然表现，不必通过学习，也不用别人指点，是自然生发的。荀子所说的"伪"，是人为的表现，是指那些不是自然生成，而是需要学习和实践才能生成的表现。人性和人为是截然不同的，前者是自然生成的，后者是经过学习得到的。

这样一来，圣人的职责或使命就是所谓的"化性起伪"，即化改人的天然之恶，兴起后天的人为之善。所谓人为之善，就是制作礼义法度，对人性之恶加以约束和改化。很显然，圣人确实与普通人具有共同的人性，但圣人与普通人不同的却是能够起"伪"，去创制礼义法度，去约束人性。

荀子举例说，喜欢得利是人的本性。假如有这么一个人，他有足够多的财产，并且能够分出来给别人。如果完全依据人的本性来分配，因为人人都有好利之心，即使兄弟之间也会出现肆意抢夺的情况。但是，如果依据圣人制作的礼义法度进行分配，那么，即使是素不相识的人们之间也会出现礼让。

所谓学理方面的原因，荀子认为，正是因为人性本恶，人们才会去追求善良或美善。从常识角度来看，人们都愿意获得自己本来没有的东西，比如少浅的时候希望厚实，丑恶的时候希望美好，狭窄的时候希望广大，贫穷的时候希望富有，卑贱的时候希望高贵。总之，对于自己没有拥有的东西，必定会努力去得到。反过来说，如果足够富有，就不会老想着发财；如果已经很高贵了，就不会老想着扩大势力。也就是说，已经拥有的东西，就不会急于再获得了。

根据以上分析，当人性中的恶已经足够的时候，人们就必然去求取善。因为人性中一直缺乏礼义，人们即使必须通过艰苦的学习，也一定要获得礼义。

荀子认为，在他的时代，人们没有可以学习和效法的大道，思想偏邪，不走正道，人们也没有礼义可讲，行为悖乱，无法治理。这种情形，在古代也曾有过。那时，有圣王出现，他们认为人性为恶，人们思想偏邪、行为悖乱。为了改变这种状况，使社会得到治理，圣王就制定了礼法和法度，目的是矫正和修饰人性和人情，使其走上正道。人性和人情是自然发生的，圣王矫正的手段就主要是引导，并不是堵塞和消灭。最终目的是使社会得以治理，使人们的思想和行为合于大道的要求。

人性既然是相同的，为什么人与人之间还会出现明显的甚至非常巨大的差别呢？比如君子与小人，历来被认为是处在做人的两个极端上。对于这样的明显差异，从荀子人性论的角度看去，应该做怎样的理解和解释呢？

荀子明确承认，要论组成人的身体材质、人性、人的感知能力、人的基本生存能力，君子与小人是完全一样的，君子和小人都有同样的生理结构，都有本恶的人性，都有感知外界的能力，都有生存的基本能力，如言语和行动的能力。从社会生活角度来看，君子和小人都喜欢荣耀、厌恶耻辱，都喜欢利益、厌恶祸害。那么，为什么这两类人之间还能区别开来呢？

君子与小人在先天材质、天然本能、基本欲望上都是一样的，而把这二者区别开来的，是如何运用和使用这些天生的本性和能力，以及如何实现那些共同欲望的途径。荀子不无同情地说，小人也是打心眼儿里想拥有与君子一样的先天才性，事实上，小人本来就有与君子一样的先天才性，只不过他们没有认识到而已。因为君子言行得当，所以成为君子；小人言行失当，所以成为小人。小人不能反躬自问，不去自我检讨，反而把与君子的差距完全归之于先天原因，这就大错特错了。如果仔细观察和了解小人的先天才性，完全可以和君子一样地做人做事，甚至在很多方面还胜过君子。小人与君子的差距，并不是先天才性决定的，而是后天言行限制了他们，使他们与君子截然有别了。

人情的本质是什么呢？或者说人的最真实的欲望是什么呢？在荀子看来，就是想吃好的、穿好的，就是想有车有马之后，还想有财富的积蓄，并且是永不知足。但是，现实中确实有这样的人，他们蓄养了所有家禽，却还不舍得喝酒吃肉；家里有余财余粮，也不敢穿得太好；更有甚者，即使有了大量财富，也不敢有车有马。这是为什么？并不是他们没有人的欲望，而是因为有长远考虑，就怕以后出现接济不上的那一天，这才节约用度，不断蓄积。这样有长远考虑的人，难道不是很善良的人吗？与这种人相比，那些无所顾忌，只知道挥霍无度，甚至不免因此而冻饿至死的人，就是真正的苟且偷生、没有头脑的人啦！

这就是说，尽管人有欲望是正常的，人情自私是正常的，但正常的并不见得就是合理的。正常是说人的欲望是自然而然，是发自人的本性，而合理则是人们对欲望要加以适当的调节和节制。前者是自然的人，后者是社会的人。那么，这种社会的人又是从哪里来的呢？

荀子用很多笔墨描绘这种社会人的所作所为，即他们的作用与他们对社会的奉献。荀子说，为了肉体生存，还有人作长远考虑，那么，为了精神长存，为了体现人的真正的生存价值，所谓先王之道、仁义之理，具体说来就是儒家经典所表现的思想，就更应该值得人们珍视了。仁义之理是对天下、对万民的最长远考虑，更为重要的是，只有"慎熟修为"的君子，才能提出仁义之理。这就是说，只有那种道德修养到家的君子，才能够提出先王之道、仁义之理。

上升到社会层次，做天子，拥有天下，同样是人们自然而然的欲求，但实际情况是，不可能人人都做天子。在这种情况下，为了避免不必要纷争，为了社会安定，先王就制定礼制，力求做到合理区分贵贱、长幼、智愚、能与不能，让人人都能做他们应该做的事情，得到他们应该得到的报偿，荀子把这样的原则称为"群居和一"之道，即社会和谐之道。换个角度，荀子又说，当仁人在上为君的时候，农夫尽力把田地耕种好，商人赚取更多财富，百工完全发挥才技，官员则以"仁厚智能"为准则尽职尽责，这样的社会才是"至平"社会，即最公平的社会。到了这个时候，即使有人把全天下都当作俸禄，人们也不会觉得他们得到的太多；即使有人以最低贱的工作为生，人们也不会觉得他们得到的太少，因为这都是根据公平原则形成的结果。

荀子对此的最后总结，是引用了当时人们常说的一句话："儳（chán）而齐，枉而顺，不同而一。"意思是，参差不齐才是真正的整齐，弯弯曲曲才是真正的顺达，不完全相同才是真正的一致。这种充满辩证思维的观点，荀子认为才是真正的"人伦"，即人群应该有等级、类别和区分。极端的平均主义是有害的，也是不现实的。只有根据实际情况，根据合理的原则把人们区分开来，才是一个健康社会应该有的状况。

这就说明，即使从社会的角度去看，尽管个人欲望是相同的，是自然而然的，但社会现实却并不能满足所有人的没有穷尽的欲望，所以必须对人的欲望加以节制和调整，而这样的责任就落在先代圣王和圣人的肩上。

人之所以能够成为人，主要是因为人有理性，即荀子所说的"辨"，辨别事物轻重，辨别事理是非。人的理性主要体现在两个方面，一是与动物相比，二是人性相较。人与动物都是有生命的生物，但人与动物，特别是某些动物比如猩猩的区分，并不只是因为人以两足直立行走，以及人的身体上没有那么多的毛发，而是因为人有理性。动物中的禽兽也存在父子关系，但却没有父子之亲情；也有雌雄之别，但却没有男女之间的礼仪之分。人具有的理性，使人脱离开了人性中的先天的生物本能。另一方面，人的生物性中还有一些与生俱来的欲求，比如饥饿的时候需要吃食，寒冷的时候需要温暖，劳累的时候需要休息，以及趋利避害等等，这些人人都有，人人相同，即便是大禹和夏桀这样的圣王与暴君之间也没有区分。但是，理性的人并不会无节制地不讲时间地点条件地去追求这些欲求，他们会做出区分，会制定礼制，会听从圣王教诲。这就是说，趋利避害是人性本有的东西，也是任何人生来具有的，但是，这并不是人之所以为人的内容。人之所以为人，是要既承认和保留这些东西，又能够超越这些东西。

人性和人情会使人趋向于恶，特别是"顺是"而行、不加节制的时候。但是，人又是有理性的，而其他生物，包括看上去与人最接近的动物都是没有理性的。一般来说，人的理性会使人认识到，如果不对人性和人情加以节制，就会出现个人之恶行、社会之恶行，但是，或许是由于生活环境或生长环境的不同，有人会产生这种认识，有人则不会产生这种认识，或者只能产生一些相关的模糊认识。再进一步说，有了这种认识还不够，还必须有所行动，才能矫正人性、修饰人情。由此看来，圣人是有这种认识、并能付诸行动的人，而圣人以下的人，则在不同程度上有所认识，有所行动，到了最低层，则是既没有认识，又不会行动的人。最低层的人是人类社会的恶之源，圣王和圣人则是人类社会的善之源。

（2）为什么必是圣人制礼

荀子的性恶之说可谓不同凡响，但同时也招来了各方面的质疑。事实上，如果主张人性为善，也会遇到同样的困局。既然人性是一样的，为什么现实生活中的人及其表现又会是那样的截然有别。荀子的解释是，是他们后天的所作所为完全不同。那么，问题又来了，为什么同样是人，他们却会有着不同的后天作为呢？

因为后天行为和环境的不同，有人成了尧帝、舜帝，有人变成夏桀和盗跖，有人做了工匠，有人做了农民或商人。做了尧帝、舜帝就会享受安荣，变成夏桀、盗跖就处于危辱之中；做了尧帝、舜帝就会快乐而闲逸，做了工匠、农民和商人就会经常处在劳累和烦恼之中。既然如此，却有大多数人做了尧、舜以外的人，而只有极少数人做了尧、舜一样的人，这是为什么呢？

荀子的答案是："陋也。"

那么，荀子说的"陋"是什么意思呢？

荀子首先肯定，尧、舜并不是生来就是那样的君子，而是有过复杂而困苦的人生经历，不断增强道德修养，才有最后的成就。

要想成就君子，非"得势"不可，即生存在有利的环境中。这种"势"一定是那种能够磨炼人生的历程。如果人的一生无忧无虑、吃喝不愁，又遇不到合适的老师，怎么能够知晓礼义辞让之类的道德修养呢？到头来也只能把心思都用在口腹之欲上，做个普通人而已。

由此看来，人性如果不加约束和修养，就会自然而然地走向小人，即使未必是那种为害他人、为害天下的小人，也会是无所作为的普通人。要避免走向这种结局，就只能寄希望于成长环境的作用了。从个人的角度来看，一定要有历练人的环境和经历，一定要遇到合格的老师，让人学习到圣人的礼义，才有机会成长为君子。这样一来，人要想成为君子，至少从逻辑上讲，只能求之于环境的作用。

总之，个人的成长就是偶然因素作用的结果。人处在幼小的成长阶段时，无论是智力还是能力，都不可能选择适当而必要的环境，更谈不上改变环境。个体的人是在人伦环境中成长的，具体的家庭和社会环境，特别是家庭，可以为个体生命做出选择，这看上去似乎是说个体生命的成长并非偶然，而是还有很大程度的必然性，但是，就成长者本人来说，越是在幼小的时候，越是缺乏自主选择，成长方向的偶然性也就越大。荀子并没有进行这样详细的区分，而是统论人的成长受制于外在环境，这就会让人觉得，成为君子或小人，完全是偶然因素造成的。

荀子进一步的解释是，如果有这么一个人，一直吃着粗茶淡饭，就会以为这些就是最好的了。突然有一天看到了美食大餐，第一反应会说："这是什么奇怪的东西！"等他吃了之后才意识到，原来还有更好的食物。如果让他再做选择，肯定是要吃美食大餐了。先王的仁义之道与暴君的行径何止是美食大餐与粗茶淡饭之间的区别，而人们却纷纷远离仁义，这究竟是为什么呢？答案还是："陋也。"那么，这个天下共有之祸患，人间之最大灾害的"陋"究竟是什么呢？

仁者关怀天下，有使命感，喜欢把有益的东西告诉别人，喜欢给人讲述做人的道理，指示人生的正确途径。此后，还要不断重复，教导人们去遵循。一句话，仁者追求的是，让蔽塞者通顺，让狭隘者宽容，让愚钝者智慧。与此相反，荀子所说的"陋"，就是思想狭隘、缺乏见识的意思。在荀子看来，当人面临尧、舜之道和桀、跖之道的选择时，思想意识或认识水平的不同发挥了决定性作用。

荀子进一步的解释是，只有仁者的告示才可以让人去

"陋"，除去狭隘思想，以宽容待人，然后才能接受仁人之道，化解人性之恶，成就君子业绩。在圣王时代，天下就能得到大治，在暴君时代，天下就会大乱。这就是说，要改变人性之恶，还得求助于环境，甚至唯一的决定因素就是外在环境。这与孔子所说的"性相近，习相远"是一脉相承的。不过，关于人性问题，孔子并没有更深入的说解，其原因很可能就是同样遇到了瓶颈问题，即：既然社会环境，即孔子所说的"习"使人不同，或者用荀子的说法，环境可以改变人性之恶，那么，那种好的环境，那种仁人之道、圣王之世，又是如何出现的呢？以及如何降临到某个人头上的呢？或者说为什么降临到某甲的头上，而没有降临某乙的头上呢？这是真正的难题，古往今来还没有哪位思想家能够让人信服地解决这个难题。

要回答好这个问题，如果过多地偏向于人的主观性，则只能是哲学家们予以主观认定，而无法一步一步地加以求证，其说服力就要大打折扣。如果偏向于客观性，则圣人的出现更多地只能求诸偶然，这同样会影响人性观的说服力。无论是主张性善，还是性恶，以及其他游移在善与恶之间的人性观，最后都得走到这个瓶颈处。那么，是否能够找到一个不偏不倚的答案呢？也许只能说，哲学家们还一直在努力着。

天人之分，人有群分

中国古代所谓天人关系，荀子称之为"天人之分"，并不完全等同于现代所说的人与自然的关系。古人心目中的"天"，既包括大自然，也包括人之外的万事万物，以及人们所感受到的外界的一切力量，特别是那些相对神秘的力量。古人心目中的"人"，既指人的身体或肉体，也指人的思想，特别是人的主观愿意和近似直觉的感受。

古代中国天人关系的基础，是人的生存状况与大自然的关系，这是人类在每一时刻、每一时代、每一地域、每一场合都会遇到的问题。只是由于越往古代、越往上古，人类越是更容易也更强烈地感受到自然对人的影响而已。

中国古代哲人很早就开始思考"天人之分"，只是不同的哲人，思考的程度不同、角度不同，结论也有所不同。到了荀子时代，由于现实的政治和社会因素对人的影响越来越深入，人们对天人关系的思考就变得越来越理性了。在荀子思想中，这样的思考达到了一种前所未有的成熟性和系统性，具有划时代意义。

对于人类来讲，无非就是外界与自身两大部分。所以，对于人自身发展的思考和探究，也是荀子天人观的必要组成部分，当然更是荀子思想体系的有机组成部分。

天行有常，天人有分

根据亲身经历，加上哲学思考，荀子清醒地认识到，所谓天道并不直接与人们的生存和发展状况相关联，大自然有其清晰的与人事活动无关的规律或轨迹。同样，无论人们的日常生活，还是国家和社会的存亡，也都有自身规律，长远来看也不与外物相衔接。至少在荀子的时代，人事活动并不能够影响自然现象。所以，那些不检讨自身，一味地把不幸遭遇归咎于上天的人们，就成为荀子批判的对象。

（1）天行有常

大自然的基本规律是什么呢？荀子有一句话最著名，"天行有常，不为尧存，不为桀亡"。上天运行有自己的规律，这些规律不会因为唐尧的英明而存在，也不会因为夏桀的暴虐而不存在。至于人们通常所说的吉凶祸福都是天定的，人力无能为力，荀子对此并不赞成。他认为，人们如果付出足够的正确努力，就能得到吉福；如果胡乱作为，就只能遭受凶祸。

一个国家，如果不断加强农业这个根本，并且节俭日用，大自然就不会吝啬，就不会让人们陷于贫困；进行必要的精神和物资储备，在适当的时节举行各种社会活动，上天就不会让人们遇到麻烦；遵循大自然规律，不胡作非为，人们就不会遭遇祸患。从长远来看，水旱之灾并不能使人陷于饥饿，天气冷热并不能让人患染疾病，那些千奇百怪的事情也不能让人遭遇凶险。

与此相反，如果荒废农业、日用奢侈，上天也无法让人富有；不做储备、行动不合理，上天也无法保全任何人；背离规律、妄乱行事，上天就不能让人们获得吉祥。这样一来，甚至在没有水旱之灾的正常年份也会遭遇饥饿，天气并没有冷暖变化也会染病，没有那么奇怪的突发事情也会面对凶险。

这充分说明，人们如果能够遵循规律、勤勉做事，就会一切顺利，否则就会遭遇祸殃。人类和社会的一切遭遇，长远来看，并没有理由埋怨上天，而是客观规律在起作用。

以上观点，是荀子论说天人关系的总纲，他称之为"天人之分"，即天与人的分界所在，什么是天能起作用的地方，什么是人发挥作用的地方。总之，天有天的运行方式，人有人的生存方式。即使天道会影响到人道，那也不是天道有意作为，更不是上天的刻意安排。在这样的前提下，人只要认识天道，遵循天道行事，就会获得理想的正常生活。人间的事务，政治的得失，不应该去寻找上天的原因或借口，而应该从人自身找问题。

日月星辰的运行，庄稼在四季的生长和收获，人们与土地的关系，在大禹时代和夏桀时代完全一样，一样地表现和发生作用，但人世间在大禹时代是大治之世，在夏桀时代是大乱之世。这就说明，上天和天道并不能直接决定人世治乱，人世治乱就在于人本身、社会本身。

流星坠落、树木发出声响，人们看到、听到之后会感到害怕，实际上这并没有什么。那都是自然现象，只是人们不常见到而已。限于当时知识和科技的发展程度，对于此类反常现象，荀子虽然不能给出具体解释，但他从天道的角度加以理解，认为对于此类事情感到奇怪是正常的，可如果因此而感到害怕就不对了。从常理来看，日食月食、风雨不调、怪星偶现，这是什么时代都曾有、都会有的事情。在君主英明、政治平和的时代，这些事情再多也不会影响社会和人们的生活。在君主昏暗、政治险恶的时代，即使这样的事情无一出现，也无助于改变人们的困苦处境。荀子的这种推理方式是很有说服力的。即使在科技发达的现代社会，还有许多人们无法解释的自然现象，对此，根据常理或常识就能够理解，完全没有必要做出片面的神秘解释。

根据荀子的天人之论，在人们能够看到的事物中，自然之中的怪事怪物并不可怕，而最可怕是"人妖"，即人制作的妖孽之事。

荀子把"人妖"归为三类。

第一类是经济方面，如不重视农业生产，粮价飞涨，人民饿死于道路。

第二类是政治方面，如法令不明确，政策不合时宜，官员不安于本职。

第三类是社会方面，如社会不崇尚礼义，家内家外没有区别，男女淫乱无度，父子之间没有信任，上级与下级相互乖离，致使外寇入侵等灾祸一并来到。

如果因为人力达不到，致使发生像牛马相生、六畜作妖之类的不常见之事，这确实让人感觉奇怪，但并不值得害怕。万物之中发生的怪事，传统经书根本不去提及，那是因为，没有实际用途的辩论，不影响正常生活的所谓明察，在正常情况下是没有必要去理会的。但是，君臣有义、父子有亲、夫妇有别等这些关乎国家大治、社会安定的人伦根本，却是需要时时关注、日日不能舍弃的。

荀子以上所述，是对于自然现象，特别是可怪之事物的总的态度，但着眼于现实，作为理性主义大师的荀子，也有许多合乎情理的思考。对于那些无法解释的自然现象，荀子在整体上否定其与人间事务有直接关联的同时，也承认它们会对人们的思想有一定程度的冲击。对于这种思想冲击，不能简单地加以否定，更不能完全禁止，而是要进行引导，并尽可能地发挥它们的积极作用。

比如说雩祭之礼，有着悠久的历史，是著名的祈雨仪式。有人问荀子：雩祭之后就下了雨，这是为什么？荀子不乏机智地回答：这没有什么，好比是不举行雩祭也会下雨一样。事实上，并不是每一次雩祭都能祈来雨水，而是人们容易忘掉祈后未雨的情形，却容易记住祈后下雨的时候。雩祭与下不下雨并没有必然联系，并不存在因果关系。就如同发生了日食和月食之后人们总要想方设法补救一样，有了大事会用卜筮做决定一样，其实并不是认为从中能得到什么，而只是一种文饰的手段。文饰什么呢？日月食之后的补救措施，是想让人们从惊恐中尽快恢复过来，并不是想证明日月食真的影响到具体事情；用卜筮决疑，对外只是想动员人们赞成此事，对内是想让自己有个心理安慰，其实，应该如何做事，人们心里是有数的。

对于这类做法，君子明白那只是起到文饰作用，而老百姓则会认为是神灵在起作用。真正的吉凶并不在于神灵如何发挥作用，而是如何对待神灵。君子明理，知道所谓神灵只是神道设教，国家举行各种祭祀活动，目的只是要团结民众、鼓舞士气，一句话，那是一种宣传和教育手段，并不是认为真的有神灵在事情的背后发挥作用。在远古时代，统治者或许故意不让民众知道实情，但随着社会文明进步，应该让越来越多的人明白这个"文饰"的本质。作为思想家，荀子认为他就有这样的责任。

（2）天有其时

所谓"天行有常"，从大自然自身的表现来看，荀子又称之为"天职"，就是上天的职分。

什么是"天职"呢？荀子的描述是，不用人去做就能完成的事情，没有人的要求就能得到东西。这显然是指上天直接作用的结果，即自然现象和自然规律。比如四季更替、昼夜变化，比如风雨雷电、山川万物。所以，"天职"就是与人无关的、自然产生的一切现象，包括外在事物。自然现象不管多么宏大、复杂和精深，都是人无法干预和改变的，这种不干预和不改变，就是不与天争职，不要妄图去做上天应该做的事情。

从当时人们的习惯思维来说，在天、地、人三者的关系中，上天有四季等自然现象，大地存在着各种事物，包括能被人利用的资源，而人所拥有的，就是付出应有的努力。这三者配合得当，人类社会就能获得正常的生存和发展。放弃这样的配合，甚至妄图把自己的意愿强加给天地，那就太愚蠢了。

天的运行既然有其常规，并且与人和人事有职分之别，那么，人类要想在天底下生存和发展，就需要"知天"，了解天到底是怎么回事。为此，荀子详细解释说，斗转星移，太阳和月亮轮流出现，四季更迭，寒来暑往，风雨雷电，这些自然现象按理说都有规律，只是人们对这类规律并不完全明白，而只能看到结果。对于这样的结果，荀子称之为"神"，义取神秘莫测，当时的人常用来形容那种难以解释但却能够感觉和观察到的神秘而强大的力量。荀子主张，作为人类，完全接受这种现象的存在即可，没有必要去穷究其为什么。这种态度，与当时自然科学的发展水平有关，即那时的自然科学既无法探究这类为什么，同时，在人们的普通感觉中，自然科学在当时的发展水平也难以有效影响人们的生活。所以，与其花大力气研究那些"无用"的事情，不如更多地关注人类社会的现实问题。

（3）制天而用

在荀子那里，知天的目的在于用天。不过，荀子所说的知天，与现代科学意义上的了解和利用大自然明显不同。荀子的知天，在于了解自然事物和自然现象的现状，并承认这种现状是人不可以改变的，也是不必要改变的。荀子所谓用天，就是适应自然事物和自然现象的本来状态，从而相应地做出人的选择，制定人的做法，让人的做法最大可能地利用自然的本有状态，从而收到理想效果。荀子的这种态度，主要是与他那个时代对自然的认知水平和理解水平有关，甚至可以说是由农耕社会的根本性质所决定的。

荀子首先公布他的哲学理念。他认为，真正的大巧之人在于有所不为，真正的大智之人在于有所不虑。这是一种高超的辩证思维，无论是巧还是智，都是相对而言，绝对的巧和智是不存在的。

着眼于现实，对于那些人力所不能左右的事物，头脑清醒的智巧之人不会去思考它们是为什么，更不去思考如何去改变它们，而只想着如何顺应和利用而已。对于天象，只要做到能够预见就可以了；对于地物，能够知道适宜于栽种什么就可以了；对于四季，遵循它们的规则就可以了；对于阴阳，跟上它们的节奏就可以了。当政者委派专人观察自然现象，而自己守护好人道就可以了。

与其成天思索着如何崇拜上天，不如积蓄万物，加以裁制和利用；与其赞颂上天，不如去想着如何利用自然规律；与其等待季节到来，不如提前做好准备；与其一味积累物资，不如利用自然的功用制造更多东西；与其思考如何得到东西，不如管理好已有的东西而不要失去；与其希望大自然生成某些东西，还不如认真对待已经生成的东西。所以说，如果撇开人的能力和努力，去思考上天如何如何，就等于是抛弃了万物本有的情状。换句话说，人只要动员好自己的力量，去充分利用上天已经生成的东西，利用人们已经掌握的规律，并去尽力做事，就已经够了。那种等待上天赐予一切，或者强求上天迎合人的愿望，都是不切实际的空想，注定一无所获。

荀子所说的"用天"，就是主张人要充分利用自然规律，充分利用大自然和外界已有的一切，既不必探究那么多为什么，更不要寻求改变自然之事。这在当时的农耕文明社会中是一种非常切合实际的主张，并且也主导了此后两千年中国农业文明的自然观念和社会观念。

人群有分，人类有等

人类是群体生物，是生活在由个体组成的社会中的特殊生物。在当今时代，人类个体生活在社会中似乎是自然而然的事情。但是，在人类之初，社会是如何产生的？维系社会的规则是如何出现的？在人类社会产生过程中发生的一切，对于生活在后来社会中的人还有什么样的影响？这些都是千百年来人们一直在思考的问题。特别是对于思想家来说，这更是一个绝大问题。

通常认为儒家思想是最入世的，最关注现实社会。在先秦儒家思想发展进程中，孔子、孟子和荀子，既是哲学家，也是中国历史上最早的社会学家。他们身处华夏文明的成长和繁荣时期，能够自觉地从社会发生发展的角度观察人类生存状况，并提出相关思想，是中华民族走向文化自觉的关键一步。他们最早认识到，人类的生存有赖于组成社会，人类社会的发展进步有赖于社会分工。如果说人类组成群体或社会多多少少还有一些自然选择的话，那么，社会分工的出现就是人类的自觉选择了。

（1）"人能群"：人类社会的形成

荀子认为，人类以群居的方式生存，进而组成社会，是符合人的本性的。他说，万物都存在于同一个空间，只是每个事物的外在形态有所不同。人也是如此，内在性质相同，外在形态有异。尽管人与人是有区别的，但从根本上讲却并不排斥，而是需要共同相处，结合成群体或社会而生存。由此看来，人类的群居生活是人生来具有的特性，不是后天形成的。

进而言之，同样是缘之于先天原因，人们不论是智者，还是愚者，在追求欲望方面是相同的，不同的是追求什么样的欲望。假如在情势相同的情况下，智力不同的人，追逐私利都可以成功，放纵欲望也都能实现，那么，人心就不会奋争。在这种情况下，智者就不能发挥其才能，也不能建立功业，不能与愚者区别开来。如果智者不能跟普通人相区别，社会就无法形成等级，君臣之道就无从谈起。

君臣之道是一种特殊的等级关系，其核心是"制"，即管制、克制、制约。君主不能管制臣下，上级不能管制下级，社会之中就没有了规矩和规则，各种弊害随之就会出现，各种人等也会纵欲无度。当然，如果社会的资源无限，能够满足人们的所有欲望，也就不会有冲突、争斗和弊害，但事实上却是，人们的欲望基本相同，并且主要集中在有限的一些方面，而现实中的利益根本无法满足所有人的要求，形成欲望不断增多、利益不断减少的局面，到了这个时候，为了满足欲望，人与人之间的争抢、争斗就在所难免了。有了冲突甚至争斗之时，却还没有规则，没有君臣之道，人类就不会踏上文明之途。

在荀子的社会思想中，"分"和"群"是两个关键概念。总体上讲，任何一个人类个体离开群体就无法生存。既然个体无法单独存活，就得群居而生。不过，群居并非杂凑，而是要讲究"分"。这个"分"的本义并不复杂，就是分别、分开之义。但是，在荀子的使用中，这个概念是比较复杂的。"分"与"份"可以通用。从群体来看，"分"是群体的规则和分层；从个体来看，"分"则是个人的地位和责任。所以荀子才说，群体没有规则，个人不明身份，就会产生无穷无尽的矛盾，发生争斗就在所难免了。人们不能不群居，群居则会产生争斗，这是人类面临的两大难题。荀子说，要解决这两个难题，就是在群体中辨明个人的身份和地位。

因为"分"是如此重要，荀子明确主张，国家应该制定法律，禁止人们"拾遗"，即把捡到的无主之物据为己有。制定如此法律的目的，是不让人们习惯于获得不应该得到的东西。在荀子看来，作如此的禁止，并不是全在于"拾遗"之物本身，而是关乎天下之治。坚持有"分义"，全天下也能治理好；抛弃"分义"，即使是在家庭中也会混乱不堪。所以，所谓人有其分的思想并不是无目的地限制人们做什么，而是要求人们应该去做什么。荀子在"分"

字之后再加上"义"字，就是强调人有其分是大义的要求。

在一个群体中，如果强者胁迫弱者，智者威吓愚者，在下的民众违背在上者的命令，年轻人欺凌老者，那么，老者和弱者就会有丧失生活资养的忧虑，壮年之人则会挑起纷争之祸。在这种情况下，人们都会厌恶和远离吃苦劳累的事情，都去追逐功利，就都会失去适当的社会地位。换句话说，就是人人都把做事视为祸患，都去争功取利，就会造成社会混乱。这也好比是，男女要想实现和合之好，形成正当的夫妻关系，就要依据嫁娶之礼来进行。如果不依照这样的礼仪，男女之合就会出现问题。或者说，视礼法为无物，只想争得美色，相关祸患就会出现了。

为了强调人类组成社会的重要性和必要性，荀子指出，在世间万千事物中，水和火之类的事物能活动、有气息，但没有生命；草木有生命，但没有知觉和意识；禽兽有知觉和意识，但没有理性，不能分辨是非对错。与所有这些事物不同，人既有气息，也有生命和知觉，并且还有理性，所以是天下最可宝贵的。

显然，人的最可宝贵之处，是他的理性判断能力。那么，这种人类所特有的理性判断能力宝贵在什么地方呢？即荀子所说的"义"的价值是什么呢？

同样的是生物，论力气，人不如牛；论奔跑，人不如马。可是，牛和马却被人驱使，这又是为什么呢？在荀子看来，就是人能够自觉地组成群体，牛马却做不到这一点，其他不及牛马的事物，如上述草木水火就更不用说了。荀子在这里所说的"群"，大致相当于现在所说的人类社会。也就是说，人的理性能够使人认识到集体的力量、社会的力量。

说到为什么只有人才能组成社会，荀子认为，这是因为人能够为自己定位，即"分"。那么，人类又是怎么想起为每个阶层、每个个体确定其社会地位呢？荀子认为是人能"义"。义者，宜也，即每一个处在特定地位的人应该做什么、不应该做什么。

总之，人之所以能够组成社会，并高贵于其他万事万物，可以从正反两个方面加以理解。

从正面来看，根据理性而区分合适的社会地位，人类社会就能和睦，和睦就能团结如一，团结如一则会产生源源不断的力量，最终使社会的合力增强，胜过其他事物，只有这样，人类社会才能得以生存和发展。而生存和发展的具体表现，就是生产生活合于四季等自然规律，万物都能够恰当地为人所用，天下之人都能够获得应当得到的利益。

从反面来看，首先，人如果不能结合成社会，就无法生存下去；即使组成了社会，如果没有恰当的社会地位和社会分工，相互之间就会纷争不断；一个纷争不断的社会，必定是一个混乱的社会；社会混乱的结果，就是人们相互之间离心离德；一个离心离德的社会，肯定是一个羸弱的社会；一个羸弱的社会，是谈不上胜过其他事物，谈不上万物为我所用的。因此，人类社会是一刻也不能离开礼义的，也就是不能离开根据理性所制定的社会规则的。

根据以上分析，不依照"分"行事，各种纷争和祸患就会蜂拥而至，人们想依据群居而生活就会成为泡影。荀子认为，为解决这个关乎人类生存的最重要的难题，拥有大智慧的人挺身而出，提出了"分"的观念，并让人们依据"分"来行事。

（2）"君子理天地"：君子制作礼义

人类的现实需要至少有两种情形，一种是基于生物本能的需求，一种是基于人类理性的需求。生物本能的需求自然生发，不需要特别的人或人群去制作，也不会轻易发生改变；人类的理性需求不会自然生发，而是需要有人制作或制定，更需要不断改进。

从哲学和逻辑上讲，用类别统摄杂乱，用整体统摄部分，这是荀子关于社会管理思想的哲学基础。反过来讲，没有部分，就不会有整体；没有各个方面最初的无限多的杂乱，也不会形成最终的分门别类。这正好比是开始和终结一样，事物总是要有起初和完结。但是，具体到社会发展，这样的生成和了结并不是一个个简单的、个别的事件，而是一个首尾相衔接的过程，既有始有终，又无始无终，荀子形象地把它称为"环"。认识到这个"环"的存在，是人类理性的显现，然而，这种理性能力以及由此理性能力而认识到社会需要管理的过程，却并不是每个人都能达到的。简单来说，只有君子之人才有这方面的能力，并能完成这项使命。

天地是生命的开始，礼义是治国的开始，君子则是礼义的开始。没有礼义就不可能治理好国家和社会，这是人们的共识。但是，礼义这种客观需要是如何产生的，则容易使人们陷于争议之中。在荀子看来，君子就是礼义的创制者。君子通过观察、学习、思考，在有了相当的积累之后，为社会制定了礼义规则。君子来自人类社会，又反过来去治理社会。在与人相关的事物中，君子就是统领。在人与人的社会关系上，君子就相当于民众的父母。

　　君子制定的礼义是什么呢？荀子坚持儒家基本主张，认为礼义的根本是人伦之德，即君臣关系、父子关系、兄弟关系和夫妇关系。此"四伦"是人类社会得以存续的基础，既是社会存在的必然，也是社会发展的必需。在"四伦"确定之后，人际关系的其他方面才能走上轨道，直到社会分工的定型化，即农、士、工、商的分层。值得注意的是，秦汉之后的中国社会以士、农、工、商的顺序描述社会阶层，而荀子的表达则是"农"在"士"之前，强调农业是基础，文化建设是在经济发展的基础上形成的，这在逻辑上讲是相当合乎理性的，说明荀子一开始就认识到了中国农业社会的本质所在。

　　为人类制定礼义的君子，荀子也称为先王和圣王，这是从历史发展的角度而提出的名号。在上古时代，特别是在人类之初，君子的道德修养和君子的政治权威是合而为一的。特别是圣王之"圣"，实质上是把王者的道德水准提高到了最高位置。但是，并不是每个拥有政治权威的王者都有权力和能力制定礼义，仅有政权威力的人并不一定是圣王。正是在此意义上，荀子才说，圣王的作为充满了人类社会，看上去很微小，但却明察秋毫；看上去很短促，实际上很长远；看上去很狭窄，实际上很广大。只有最博大的事物，看上去才会很简约。

那么，君子、圣人、圣王制定礼义的动机或原因是什么呢？在荀子看来，还是来源于现实需要和促动。

荀子反对后天的平均主义。平均主义听上去很有气势，很有号召力，但在现实中是难以实现的，特别在荀子时代，生产力不很发达，交通困难，社会公共资源相当有限，不可能毫无分别地平均满足全社会需求，更不可能平均满足所有个人的所有欲望。从哲学上讲，强求的表面整齐划一并不是真正的齐整，因为真正的齐整是一种动态平衡，而只有动态平衡才能产生力量、保持活力。长期来看，平均主义式的"大锅饭"并不能释放群体中应有的活力。一个社会，既不能都是由发号施令者组成，也不能都是由一线劳动者组成，二者的合理比例的组合，才是合理而有生机的。

如果所有人地位一样、要求一样，必然会因为部分人得不到自己的需求而产生争执。有争执就会有混乱，混乱无度则会让社会走上穷途末路。君子之人比普通人更早更深刻地认识到这样的结局，并对此忧心忡忡，这才去制定礼义，根据一定的规则将社会分层，让每个人都能合理归属于某个层级，形成有效的社会分工，达到安定社会、共同发展的目的。当然，这样的规则和划分，并不是随意的，也不是随机的。

荀子把社会的形成和社会规则的制定归功于君子，与他把制定规则约束人性之恶的功劳归之于圣人，是出于同样思路。在研究社会发展的进程中，荀子更看重个人，尤其是那些有特殊德行、特殊才能和特殊贡献的个人。这与荀子时代注重个人、关注个性解放的风尚相一致，也与荀子理性主义的思想品格相一致。

（3）"贵贱有等"：人群有等有级

传统儒家非常崇信人群中等级亲疏的区分，认为这是保持社会活力和人的上进心的必要保证。在孔子儒学之前，这样的等级已经存在，甚至可以说是自有人类社会以来就已出现，那么，儒家强调这一点又有什么特殊意义呢？意义就在于，这样的等级是先天的，还是后天的？是不可改变的，还是可以改变的？

在先秦时代，家天下的观念深入人心，前世或前辈的功业是可以为后人带来福祉的，这就是西周之前占据绝对统治地位的政治上的世袭制，当然还有相应的经济利益。但是，随着春秋以来经济社会的空前发展，世袭制逐渐成为社会发展的掣肘。以孔子为首的儒家集群对此最为敏感，因为世袭制对于像孔子这样的有德有才却没有直接家族背景的人最不公平，所以他们才不断寻求改变这种保守政治制度的良方。孔子本人基本上采取的是折中方案，一方面承认"故旧"之人的利益所在，另一方面强调这些享受前世利益的人也必须具备起码的道德修养。同时，孔子也大声疾呼给予那些没有前世福荫的人以必要的政治待遇。就是说，着眼于现实，孔子既承认先天的社会等级，也倡导后天的社会等级，并且在这个过程中给予人的后天努力以更高的评价和定位。

到了荀子时代，旧的世袭制已经彻底崩溃。虽然家天下的观念仍旧被认可，但从天子、诸侯以下，上自卿相大夫，下至平民百姓，都能够根据个人才能和业绩去得到社会地位和等级。荀子无疑是把握住了这个社会变化节奏，全面提出了"贵贱有等"的社会主张。

在荀子的关于社会等级的思想中，"尚贤使能"是基础和前提，甚至作为天子和诸侯，也必须是有修养和有才能的。同时，贵贱有等级，亲疏有分别，长幼有秩序，使得社会等级的观念，由先天条件升至后天要求，荀子认为，这是先代圣王制定的社会秩序。荀子这么说，当然有理想化的倾向，是为了现实需要而假想的情形。

如果能够做到尚贤使能，主上就会有尊荣，臣下也会很安分。做到贵贱有等级，政治就会通行无阻。如果亲近者和疏远者有分别，祖上的恩惠就能够顺利得到颁赐，不会出现悖乱。如果长幼有序，事业就能快捷成功，有所休止。其中，亲疏有分可以保证家族内部，特别是统治集团内部的安定。长幼有序则可以保证人们在适合自己的年龄层次去做事，到适度的年龄做适度的事情，就容易取得成功，不到年龄者则可以有充分的时间去打基础、做准备。

荀子的"人有等分"的社会等级思想，是既承认人的先天不同，更关注人的后天努力，特别是后天的道德修养。这样的思想理念是先秦儒家思想在社会领域的最成功的发展。孔子和孟子的思想更多的是向社会上层争取权力，特别是参政的权力，而到了荀子时代，获得这方面的权力已经不成为问题，而真正影响学者们发挥其政治影响力的，一是旧时代的不劳而获的无德无能者，二是混迹于从政阶层中的缺乏修养的末流学者，所以，荀子才大声疾呼，当政应当尚贤使能，重视贵贱亲疏，造就一个积极向上的有等有级的社会。因此，荀子的思想观念不仅充满了理性精神，也充满了现实针对性和有效性。由这样的思想主导秦汉以后中国政治的发展，是必要的，也是必然的。

第三章

政治家：遍观天下政治，融合礼法王霸

○
○

游历各国，游仕、游学的生涯

　　游历天下各国，遍观各国政治，寻求从政机会，是春秋战国时代逐渐形成的士阶层或知识分子阶层的一大特色。这一特色，既是由当时的社会状况，也是由这一阶层的生存方式决定的。值得强调的是，春秋战国时期士阶层的政治游历或游仕的生存方式，是从孔子那里开始的。孔子的周游列国虽然有无奈的成分，但孔子儒学的积极入仕，对于天下政治的堕落表现出不屈不挠的"匍匐以救之"的精神，是传统儒家游仕天下的精神核心。到了战国时代，由于士人阶层已经形成规模，游仕之中又加了游学的成分。游士们争相登上各国诸侯朝堂，一方面向当政者陈述政治主张，另一方面还要相互竞争，以证明自己的学问和思想能够胜过别人。那真是个充满生机和活力的时代。

　　不用说，荀子就是这一游仕阶层中的一员，而且身处战国末期，游仕的规模和竞争性也达到了最后高潮。或许正是这样的形势和压力，才促成了荀子思想的广度和深度。荀子虽然五十岁之后才离开家乡，但他却游遍诸侯各国。在游仕这些国家的日子里，荀子不仅与到访的其他学者多有交流和交锋，而且还会见各国当政者，有时甚至是一国之主。荀子也很注重观察社会、思考民生，所有这一切，都成为他的思想学说的重要内容。

山东临淄稷下学宫遗址

荀子五十岁时离开家乡赵国，到达齐国，主要活动区域在齐国都城临淄。不管荀子是不是长期待在稷下讲学或论学，也不管他是不是做过所谓"稷下学宫"的领袖人物，但最终还是离开了齐国。离开齐国的原因，《史记·孟子荀卿列传》认为是"齐人或谗荀卿"，有人向齐襄王或齐王建进荀子的谗言，显然还产生了一定的效果，这迫使荀子不得不离开齐国。

在赵国，与赵孝成王议论兵家之道

在赵国，荀子与临武君在赵孝成王面前有过一场对话，赵孝成王于公元前265至公元前245年在位。根据《史记》，荀子做楚国的兰陵令是在公元前255年，此后一直没有离开过楚国。所以，荀子到达赵国的时间应该在公元前265年至公元前255年的十年之内。此时的荀子已经名满天下，与一国之君见面并不是件难事。但是，这一时期的荀子至少已经年过六十，其思想的明确性和坚定性也是不言而喻的，肯定不会轻易与其他思想妥协，也不会随便屈服于当政者的主张。尽管与赵孝成王有过面对面的深入交谈，但

荀子墓于今山东省苍山县

无论是从谈话内容和进程来看，还是从最后在赵国游仕的结局来看，荀子都不可能在赵国久居，更不可能从政。

荀子与赵国君臣对话的主题以军事为主，反映的是荀子兵家思想的内容。先秦时期百家争鸣中的兵家思想成熟于战国中后期，但其源头肯定相当深远。自有人类出现，就有战争发生，当然也就有了军事观念、军事思想，但是，专门的军事思想和专业的军事思想人才，应该是出现在春秋中期所谓"霸主"专政的时代，并最终形成"兵家"的思想洪流。

兵家思想并没有如同儒家一样有前后接续的思想传统，但这并不表示这一派思想就没有明确的发展历程。主要受战争和战斗形式的影响，兵家思想经历了由注重整体性战争向注重战略战术的思想重点的转移。在春秋中期之前，战争的形式是传统的整兵对阵，战略战术并不是取胜的主要因素。春秋中期之后，从晋献公的"假虞灭虢"，到晋文公时代的晋、楚"城濮之战"，以诡诈用兵的观念开始出现，并且从小范围的计谋，一直发展到全局性的战略考虑，如战国前期的"围魏救赵"之类。早期兵家思想更多强调国家实力，以及民心向背对于战斗士气的影响。到战国中后期，随着赵武灵王"胡服骑射"军事改革的成功，军队的快速作战和突然袭击成为可能，于是，在《尉缭子》中，兵家思想从以国为战到以战为战的兼顾，直到《孙子兵法》中对战略战术的全盘论述。上述兵家思想的存在和转变，在荀子与临武君的对话中就有着生动而全面的体现。

《荀子·议兵》直接交代了这场对话的背景，"临武君与孙卿子议兵于赵孝成王前"。这个时候已经到了战国晚期，距离赵国被秦所灭也不过是二十多年的时间，由此可见当时赵国军事形势的严峻，所以，"议兵"自然是赵国的当务之急。事实上，著名的"长平之战"，赵国主要军队被秦军所歼，就发生在赵孝成王在位期间。荀子本是赵国人，但他的出生地在晋地南部，而他所面见的赵孝成王应该是在赵国当时的都城邯郸，太行山之东，所以，荀子访问赵国邯郸，并不是寻访故地，而是寻求从政机会，同时考察天下政治形势。

至于临武君这个人物，在《荀子》中只此一见，究竟是个什么人物，只能凭他与荀子的对话来推断。在《荀子》记载的这场对话中，临武君显然是赵孝成王的亲近之臣，是当时赵国的一位将领。

（1）王者之兵与霸者之兵的发展大势

因为赵国的军事形势岌岌可危，所以，赵孝成王的谈话重点并没有放在荀子擅长的治国之道上，而是放在了荀子相对并不擅长的军事方面。根据接下来荀子和临武君的论辩内容，以及赵孝成王的表态来看，赵王在此想从荀子与临武君的这场论辩中得到的答案应该是偏重于短期的兵家制胜之道，即如何尽快扭转赵国面临的非常不利的军事局面，而并不是儒家所推崇的以王道为基础的国家整体的军事发展方针。

因为临武君是赵国大臣，又是负责军事的官员，所以在论辩的第一回合，他抢先发表观点。在临武君看来，用兵的要术，即指挥作战的关键，是抓住天时地利的机会，根据敌方情况，采取后发而先至的策略，直至占据主动，取得胜利。

荀子的观点针锋相对。他认为，决定胜利的根本是"壹民"，即有效动员起全国力量，团结一心，共同对敌。这是典型的传统儒家主张。更重要的是，荀子所说的用兵，并不是指两军阵前的用兵，而是国家如何培养和动员兵力的问题。

当然，要想让赵孝成王和临武君这样的人物弄清楚这一点并不是一件容易的事。

由于临武君并没有马上弄清楚荀子"兵道"的内涵，所以还是坚持自己的思路。他说，行兵打仗，最重要的是利用好有利形势，并以变化和诡诈的方法加以推行。也就是说，善于用兵的人，要让对方无从判断我方行踪，无从下手对付我方。他还举例说，当年孙膑和吴起用兵之时，天下无敌，没听说过他们还需要民众支持。

如果仅仅从两军对垒的角度看，临武君所言并没有问题，但真正的问题是，他所说的与荀子的主张并不在一个层次上。所以，荀子不得不进一步解释说：我所说的是有王者之志的仁人之兵，你所说的是诸侯之事的攻夺变诈之兵。荀子所说的仁人之兵，是说不仅要在战场上取胜，还要在道义上胜人，并以此称王于天下，绝不是满足于做一个霸者。仁人之兵是不可以使用诈道的，因为一旦诈道得势，就会破坏一国的政治生态和社会风俗，君臣之间、君民之间都会相诈相欺。以诈道胜诈道，那只是侥幸而已。长远来看，以诈道对仁道，就如同以卵击石，绝无取胜的可能。为什么呢？因为在仁人为君的国度里，百将一心，三军同力，君臣上下就如同儿子侍奉父亲、弟弟侍奉兄长一样，如同手臂要自然而然地保护胸腹一样，不论敌方采取什么办法，都将受到一样的回击，遭到同样的失败。

不过，在那样一个战争频仍的年代，对于荀子倡导的仁人之兵，如果不能站在足够的历史和思想高度去理解，确实是无法接受的，事实上，即使荀子身边弟子也曾就这个问题与荀子展开过讨论。他的学生陈嚣就发出疑问："先生您讨论兵道之时，经常把仁义视为兵道根本。但是，仁者要表现出爱人，义者要表现出遵循理义，这完全是与出兵打仗背道而驰的呀！"陈嚣还表明了更深一层的观点，那就是，凡是用兵的，目的无非就是争夺利益，这与仁义更是风马牛不相及。

陈嚣的意见是很有代表性的，荀子不能不加以重视。荀子承认仁者爱人，但正是因为爱人，才会厌恶那些害人的事、害人的人，才会兴兵加以干涉和扫除。正是因为义者遵循理义行事，所以才厌恶那些扰乱秩序的人和事。兴兵打仗的根本目的并不是争夺利益，而是禁止暴虐、去除祸害。这样的兵，就是仁人之兵。如果上升到兵道高度，那就是，在仁人之兵存在的地方会有一种神奇力量，所经过的地方、所做的事情会出现让人感觉不到的积极变化，就如同及时之雨，凡是降落的地方，没有人不会感到喜悦。总之，仁者之兵、王者之师，是通过仁义道德之行让人心服，而不是使用暴力让人表面上服从。

荀子的另一位弟子李斯也问到同样问题，力度更为犀利。李斯在荀子门下学成之后，毅然选择了奔赴秦国求取功名，并且最终做了秦国丞相。李斯赴秦，既是对荀子政治学说的肯定，也是对荀子某些观点的否定。李斯与老师荀子的对话，对中国古代的政治走向影响深远。

李斯认为，秦国自秦孝公推行"商君之法"以来已经有四代之君，一代胜似一代，兵力强大，各国诸侯难以有效抵御，其中的原因，在李斯看来，并不是持守仁义，而是"便从事"的结果。李斯所谓"便从事"，就是指从现实利益出发，需要什么手段和方法，就使用什么手段和方法，而并不以任何原则，特别是用仁义之道加以约束。在这些所谓"便从事"的手段和方法中，从

荀子弟子李斯画像

大处讲，如范雎提出的"远交近攻"，从小处说，也不乏秦国惯用的收买、离间、间谍、暗杀等，至于完全以不择手段的纯暴力获取利益，更是秦国的惯用选择，比如长平之战中对俘虏的大量坑杀之类。可以说，在儒家看来，秦国的强大，每一步都伴随着不合仁义的血腥。

对于李斯的观点，荀子如同对待陈嚣一样，也是提出了明确批评。荀子严厉指出，李斯所说的"便从事"之"便"，是以他人的不方便，成就自己的方便。荀子主张的仁义，是"大便之便"，即以天下之人的方便，成就自己的方便。以仁义为政治原则，民众才会从心底里亲近统治者，甚至可以为君而死。正是在此意义上，荀子认为，对于一个国家的军力来说，有没有将帅是次要的，国家的发展方向才是主要的。

针对李斯所举秦国"四世有胜"的例证，荀子则有着完全相反的解释。荀子认为，秦国四世有胜的结果，并没有让天下之人诚服，而是使秦国经常处在恐惧之中，唯恐天下诸侯合力对付他。由此看来，秦国看似强大的军队，只能说是"末世之兵"，就要走向灭亡的军队，因为这样的军队没有符合仁义的思想支撑。荀子的这个断言具有预言性质。不过，在当时形势下，秦军节节胜利，似乎很难说荀子的预言能够应验。但是，从李斯入秦到秦王朝灭亡，也不过是短短的二三十年，秦军的由盛转衰，真可谓是其盛也速，其衰也忽，这不是"末世之兵"又是什么呢？

在与赵孝成王和临武君的对话中，为了进一步说服对方，荀子同样描述了仁人之兵或王者之兵的状况和效用。荀子说，如果仁人治理的是十里方圆的国家，百里之内的情况他都会掌握；如果治理的是百里之国，千里之内的情况都会掌握；以此类推，如果治理着千里之国，四海之内的情况就尽在掌握之中了。也就是说，仁人治理下的任何地方，都会使民众团结一心，自觉性很高，并且以理性精神注意着国内外发生的一切事情。具体到仁人之兵，则是无论集合起来作战，还是作战之后解散，都是很规矩、很有序的。就好比是那柄著名的镆铘长剑，无物不断，无坚不摧。又如同坚固的磐石，其形状如何并不重要，重要的是什么样的力量都对其无可奈何。

　　与仁人治理下的国家相对，那些以强暴手段治理国家的君主，有谁会与他们同行呢？他们最终必须依靠的，无疑也是本国民众。但是，即使是暴国之民，也是喜欢在仁人的治理下生活。面对他们的强暴之君，则是视若仇敌。从人之常情来说，即使是像古代夏桀那样的暴君、像盗跖一样的强人，也不会为他们所厌恶的人出力，也不会贼害他们喜欢的人。也正好比强求人家的儿女去贼害他们的父母一样，那些儿女们必然要把实情告诉父母。即使是使用诡诈之道，暴君也无法得逞。总之，仁人治国，国家只会日益昌明，直至迫使诸侯们不得不表明其对待仁人和王者的立场。具体说来，抢先顺从王者的就会平安无事，后来表示顺从的就会处在危险之中，抗衡的就会被削弱，出来反对的就会走向灭亡。

话说到这里，荀子描述的只是王者之兵与霸者之兵的不同状况，以及这种不同在现实中形成的不同结局。那么，王者之兵与霸者之兵的具体情况，以及形成这种不同的具体做法、实际机制又是什么呢？

（2）王者之兵与霸者之兵的不同机制

作为现实政治中的人物，不论是一国之主的赵孝成王，还是主管军事的临武君，当然更想知道如何才能造就荀子所描述的势不可挡的王者之兵，所以他们在肯定了荀子的王者之兵的大势之后，一同问道："用什么指导方针、什么具体办法和机制，才能训练出王者之兵、打造王者之军呢？"这样的问题，正是荀子上述循循诱导的目的，当然也是荀子最擅长表述的核心主张。

荀子说，在王者治理下的国家，军事将领的安排及其作用并不是根本问题。荀子的兵家思想是传统的国家战争思想。荀子不是反对国家拥有足够的武备，更不是反对战争，而是强调战争必须建立在国家整体推进、整体强大的基础上。

为了进一步阐明这个思想，荀子列举若干反面例证。

齐国在治兵上推崇所谓"技击"，这既是一种战斗方式，也是一种管理制度。具体来说，就是一种近战搏击之术，要取敌人的首级。根据这一制度，不论战斗胜败如何，只要能够得到敌人首级就会予以奖赏。这种制度实行的结果，就是齐国士兵只擅长个人战斗，如同雇佣兵一样，只计较个人奖赏所得，缺乏整体取胜观念，致使其军队战斗力不断下降，荀子称其为"亡国之兵"。

与齐国的治兵之道不同，魏国采用的是"武卒"制。根据这一制度，魏国对入伍士兵有着相当严格的要求，特别是对于士兵个人身体条件的规定更是高标准。具体说来，要求士兵穿三层甲胄，挎带强弩和五十支箭，扛着戈，带着剑，以及三天干粮，每天行军百里。能达到这些条件的士兵，国家给予优厚待遇，免除税赋、提供住宅等等。这些要求和待遇肯定能够提高军队战斗力，但麻烦的是，一旦士兵年龄偏高、体力下降，甚至无法参加战斗的时候，这些待遇也不能去除，唯恐影响到部队士气。长此以往，国家税收就很受影响，经济负担也相当之大。荀子批评这种制度是"危国之兵"，对国家形成了重大危害。

再看当时的军事强国秦国，其做法与齐、魏不同。秦国自然条件差，民生艰苦。秦国统治者就利用这一点，明确赏罚，吸引人们为改善生活状况而参加战斗，因为对军功的奖赏最高，不仅有物质奖励，还有社会地位的奖掖。所以，秦国自秦孝公以来，惠王、武王、昭王等四代君主都能保持军事强国的地位，并不是侥幸，而是其推行特殊军事制度的必然结果。

根据以上分析，齐国的"技击"之兵敌不过魏国的"武卒"，魏国士兵又打不过秦国的锐利之师，而秦国军队则无法与齐桓公、晋文公当年有节制的霸主之师相提并论，而齐、晋之师更不是汤王、武王仁义之军的对手。这是为什么呢？仔细分析齐、魏、秦等军事强国，都是以物质利益奖赏作为治军主要手段，这纯粹是国家与个人之间的利益交换，与礼义教化毫无关系，所以，这样的兵强注定只能是暂时的。荀子肯定的霸主之师的"节制"，就是对个人物质利益的节制。不是取消，而是合理地节制和安排。荀子认为，使用强制性的功利手段治兵，只会带来一时变化，而用礼义教化治兵，却能改变人的思想，让士兵从心底里与国家利益取得一致，而只有这样的军队，才能战无不胜，才能成为王者之兵。

如果士兵在思想上与国家达到"大齐"，即通过道德教化达到高度一致，这样的军队就能制服全天下。即使"小齐"，也能够让邻国感受到威胁。至于像齐、魏、秦这样的利用一定的强制手段，特别是以功利为诱惑而建立起来的兵力，则其取胜并没有必然性，胜与不胜，全靠偶然因素。这些国家只能一代强、一代弱，甚至一代存、一代亡。荀子认为这种兵力是"盗兵"，像强盗一样的乌合之众，是君子所不齿的。这其中，引人注目的是荀子把秦国强大兵力也归入"盗兵"之列，从而在这个问题上表明了基本的儒家立场。

在荀子时代前后，历史记载中都有一些善于用兵的大将，比如齐襄王时代的田单，秦孝公时代的商鞅，以及燕国的缪虮。这些大将尽管都有过为本国建功立业的辉煌，但在荀子看来，他们都是依靠战术在两军阵前获胜，并没有从根本上帮助君主改变一国军事形势，也就是说，他们并没有达到"和齐"的标准，只能算是"盗兵"的首领而已。如果一定说哪些人还能让荀子有所肯定，那就是齐桓公、晋文公、楚庄王、吴王阖闾、越王勾践等春秋"五霸"之主，他们的军队可以称作为"和齐之兵"，但是，他们只能说是达到"和齐"的领域，但由于没有仁义之兵的思想根基，所以也只能成为霸主，不能成为王者。

那么，什么是王者之兵呢？

（3）王者之兵的具体要求

荀子兵家思想的中心是希望一个国家能够达到王者之兵的高度。在与赵孝成王和临武君的对话中，荀子始终把确定一国的军事指导思想放在首位。但是，作为现实政治中的领导者，赵孝成王和临武君在承认荀子所教兵家之道合理性的同时，还是想让荀子讲述一些更为具体的军事思想或军事策略，所以，在双方对话的后半段，二人一致要求荀子，能否讲一讲"为将"的问题，即如何做一个称职的军事将领。

荀子申明，作为将领，最大的智慧就是要能够放弃有疑问的战机，不做有疑虑的决定；其行动，当然是军事行动，一定要做到不过度，适可而止；处理事务，一旦做了，就不必后悔，因为军事上的成功要受到诸多因素影响，身为将领，做了该做的决定之后，能否成功，只能等待。这就相当于说，只要直道而行，就不必理会是否能出现理想的结果。这种思路，与荀子理性主义的哲学是一致的。

作为将军，发号施令一定要严整而有威严，不能随随便便，不讲原则；奖赏和惩罚要有信用，要把相关规则制定在先，不能因人而不同；至于安营扎寨、军需储备，则需要周全而坚固，不能出现安全问题；部队的行军，不论是进是退，既要稳重，又要快速；对敌情的侦察和了解，一定要深入其内部，派出各路间谍，把各方面情报加以汇总和比较，最后做出决定；遇到决战时刻，一定要在明白所有情况的条件下做出决断，但凡有疑问之处，则不可以轻率决定。

荀子还提出了需要进行权衡处理的五种情形，即要权衡整体情况，不可偏于一隅。那就是，不要根据个人好恶做出取舍的决定，不要急于取胜而忽视有可能出现的失败，不要只顾身边的情况而忽视外界的情形，不要只见利而不见害，考虑事情要成熟，舍财奖赏要大度。

在三种情况下，将军可以不听从君主的命令，即所谓"将在外，君命有所不受"。什么情况呢？荀子说，宁可冒着被君主杀头的危险，也要做到三件事：一是不可以中断正在完成的战事，二是不可以去攻击不可能战胜的对手，三是不可以欺负百姓。这是在说，如果是战事正在进行之中，并且眼看就要取胜，就不必因为君主的命令而停止；如果明知对手不可战胜，就不必因为君主有令而发动进攻；如果君主下令的战事会伤害百姓的利益，就不必执行。

荀子心目中的将军是有原则有修养的，不是那种只讲胜负不讲道义的，这是与传统兵家在指导思想上的根本区别。这样的将军是比较书生气的，但却是荀子思想的自然结果。荀子说，将军一旦受命于君主而指挥三军作战，君主的欣赏不能让他欢喜，敌人的行为也不能让他发怒，这样的将军应该被称作"至臣"，即最高层次的、无以复加的大臣。这样的大臣，必在事先就要考虑事情的进退成败，并且不断强调一个"敬"字，谨慎对待每个环节，始终如一地敬畏一切，这种行事之道可以称作是"大吉"，最大的吉祥。

传统儒家重视的"敬"是一种发自内心的真诚的敬重、敬畏。荀子把这一修身美德加在将军身上，强调完成军事任务同样需要以"敬"对待。如果不能"敬"，反而"慢"，以怠慢待之，那就无法取得成功。所谓敬畏胜过怠慢就吉祥，怠慢胜过敬畏则灭亡。理性战胜贪欲就要遵从，反之则会陷于凶恶之境。战斗之时要如同守持，适可而止；行军如同战斗，动作快捷；有功视同侥幸，不必自喜。

作为将军，还要做到"五无旷"，即五方面不能有丝毫缺失。那就是，谋事要敬，做事要敬，对下吏要敬，对众人要敬，对敌手要敬。对方方面面都要认真对待，保证事事做到位，就可以说是与神明相通，无往而不利，无战而不胜了。

荀子对将军的定义和要求，超越了普通战斗中的胜负统帅，首先在精神上和思想上达到了统领天下的要求。这样的将领是赵孝成王一类的君主想象不到的，也是临武君之流的将领做不到的。所以，对于荀子的宏论，赵孝成王只能称"善"叫好，并且进一步请教"王者之军制"如何，即王者之兵的军制是什么。

此所谓"军制"，就是治军的一些基本规定和规则。荀子的回答是，在军队之中，各个人都必须尽自己的职责。比如说，将军的职责是擂鼓指挥，哪怕是死，也要死在鼓前，而驾车者就得死在马前，军官和武士同样要死守自己的岗位。全部官兵，听到鼓声就要前进，听到击打金属之声就要撤退。对于全军的要求是，听从命令为最高要求，建功是次级要求。换句话说，一定要在听令与建功之间做选择的话，听令要放在首位。听令不撤退，与听令不前进，罪责是一样的，并不是说一味地前进就是好事。另外，在两军对垒时，不杀死老弱之兵，行军过程中不践踏庄稼，主动退却示弱的不去追击，对抗不止的不能放过，投降来的不能算作是擒获的俘虏。王者之师的目的是诛杀不义，所以，不是诛杀老百姓，而是诛杀那些扰害百姓的人。当然，如果百姓有庇护贼人的，也应该视同贼人。总的来说，不做抵抗的就让其生，对抗的就让其死，主动投降的就要放过。

以上军制，一则比较具体，二则也并没有多少创新之处，只是一些基本要求，甚至是常识性的要求。在交代了这些普通要求之后，荀子自然要上升到王者之师的高度。

在荀子看来，当年的周武王兴兵灭商，就是王者之师。对于那些表示臣服的殷商之民，周武王善待他们，把他们像周人一样看待，还把他们的首领微子分封在宋国。这样一来，在周王近处，享受到王者善待的人们当然要讴歌周王的仁慈，而居住在远处的人们则会不辞劳苦地赶来，接受王者的统治。不论国家远近，王者之师都要让他们享受到安乐。结果就是，四海之内的人们如同一家人一样地生活，但凡是通情达理之人，都诚心诚意地接受周王的统治。周武王之师，看上去要使用武力，实际上是让人们心服，这才是"人师"，仁者之师。

那么，如何描述仁者之师、王者之师呢？荀子的观点是，有诛杀而无战斗。诛杀是根据正义发动的战争，战斗则是为利而战，甚至为战而战。正因为战争性质如此，所以，王者之师要以正义让对方俯首，并不是用武力强迫对方。对方如果城池守得严密，说明其内部很团结，这样一来，要进行强攻就失去了正义性。如果敌方上下一心，王者之师会感到高兴，因为上下一心就意味着老百姓过着正常生活。即使是非强攻不可，王者之师既不会屠城，也不会潜伏着大军，无休止地战斗下去。王者之师的目的，是解百姓于倒悬，而不是逞强。一旦什么地方的老百姓不能接受他们的统治者，王者之师才会到达。

《荀子》中记载的这场著名对话以临武君称"善"而结束，至于赵孝成王和临武君能否真心赞成荀子的观点，后人不得而知，只是在那个时代，要想按照荀子"王者之师"的思想改造和建设一国之军，确实是个困难事情，赵国亦然。以此来看，荀子的兵家思想未免理想化的程度太高，但人们从中看到的却是思想家的执着，人格的高尚。他不会因为当政者一时做不到就降低甚至改变原则，更不会为了讨好当政者而改变初衷和思想本质。不会的，荀子就是荀子！

在秦国，与秦昭王和范雎讨论儒家和法家思想

荀子游历秦国，是其一生中的重大事件。虽然无法确定荀子游历秦国的具体时间，但从情理上分析，特别是从荀子思想的发展过程来看，秦国很可能是荀子除楚国之外游历的最后一个国家。离开秦国，荀子就到了楚国，在兰陵以寿而终。

荀子思想深受此次秦国之游的影响。这一方面是因为此时的秦国，其发展道路不仅不同于山东六国，而且远胜于山东六国，另一方面则是荀子亲眼见识了法家思想在现实中的作用，这促使他不仅要深入思考法家思想的里里外外，而且要与他已经形成的儒家世界观进行更现实、更深入的比较。可以说，对秦国的实地访问，对秦国政治的亲身体验，特别是与秦国君臣的深入交谈，使荀子认定，儒家和法家思想并不一定是完全敌对的思想，事实上，从入

函谷关

世治国的角度来看，这两种看似对立的思想是可以融合起来，共同造就一个安定发展的社会的。

在秦国，荀子会见了相国范雎。范雎本是三晋人氏，在魏国受到排挤，不得不逃往秦国。因为受封于秦国应地，亦称应侯。据《史记·范雎蔡泽列传》，范雎受封应侯、任秦国之相在秦昭王四十一年（公元前266年），至秦昭王四十八年（公元前259年）辞相国之位。荀子访秦，应该在这个区间之内。至于荀子访秦与范雎是否有关，史籍并无明确说法。

荀子与秦昭王的对话内容，本书第一章"论儒"时已有叙说，二人的这场著名对话，当然也是发生在此次荀子访秦期间。不过，无论是荀子与秦昭王的对话，还是与相国范雎的谈话，表面上客客气气，并且《荀子》书中记载的也是他们认真听取了荀子意见，但最终的结果还是各行其道。原因很显然，就是孔子所说的，"道不同，不相为谋"，政治取向不同，难以取得共识。

荀子与范雎会见时，范雎问荀子："入秦何见？"在秦国都见到了什么？这个问话看上去很简单，但内涵却非常丰富。首先，此所谓"见"肯定不止于眼目所见，而是包括了观感。其次，既然包括观感，当然就有质疑甚至为难荀子思想的意思，因为范雎肯定了解荀子儒家思想的主要取向。有鉴于此，荀子的答复也是柔中带刚。

荀子说，秦国地势险要，关塞坚固，比如函谷关的易守难攻，就是天然的便利条件。这是荀子刚进入秦国时的直观感觉，但跟范睢说这些，也有一些压制的味道，即告诉秦国人，他们在军事上的占优，一定程度上与天然形势有关，这让秦国人的后天优越感会多少有些消减。

进入秦国之后，映入荀子眼帘的是广袤肥沃的渭南大平原，农业条件非常优越，物产丰富，这是经济发展的基础。秦国四出征战，非有足够的军需补给不可，除了夺取他国之产，秦国生产所得是基础。秦国人常以其农业丰产为傲，但荀子也是强调了自然条件不可忽视的作用，也有打压秦人的意味。

说了自然条件之后，荀子话锋一转，开始谈到了人文。他说，在秦国境内看到的民风民俗是，老百姓非常质朴，他们喜欢的声乐很正统、不浪漫污烂，他们的服装很正规，没有奇装异服，对官吏也很敬畏、守规矩。荀子认为这是很有古风的民众。

谈了老百姓，接着就是各级官员和官吏。荀子说，在地方官府中，各级官吏都很正派，对待公事尽职尽责，工作态度也非常好，大有古代官吏的风范。进入秦国国都咸阳之后，荀子很注意观察士大夫，即国家公务人员和高层官吏的表现，当然荀子与这个阶层的人也有往来。让荀子非常感慨的是，秦国的士大夫离开家之后，就是去上班，下班之后径直回家，不到外面办私事，也没有聚会交际，更谈不上结党营私，都是一门心思地处理公家之事。荀子认为，这也很有古代士大夫的作风。至于在朝廷之上，这些官员每天都会处理完所有应该处理的事务，而且很有规矩，显得一点儿也不紧张、不忙乱，犹如古代那种令人仰慕的朝廷一样。这应该是说，荀子有机会参观其朝廷的议事办事过程，当然极有可能是像范雎这样的高官的有意安排，以便让荀子见识一下秦国政治格调。

对于秦国社会、秦国政治的优长之处，荀子是充分肯定的。比如他称"古"之如何如何，显然是真诚的赞美之辞，并且最后总结说，秦国自秦孝公以来的四代君主在与山东六国的对垒中不断取得胜利，并非侥幸，而是必然。荀子的如此总结，是一位理性思想家的真实表达。

荀子还有更深一层的评析。像秦国这样的治道，看似不经意，但却治理有方；看似很简约，其实很详备；不劳烦百姓，却大有成功。这是治国的最高境界了。

不过，荀子也深深认识到，上述秦国政治、秦国社会的优长表现，只是立足表面现象和限于某一特定历史时期的成就，从更深层意义上讲，秦国无疑是令人忧虑甚至让人感到害怕的。如果以仁者之政、王者之功名的标准来衡量，这时候的秦国、这个样子的秦国，差得还远着呢！至于其中原因，荀子明确指出，是因为秦国专崇法家，排斥儒家，没有儒家思想发挥作用的空间。

荀子的总结是，完全尊崇儒家思想，就可以实现王政；选择性地尊崇儒家思想，可以称霸，达到强政；如果完全排斥甚至反对儒家思想，就只能灭亡。荀子断言，这种认识，是此时的秦国上下所缺乏的。

应该说，秦国政治受到当时思想家最多重视，荀子的重视也在情理之内。山东各国国势日渐衰微，只有秦国国势不断上升。这不仅表现在军事上，而且表现在国内政治上。形成如此局势的原因是什么？荀子在思考之余，亲自去到秦国，做了实地考察，并与秦国君主和丞相进行了面对面交流。事实上，就对荀子政治思想的影响而论，秦国政治的影响力也远大于其他各国。人们有必要认真了解荀子对于秦国政治的评说，以及根据秦国政治而得出的诸多政治思考。

荀子思考秦国政治的结论是，强力之术、强权政治是行不通的，而仁义之术、礼义政治是行得通的。为什么这么说呢？荀子的解释依然是起点宏阔，充满说服力。

荀子说，要论威强之力，即以武力打击他国的能力而言，秦国与当年商汤王和周武王的力量差不多；要论已经占领的地域之广大，秦国与当年的舜帝和禹王不相上下。当然，这两方面的长项都是一国的外在指标。让荀子忧虑的是，尽管秦国外在指标很高，甚至高过了古代圣王，但是，秦国却并没有得到真正安宁，而是经常处在深深的忧虑之中，即唯恐山东六国联合起来进攻自己。那么，应该如何化解这种忧虑呢？荀子给出的答案是，"节威反文"，节制威强之外力，返归礼文之内力。

荀子提出的"节威反文"，就是主张任用仁厚、诚信、德全的君子治理天下。具体步骤是，让这样的君子参与国政，端正是非，治理曲直，处理秦国国都咸阳的政治，也就是全面掌握秦国政治。顺从者加以任用，不顺从者加以处理。这样一来，以秦国现有实力，即使不向各国发兵，也能够政令通行天下。针对秦国对外政策，荀子认为，与其不断扩张其领土，不如加强各国对秦国的信任更重要。在秦国对外扩张的过程中，很重要的一个手段就是轻诺寡信。

由此看来，荀子之所以奔赴秦国，除了考察秦国政治之外，也可能有过在秦国从政，以便扭转秦国政治方向，甚至利用秦国力量统一天下、实现王者之政的想法。但是，通过与秦昭王和范雎的交谈，荀子意识到这只能是他一厢情愿的美好愿望。应该是在与秦国君臣二人交谈之后，荀子毅然离开了这个让他的内心充满纠结的国家。

荀子不是帝王将相，甚至不算是严格意义上的政治家，但他以自己的学识和理性思考，洞察人性，明白事理，在秦国走向最顶峰的时代，就预见到了秦国政治的结局。在荀子离开这个世界不久，秦国就统一了天下。但是，不可一世的秦王朝，存在了也不过十七年，这与范雎、李斯等秦国政治家预期的秦国政治的远景相差何止千万里！在秦朝灭亡之后，中国古代政治不得不走上荀子所设计的蓝图，特别是西汉的政治制度，正是走的荀子思想的路子。当然，所谓荀子思想的路子，也不是说完全遵循荀子的理想政治模式，而是指接受了儒、法共存的治世之道。荀子主张的儒法共存、礼法兼济的思想影响，在唐王朝达到高潮。然而，随着时间推移，随着宋代理学对荀学的不断排斥，礼法在治理国家、管理社会中的比重逐渐降低，中国古代政治也走上了愈发明显的下坡路。可以这么说，两宋以来是荀子思想影响逐渐淡化的时期，也是中国古代社会逐渐走向衰败的时期。毫无疑问，这个过程是相当值得后人深思的。

○
○

法治之国

人类文明肇始于文化认同、文化自觉。在诸种文化自觉中，政治文化是第一位的。此所谓政治文化，就是人类意识到自我管理以及自我管理需要一定之规。在这方面，华夏文明是相对早熟的。诚如荀子所言，先贤从远古时代开始就认识到"群"的必要性，并由群体性的社会演进到国家。

到荀子时代，政治文明已经渗透到社会生活每个角落。在当时农耕社会经济基础上，政治生活高于一切。对于非体力劳动者而言，政治生活也是他们的唯一追求。所谓诸子百家，说到底都是为了参与政治文明而出现的。百家争鸣中所有主张，都是围绕着国家政治生活展开的。更为重要的是，如果说荀子时代之前的中国政治发展方向还不甚明朗的话，到了战国末期荀子时代，天下归于一统的结局已经不可避免。需要讨论的是，这样一个即将到来的一统应该是什么样的形态。

国家政治与政治形态

在上述时代背景下，荀子政治思想呈现出两方面特色，一是对国家政治的肯定和重视，以及对于一统天下的展望和设想。在具体政治实践方面，荀子分析了种种国家形态。值得强调的是，此处所说国家，是荀子时代特有的国家形态，与现代意义的民族国家有明显区别。其中最重要的区别，一是这些国家有着基本的文化认同和价值取向，二是有着一统天下的共同愿望。也就是说，这些国家是从不同地域出发的同一类人，他们都在奔向同一个目标，而相互间所争所斗的，不过是谁先到达目的地而已。

对于国家政治本身，荀子有系统认知。在荀子之前，先秦时代思想家基本上都有这方面的观点，但尤以荀子的认知最为系统。

国家是什么？在荀子看来，国家是天下最可以利用的事物，相应地，一国之主就是天下最可利用的位势了。换句话说，拥有一个国家是人世间最大的资源。如果能够以"大道"管理一个国家，就会得到最大的安定与最大的荣耀，也会把世上所有的美好积聚起来。相反地，如果不能够以"大道"领导一个国家，那就会遇到最大危险、最大累赘，有这个国家还不如压根儿就没有这个国家。在一些极端情况下，身为君主，就是想做个普通老百姓都没有机会了。春秋战国时代，有案可稽的极端政治事件中，身为君主，其下场还不如一个普通老百姓。春秋首位霸主齐桓公，死后无人收尸，尸体腐烂后的蛆虫爬出了房间；武功盖世的赵武灵王，却落了个被困饿死的惨局。至于因为君主的无道而使国家和百姓遭殃的事件，更是数不胜数。所以，荀子不得不强调，君主虽然可以占据天下最有利的位势，但这样的位势并不能自动导致国泰民安。要想实现国泰民安，君主也能安然处位，就必须遵循大道。

中国古代往往以"重器"或"大器"形容国家的重要性。器者，物也。国家是天下最大的器物，是人类生存最重要的保障。荀子说，国家是天下的大器，是重大的责任所在，一定要放置在一个合适位置上，一定要为国家选择最佳治理之道，否则就会有危险，就会无路可走，最终走向灭亡。荀子所说的把国家放在合适位置上，并不是指得到分封的土地就万无一失了，而是说必须选择正确的治国之道，选择胜任的治国之人。

荀子把国家形态分为三类，即王者之国、霸者之国、亡国者之国。如果以王者之法治国，用王者之才治国，国家就会称王。霸者、亡国者亦然。

到了荀子时代，中国古代政治发展经历了三种模式。第一种是早期大一统的分封制，这种制度至少兴起于夏朝，到西周时代臻于完善。第二种是诸侯力政的形态，主要表现在周天子失势，而有力量的一国或几国诸侯左右天下政治的局面，这个时期的一个主要特征是，诸侯间相互消灭、更加集权的一统天下的要求还没有出现，也就是说，周天子虽然成为傀儡，但还没有诸侯有取代其地位的意愿。从时间上讲，第二种模式主要存在于春秋时期。第三种模式则出现在战国中期以后，周天子名存实亡，各诸侯国之间的争斗进行到了你死我活的程度，各国的兼并和统一已经成为天下政治的最终归宿。这种政治发展的历程，是荀子划分三类国家形态的历史和政治基础。

治理国家需要持久用力，不断更新求变。由于种种原因，国家也会出现问题，甚至破败，但这并不是本质性的改变，只要认识到问题，下决心改正，就会保持千岁之国。荀子问道，尽管时间不能永恒，人生也不能长生不死，为什么还会有千岁之国的存在呢？荀子自答，那是因为有千岁之法和千岁之信士的存在。王道就是千岁之法，能信守千岁之法的人士就是千岁之信士。国家交给能够持守礼义的君子治理，就会成为王者之国；交给端正诚信之士治理，就是霸者之国；交给喜欢阴谋诡计的人治理，就会成为灭亡之国。

在当时农耕社会大背景下，人们普遍推崇人自身的能力。因为在农业生产活动中，一分耕耘一分收获，是人们的普遍信仰。同时，农业社会规模较小，对法治的要求也不迫切，所以，对于人治的作用和效率，人们同样也有着普遍信仰。法律和刑罚虽然能够震慑和约束人们的行为，但在农耕经济下的宗法社会里，人们更相信人心与榜样的作用。同时，法律体系并不成熟，法律条文总是需要人去执行，所以，人们还是倾向于把社会管理寄托于人治。在上述荀子的国家观中，已经明确表达了对人治的最终寄托。一个社会走向哪里、怎么走，最终的决定权在人手中，当然更多的时候是在君主和当政者手中。

要达到王者之国，最关键的因素是先义而后利。特别是在用人方面，不分亲疏、不分贵贱，一律求之以真才实学。

与王者之国相反，灭亡之国采取的治国之策是先利而后义。不分是非，不辨曲直，只要是君主的亲近之人就能得到提拔和重用。

那些仅能维持生存的国家，则在上述两种情形中徘徊，一治一乱。

荀子强调，"义"与"利"的先后位置足以决定国家的前途和命运。区分义和利，核心是"礼"。

一个国家，如果不能遵循礼的要求，就不能端正自己，就不能走在正道上。坚持礼的结果，是让人不能诬妄，不能言行失去标准，避免各行其是。礼对于一国的作用，相当于用秤来决定轻重，木匠用绳墨决定曲直、用规矩决定方圆一样。礼就是一国的规矩，即"先义而后利"。

如同动物在自然界有它们合适的居处，人的合适居处就是国家，并且是一个不能失政的国家。国家不仅是指一块土地，更重要的是土地上的人民。进而言之，有土地、有人民还不能说是国家，还必须是政治有道、君子治之。国家的基本要素是土地、人民、道法，君子既是道法的制作者，又是道法的推行者。国家有道法固然重要，不可或缺，但是，国家有好的法律并不能保证不出现乱局。相反，如果国家由君子治理，肯定不会出现混乱。

荀子的这种明显理想化的结论，一方面来自当时的政治现实，一方面则是深受农耕社会性质的影响。在当时各国，从现象上看，社会动乱主要来自从政者的政治野心和贪婪，这些人普遍缺乏自我约束。另一方面，在农耕社会中，人们的生存领域相对有限，成规模的人员流动更是少见。在某个相对固定的社会区域，只要社会管理者达到一定的道德水准，就能够有效地直接约束和影响所有社会成员。在这样的社会环境下，人治比法治更为有效。荀子以人治为主，崇信君子的作用，把法律的作用放在从属地位，就是自然而然的选择。还有一个重要原因，就是当时社会发展并不能提供全方面的法治体系，更不能从制度上消除君主专制的根本弊端。

人治与法治

在治理国家和社会方面，究竟是选择人治，还是选择法治，自古以来就是个重要问题。当然，对于人治与法治的理解，各家各派、各个时代、各种人等，都有着非常不同的观点。在荀子时代，这个问题相当突出。人治是各国的传统做法，而法治是秦国的治国思想。按说，各国按照自己的情况选择人治或法治，本不足为奇，但现实却是，法治之下的秦国国势强劲，人治之下的山东六国日益疲惫。在这样的现实之下，许多思想家陷入了两难，特别是儒家学者。儒家的人治思想确实能够自圆其说，但严酷的现实却给儒家思想提出了各种难以回答的问题。在这种形势下，分析荀子关于人治与法治的思想，就非常有意义了。

（1）人治与识人用人

儒家思想的一个根本点，就是对人和人的能动性充满信心。孔子认为人是能够随着环境而改变的，孟子认为人性本善，甚至人皆可以为尧舜。荀子虽然主张人性本恶，但认为通过教化和学习，人也是能够被改变的。另一方面，在当时农耕社会条件下，社会成员的流动性有限，社会发展程度也相对简单，在任何一个社会管理层级上，社会管理者都能够掌握所有具体情况，所以，只要有一个胜任的、称职的官员在，特别是主管官员在，就能够治理好这个层级。在这个时候，法律条文也是必需的，但法律条文本身比较死板，远不如一个有修养、善职守的官员来得有效率、有灵活性、有人情味儿。结果就是，尽管荀子承认法治的作用，但在根本点上，他还是更加崇信人治的作用。

当然，荀子主张的人治并不是君主专制独裁，更不是为所欲为。他所说的人治，是那种具备了足够的道德修养的君主所施行的社会管理。在荀子时代，其实并不少见从专制独裁走向腐败灭亡的政治人物，但在荀子看来，那并不是人治的理念有问题，而是那些人的道德修养没有达标。在他所读的圣贤之书中，在传说中的古往今来有成就的君主那里，在他的道德信念和政治表现中，人治的长处无所不在，这就使得像荀子这样的充满理想主义和社会正气的知识分子很难割舍对人治的钟爱。

天下只会有昏乱的君主，不会有混乱的国家，只有君主才能从根本上决定一个国家的混乱或有序。这对于以农耕文明为基础的中国古代社会来说，确实是说到了根本之处。世上只会有治理国家的贤能之人，而不会有自动治理国家的法律。法律是人制定和执行的，法律本身是被动的和僵化的，再好的法律，也需要有人去理解、执行、修正。

从现代政治学的角度来说，这样的主张只具有一半的真实性。法律确实需要人的制定和执行，在这个意义上，人比法重要，甚至人可以替代法的作用。但是，社会的某个群体一旦选定这样的一个人，就不仅要赋予他治国的权力，同时还必须对这样的权力加以约束。这是中国传统政治最致命的缺陷。当然，在荀子时代，现实政治的发展还不足以让思想家们想到这一点，因为那还是家天下的时代。国家和社会是君主的私有财产。人们的善良想法是，既然是君主的私有财产，君主自然会去珍惜，所以没有必要对他们加以任何限制。事实上，不仅是主张德治和人治的儒家，即使是主张法治的法家，在当时也跳不出这样的观念限制。这是时代使然，不是某个人或某种思想的问题。这样的分析，当然也并不是苛求古人。

夏朝有名的暴君桀王制定了相当多的法律，但他本人却半途而亡，并没有顺利完成他的统治。同样，夏朝奉行大禹制定的法律，但夏朝最终也被商朝取代。这就说明，法令或法制并不能自行解决社会问题。在荀子看来，国家存亡、社会发展的关键因素是"得其人"，即有英明的君主在位。这是因为，法律来源于人。人是法律之源，法律是治国的开端。如果治国有了合适的人，法律虽然简约，也能够顾及一切方面。如果治国选人不当，即使法律再健全，法律在实施过程中也会出现偏差，不是先后顺序失当，就是难以应对各种突发之事、法律没有涉及的事变，最终使国家陷于混乱。治国之人应该明白法律的本质，而不必醉心于不断修正法律条文。法律条文再复杂，涉及面再广，没有合适的人去执行，也是枉然。

荀子如此思想，就法律与人的关系而言，确实是个重要问题，也有一定的事实依据。但其最大的不足之处是，因为君主不受法律约束，所以，荀子和其他思想家的思想重点，就没有放在如何用法律约束权力拥有者和执行者的问题上。因为权大于法，法律当然就显得力不从心，甚至是相对渺小了。如果法律的地位低于权力，特别是最高权力，或者说君主的地位和权力始终能够超越国家法律的时候，荀子的上述理论才能够成立。这样一来，国家能否得到治理，就完全寄希望于君主一人身上。所以，荀子政治思想的重点，就只能放在人治上面。至于人治可能导致的种种问题，全不在其考虑的范围之内。换句话说，只要君主英明，就会任用贤人。各个官僚阶层均由贤人掌控，人治可能出现的种种问题当然不必去考虑。

根据荀子的观点，在治国的问题上，英明的君主急于得到人才，昏庸的君主则急于加强个人势力，包括加强权力、获得财富。很显然，以人才为主的君主，本人不必太劳累于具体事务，国家就能得到很好治理，功绩很大，名声很美，做到最好时可以称王，最不济了也可以称霸。那些不重视人才的君主，整日劳累奔波，国家却混乱不堪，无功无名，政权也会陷于危亡之中。所以，荀子的结论是，英明君主只会在用人上操心，不会去亲自处理具体事务。君主用人，特别是用对了宰相，完全不必亲自处理具体政务。这是荀子人治思想的重要依据。显然，英明君主所施行的人治，并不是专制和独裁，而是用对人、用好人。至于如何用好人、用对人，并没有制度上的保证，而只有君主个人能力和修养上的保证。从现代政治学的角度来看，这样的用人是没有任何保障的，其弊害也是无穷无尽的。

在识人和用人方面，荀子思想在继承传统儒家注重道德修身的思想之外，也吸取了法家在相关方面的一些主张，甚至是一些"术"的内容，即识人用人的具体方法。当然，传统儒家的修身之道也讲究方式方法，但其与法家之术还是有所不同，主要是指导思想的不同。传统儒家主张正面教育和倡导，而新兴法家则主张预防和惩戒。这其中潜在的思想观念，还是传统儒家倾向于人性之善，法家倾向于人性之恶。

对于现实中发生的识人用事的现状，荀子还是有着清醒认识的。荀子五十岁之后开始游历天下，并且在楚国为官多年，经历了政治上的起伏沉浮，所以，他的认识是相当锐利的。对于那些合理的处世之道、修养之道，在口头上反对的人怕是不多，而真正能做到的也是不多。在识人用人、选贤任能的问题上，君主们通常也没有异议，而问题的症结是他们说得到、做不到，荀子称之为"口行相反"。这样的君主，因为做不到用贤才、退不肖，他们的结局也就只能是悲惨的一条路了。

那个时代所谓的识人用人，当然是政治领域里的事情，具体来说，就是君主如何任用大臣，上级如何选择下级。传统儒家主张，政治上的识人用人，应该首先看人的品行，把被识、被用之人的道德品质放在最重要的位置上加以考虑和考察。

在荀子看来，那些生活在当今时代，却对古代的圣王之道心存敬畏的人士，通常是不会为非作歹的，即使个别人也许会行为不端，但绝大多数人肯定是行为端正的，因为他们内心之中是有原则的，至少也是有底线的。所以，君主取用大臣的时候，首先要看他们的志向，也就是他们的道德追求是什么，然后再提出具体要求。这些具体要求有三方面的内容，一是内心贪婪的人不要取用，二是行为不守规矩的人不要取用，三是言语荒诞、缺乏信用的人不要取用。对于那些有志于从政的士人，只有在确认他们的道德品质没有问题之后，才会考察他们是不是有才能。一个士人，如果品质很差，却很有才能，那就好比是凶恶的豹狼，是不可以接近的。

在识人用人方面，主动权掌握在君主和在上位者手中，所以，对在上位者的严格要求，是传统儒家政治传统的核心所在。儒家之所以崇尚人治，其重要的思想支点之一，就是对于以上示下的模范带头作用的信仰。荀子思想中同样有这样的观点，坚信只要在上者的示范作用发挥到位，在下者就会随之跟进。

荀子做过基层官吏，并且有机会周游天下，观察各地风土人情，交往各国政要，对于人世间的种种事物和现象，有过亲历亲炙，当然也有深入思考。就各种治国制度和人的主观能动性的关系而言，荀子更相信后者的主导作用。他举例说，人们发明和制作了各种保证公平的手段，比如契约和度量衡器，但是，这些外在工具的公正性，与君主的模范作用相比，是不足为道的。如果君主喜欢权谋，臣下就会乘机使用欺诈手段；如果君主喜欢庇护他喜欢的人，臣下就会乘机使用偏私手段；如果君主喜欢颠倒是非，臣下就会乘机使用不公平手段；如果君主喜欢财货，臣下就会乘机盘剥百姓。

荀子由此得出结论，那些器用手段再公平，也是治国的流，而不是源。只有治国者公平为政，那些器具才能发挥它们公平的作用。一旦君臣上下曲意求私，那些器具并不会自动制止，更不会单独发挥它们的公平作用。在此意义上，才要说君子是治国之本源。在上位的君主养护好治国之源，端正治国理念，约束自身行为，官吏才会守护好那些治国手段，从而造福于国家和社会。

君主推崇礼义，尚贤使能，没有贪利之心，臣下就会表现出足够的辞让，尽力表现忠信，谨守臣子本分。当各级官员的模范作用影响到普通百姓的时候，即使没有那些度量衡器具，也会出现公平诚信的行为，以至于不用奖赏百姓也会劝勉，不用惩罚百姓也会服从，官吏不用劳顿也能完成公务，法令不必太多也能使社会风气变好。结果就是，老百姓无不顺从在上者的法度、遵从在上者的意愿，努力完成在上者的安排，上下安乐，社会和谐。这种社会发展程度，荀子称之为"至平"，最高层次的安定祥和。

（2）法治与人治的关系

荀子把王政置于霸政之上，或者更为欣赏王政，也是古代政治发展史的必然。在荀子时代，权力集于君主一身，且君主是世袭制，在这样的政治环境下，很难想象法治能够高明或周全到什么程度。出于对君主制的信仰，思想家们更倾向于寻找法律制度的不足。这种思想，在荀子这里甚至表现在一些从政的细节之中。

作为在上者，或者主事者，在处理政事的时候，如果过度严厉，并且不喜欢听取下属意见，下属就会畏惧怕事，不尽其心。这样一来，大事小事都会难以完成。相反，如果和颜悦色，喜欢听取各种意见，并且不加区分地接受，就会有各种各样的意见纷至沓来，甚至奸邪之说也会出现。这样一来，政事就会变得非常复杂难解，形成新的困难和麻烦。

荀子所说的这种情况，在具体处理政事的过程中确实是存在的，不过，荀子之所以如此强调这种情况，重点在于说明，不管法度有多严密，在具体执行过程中，执法者个人的好恶、性格、修养等因素，必然会影响政事处理结果。或者说，法律再严密，也不可能穷尽所有可能，所以，执法者必须要有一定的灵活性。

在处理政事过程中，如果完全按照法律规定行事，不进行全面考虑，那么，遇到法律没有规定的事情，势必就无法完成。同理，如果只按照职责做事，凡事不能通融，那么，遇到职责规定之外的事情，也是无法进行。按照荀子的看法，只有依法行事的同时再加上全面考虑，遵守职责的同时再加上通融权变，才不会遗漏什么。而如此周全的做法，也只有君子才做得到。这就是说，要用"公平"和"中和"去弥补职责不及和法律遗漏之处。法律规定了的，按照法律去做；法律没有规定的，就需要君子的灵活处理，具体说来，就是根据同类事情的处理办法去处理。在这个灵活处理的过程中，要坚持君子的基本原则，以避免偏见和私利的作怪。荀子的结论是，即使有良好的法律，也会出现难以处理的混乱情况。但是，如果是君子主政，什么时候也不会出现混乱状况。

人们当然不能把近现代社会的法治观念强加给荀子，也不能因为荀子的法治思想没有达到近现代社会的法治水平而去批评他。与其这样，还不如努力从荀子的思想中分析出一些道理，即荀子为什么会那样去想？与更为合理的法治精神相比，荀子法治思想的不足之处是什么？这样分析的目的不是责备荀子，而是应该提高对法治的认识水平。

不用说，即使是在今天，法律也不能解决所有问题，法治社会也不能预测到所有可能出现的社会现象。对于这些缺憾，只能以新的更合理的立法和执法去弥补，而不能因此就用人治去填补。另外，荀子所说的君子之人，是达到极高水平儒家修养的君子，而这样的君子不可能凭空产生，只能来自现实。但是，如果现实就是一个人治盛行的社会，这样的君子就很难产生，更不用说要完善一个社会，需要大批这样的君子。从逻辑上讲，荀子的这种出自善良愿望的想法基本上是行不通的。这不是说在现代社会行不通，就是在古代社会，在荀子的时代，也是行不通。所以，荀子的这一主张，不是被弃之不用，就是被专制制度歪曲利用。特别是在专制制度下，把人的因素放在首位，最终还是人治的社会，法律的作用、法治的精神只能被人治的现实歪曲利用。荀子思想的基础无疑是儒家的，而过度相信人的作用，特别是君子、圣人的作用，正是传统儒家最致命的缺憾。

总的来说，在人治与法治的关系上，荀子从根本上讲是推崇人治的，但也并不否认法治的效力。根据荀子的政治理论，一个理想的国度，当然是人治大行，直到王政普遍推行，实现圣人之世、仁人之治。然而，着眼于现实，荀子明白圣人之世不可能一下子到来。要从现在做起，从现实起步，就得重视法治的作用。荀子认为，以君子的礼义之道治国，只能在治世发挥作用，而在乱世，还须使用法治的赏罚之道。在荀子的国家观之下，其政治主张既有高远的理想，也有现实的选择，只有人治和法治相结合，才能最终达到圣人之世。荀子的如此主张，与他在学理上所认定的儒家思想和法家思想在治国之道上相互兼容的理念是一致的。

法治与赏罚

法治的问题，或者是依法治国的问题，在中国古代一直是一个重要且敏感的话题。既是一个政治话题，也是一个学术和思想话题。特别是在先秦时代，中国的法治思想经历了一个重要变革时期，为此后几千年中国社会发展奠定了政治思想基础。

在上古时代，社会结构比较简单，并不需要复杂的法治管理，更不需要向全社会公开法律制度。生活在城市中的只有社会上层贵族和下层平民，生活在乡野中的则是出苦力的农夫。在这种社会结构中，只要社会上层能够约束自己，下层平民和农夫便能正常生活。占据统治地位的贵族阶层，其力量足以直接管束其他阶层。这个时候，社会更需要的是礼治而不是法治，而礼治的特点是，虽然也有条条框框，但却有相当程度的灵活性，并且缺乏强制性，其基础是守礼者的道德自觉，或者是贵族个人、家族和集团之间的各种力量的相互制衡。

从东周时代开始，上述社会结构发生了变化，其根本原因是社会生产力的提高，社会总体财富的增多，以及随之而来的人口的增加和社会阶层的日益多样化和复杂化。在这种社会背景下，社会上层即使照样能够约束自身，其力量也已经不可能直接触及其他所有社会阶层，也没有能力直接去解决各个阶层的各种具体而复杂的利益冲突。

这其中的原因，一是贵族阶层本身的堕落，导致其正面的影响力下降，同时也使这个阶层的人数和力量不断消减；二是随着社会阶层的增加，特别是以知识阶层为代表的社会中层力量的出现，使得知识和文明在更广大的人群中散布，各阶层要求在社会发展中发挥更大作用、取得更大利益的要求越来越强烈；三是社会财富在增加的同时，社会关系更加复杂，社会矛盾更加多样化，对抗性也更加强烈。

面对这种复杂局面，统治者依靠个人影响力，特别是道德影响力去管理社会显然已经力不从心，更不用说在世袭制的特权面前，他们的道德自觉也是与日俱减。如果想要安定社会，保证他们的权力和利益得以继续，必须使用更有效的手段对社会进行管理。这个有效手段就是逐渐形成的法律条文和法治精神。

法律是一种契约，有成文法与不成文法的区别。这种契约精神古已有之。但在初民时代和上古时代，这种约束人的行为的契约有若干特点。一是非文字性的，多以口头的，以及社会成员相互默契的方式存在着，在很大程度还是要靠人们的自觉。二是非公开性的，即契约的内容并不告知全社会，甚至社会里的某些人与这类契约无关。三是随意性和主观性的，即一旦出现了有违契约的人和事，社会管理者是采用人为裁定的方式，接受裁定的一方并不能预知结果如何。

儒家思想在东周中期由孔子创发，与这种特殊的社会背景息息相关。知识分子也好，思想家也罢，都在回答如何更有效更合理地管理社会的问题。在孔子看来，如果治国的主导思想是以政令法律为主，一以刑律作为行为标准，人们就只求免于受罚，但却不会建立起内在羞耻之心。但是，如果以道德为主，人们不但会有羞耻之心，还会自觉约束行为。

荀子在坚持儒家德治为本的同时，与孔子和孟子相比，从根本上改变了儒家对法治有意无意地加以轻视的不足之处。所以，在荀子思想中，以理性精神为基础，对依法治国予以了足够重视。正是在此意义上，一直以来，人们认为荀子是由儒入法的思想家。但是，在更加全面地认识荀子的法治思想时，就会发现所谓"由儒入法"的说法是比较片面和轻率的。

（1）犯罪起源，公平立法

人为什么要犯法犯罪？回答这样的问题，涉及法律的起源、法治精神的成立、法律的走向和执行等一系列问题。

荀子批判了一种世俗说法，即认为上古时候人们都是薄葬，所以没有人去盗掘坟墓。在混乱的当今时代，因为出现了厚葬，这才引发了盗墓的犯罪行为。荀子认为，凡是盗窃行为，都是因为盗窃者的贪取无度，并不是因为生活不能自给。圣王在世，一定要使百姓生活富足，但却不能过度拥有。在这种社会状况之下，不仅不会有盗贼，而且农夫和商贾都能礼让财货，导致社会风气良好，男女自律，道不拾遗。荀子引用孔子的话说，天下有道的时候，盗贼最先改变其行为。这就是说，盗贼不窃不抢，是社会安定的最突出表征。在这个时候，即使墓葬中满是财宝，人们也不会去盗掘，因为求利的动机并不强烈，而且犯罪带来的羞愧之感更为沉重。

然而，在混乱的时代，在上者的发号施令，在下者的行为做事，都没有法度可言。有头脑的人没有机会发表意见，有能力人的没有机会施展才能，贤良者没有机会被任用。这等于是天时、地利、人和尽失，该做的事情做不成，致使物质财富匮乏，各种祸乱纷至沓来。社会上层发愁不够日用，社会下层忍饥挨饿。结果就是，统治者都跟夏桀王和商纣王一样暴虐，盗贼则肆意抢夺，危及社会，行为连禽兽都不如，盗掘坟墓就更不在话下了。即使是薄葬到裸身埋葬，也会有盗墓贼光顾，更不用说埋葬时多少有些装裹了。

荀子的结论是，要想制止犯罪，最根本的是建设一个和谐社会，而要建设一个和谐社会，必须保证经济发展，同时注重道德教化。荀子的观点中还隐含着一个结论，即法律并不能根除犯罪，而只是通过惩罚的手段在一定程度上遏止犯罪。

尽管从学理上讲，法律并不能根除犯罪，但着眼于现实，荀子还是非常理性地承认法律的有效性。既然如此，当然需要严肃地对待法律，必须公平立法。

在荀子看来，法律规定不可能穷尽所有方面和所有事务，所以他主张，在有法律依据的事情上要按照法律行事，而在法律未及或不及之处，则"以类举"，即依照同类或近似的判例或案例来执行。法律是本，依法而行是末；判例是左，相似之事例是右。也就是说，世上的各种事情，看上去各不相同，但却遵循着相同的规则，并因此而相互依存。根据这样的原理，赏罚之事完全可以分类完成，各种规定必须顺应民心才可以推行。

与此相关的问题，是犯罪和惩治的关系，即犯罪轻重与惩罚轻重的关系。这个问题在荀子时代争论得最为激烈。大体上讲，一些肤浅的儒生主张重罪轻罚，期望以此涵养社会风气，达到治世。一些比较激进的法家人物主张轻罪重罚，以期尽快刹住犯罪之风，使社会快速安稳，使国家集中力量富国强兵。针对这两种极端主张，荀子提出了自己的见解。

荀子的切入点是一些世俗学者的观点，这些学者认为，在古代的治世，如有犯罪行为，并不如法律所规定的，一定要在人的身体上施加某种刑罚，毁伤人的身体，而只是象征性地表示一下。比如说鼻刑，并不是割掉鼻子，而只是在面部用墨色画出某种记号而已。

荀子从一般性的犯罪理论讲起，明确反对这种说法。

如果是真正的古代的大治之世，人们一般是不会触犯刑律的，不仅是肉刑，就是象刑也不必使用。如果一定要说那时的人们也会犯法，然后去减轻对犯法者的刑罚，就等于是说，杀人的人不必被判死罪，伤害人的人也不用遭受刑罚。特别是，犯了最重的罪，却只受到最轻的惩罚，那么，普通人就不会知道什么是罪恶，结果只会给社会造成极大混乱。

刑罚或法律的根本，是禁止暴力、厌恶罪恶，并且通过惩罚而对人们发出警告，以防患于未然。如果说杀人可以不偿命，伤人可以不受刑，那就相当于告诉人们，要给暴力犯罪者以恩惠，给贼害他人者以宽免，这显然不是厌恶罪恶的表现。

通过以上对一般性犯罪理论的分析，荀子断言，所谓象征性惩罚的主张，并不是产生在古代的治世，而是出现在混乱的当今之世。在古代治世，凡是爵位、官位、职务、赏罚等措施，都是与相应的行为相配合，有什么样的作为，就会有什么样的报偿。哪怕是有一个错位，都会成为社会混乱的发端。如果德行与爵位不相称，能力与官职不相配，有功者得不到奖赏，有罪者没有受到惩罚，那将是最大的不祥之事。

（2）公正执法，合理赏罚

法律一旦制定出来，要在治理国家和社会中发挥作用，就必须做到公正执法，赏罚得当。

在具体执法过程中，刑罚与罪行适当，即所谓量刑准确，法律才会有威严，否则法律就不可能被严肃对待，更谈不上被严格遵守。同样地，作为赏庆的爵禄官职，如果与贤者的德行和才能相当，才会被看重，否则就会被鄙视。在任何一个治世，量刑都不会高于犯罪事实，爵禄也不会超过官员的贤德。父亲犯罪不会累及儿子，兄长犯罪也不会累及弟弟。奖赏和惩罚都能够恰如其分，人们对法律心悦诚服，做善事会起到劝勉他人的作用，做恶事则能够起到让人吸取教训的作用。这样一来，刑罚尽管很少使用，法律的威严却遍及天下，各项政策规定很透明，教化的作用更是如神明一样影响深远。

在正面阐述了执法公正之后，荀子又从反面加以强化。他说，混乱之世的情形完全不同。量刑随意，爵禄之赏并不依据贤德。更为恶劣的是所谓"以族论罪，以世举贤"，如果有人犯罪，他的父族、母族、妻族之人，即使如大舜一样有德行，也都会受到牵连，比如秦国商鞅制定的"连坐之制"；另一方面，如果有先祖是贤德而有地位之人，子孙都会沾光，即使他们如同桀王和纣王那样暴虐无行，也会世世享受尊荣。完全可以想象，这样治理的国家必定混乱无序。

荀子时代的法律主要是指刑法，当时称为法、刑罚，所谓执法，也主要是体现在惩罚之上。但是，在荀子法治思想中，与他的霸道与王道并重、法治与德治并行的思想相一致，强调了赏和罚的同等重要性。

荀子认为，如果奖赏不能合理执行，贤能之人就不会得到进用；如果惩罚不能恰当执行，不肖之徒就不会被黜退。这样一来，有能力和没有能力的人都不会待在适合于自己的官位上。更严重的结果就是，万物都难以处在合适的位置，任何事物的变化都难以得到合适的回应，以至于天时、地利、人和都会失调，天下之人都会不满现状，如同在烈火上受煎熬一般。

施政者一旦不能依照法律严格执政，不仅会影响个体从政者的政治前途，以及一国一地一时的政治清明，还会使这种消极和负面的影响播撒到社会和人间的各个方面、各个角落，会影响到所有的人和事。

在当时的政治制度之下，人治的思维和方式依然占据主导地位，在现实中，任何法律法规又不可能顾及所有赏和罚的具体情况，这就会导致赏、罚的尺度不容易掌握，不容易恰如其分地落实。对于这种令人沮丧的情形，荀子的主张是，从赏与罚的本意来说，奖赏不应该过度，不应该超越本来的规定，刑罚也不应该泛滥无际，不应该伤及无辜。奖赏过度有可能让小人获利，刑罚泛滥会让君子受害。但是，着眼于现实，赏和罚都存在着过度过量的问题，荀子的态度是，宁可奖赏过度，也不要刑罚泛滥。这样做的理由是，与其因为刑罚泛滥而伤及善良，还不如奖赏过度而惠及不守规矩之人。这是典型的儒家政治伦理或立法精神，而在这方面，法家的主张正好相反。荀子如此坚持儒家的主张，其伦理前提是，伤害善良对社会的危害远远大于奖赏不良。其实，这种观念固然很宽容，但是，在很多时代，实际情况却并不像荀子想象得那么简单和直接。

那么，如何能够合理而顺利地施行赏和罚，如何使赏、罚失当的状况得以扭转，并最大限度地造福于社会呢？循着儒家以德治国、以上示下的原则，荀子提出一些具有创新意义的主张。

荀子以先王和圣人为说，认为君主要有必要的手段，满足耳目之娱、口舌之味，让他治下的人民知道君主也需要满足物质生活享受，这样一来，君主的奖赏手段才能吸引人民。这其中的道理是，要让人们都知道，必要的生活享受是合理的。君主是人，普通人也是人。人们的基本欲望，君主也喜欢；君主的享受，人们也能得到。普通人要想得到与君主同样的享受，就必须思想向善，行为端正。同时，君主还要增加劳动人口，让官职齐备，使赏罚严明、刑罚严格，看重法治的作用。这样一来，让老百姓都知道君主对法治也有敬畏之心，知道遵纪守法的必要性，从而使刑罚能够发挥其应有作用。

一旦赏、罚得行，贤能之人就可以得到进用，不肖之徒就可以被黜退，能力不同的人就都可以得到适当的官位。在这种合理而清明的政治状况下，社会方方面面的发展无不顺畅，物质资料生产自然不在话下。荀子相当夸张地描述说，社会财富如泉水一样源源不断，如同大山一样堆积无边，甚至因为没有足够的地方收藏，只有付之一炬。显然，到了这种地步，人们还有必要担心没有足够的财货满足人们的生活需求吗？

从荀子的整体主张来看，他所说的应该得到各方面满足的君主，是指那种称职的君主。也就是说，并不是所有的君主都有资格获得全方位的满足，更不是说让君主满足的目的是让他们恣意挥霍。相反，只有称职的君主，或者是英明的君主，才有资格让社会满足其所有的个人欲望。

所以，荀子强调满足君主欲望的目的，是着眼于全社会的合理需要，着眼于社会发展而提出的，并不是为了满足君主的个人需求而提出的。

○
○

国家经济

荀子生活在战国末期，中国上古以来的政治发展，特别是周朝的政治过程已经基本结束，有条件在政治上有所总结。春秋战国时代的百家争鸣，说到底还是各家各派都想使自己的思想学说左右现实政治运作。在这个过程中，有得势的，如法家、纵横家、兵家等；也有不得势的，如儒家、墨家、名家等。荀子的思想发展时期处在百家争鸣之末，正介乎得势与不得势之间。所谓得势，是指荀子思想中的那些具有强烈现实针对性的内容；所谓不得势，则是荀子思想中的理想主义成分。这种思想上的双重性，集中体现在他关于王道和霸道思想的论述中。

先秦时期的王道和霸道思想，有着非常复杂的政治内容和演变过程。"王"在字面上指周王，即周天子；"霸"即是"伯"，"伯"的本义是首长、首领，而所谓春秋五霸（伯）就是诸侯的首领。西周时代，周王权威通行天下，"周礼"是天下人普遍遵循的政治原则。东周以来，周王权威扫地，成为霸主傀儡，霸主依靠军事实力，成为天下政治主导者。王道和霸道逐渐脱离了它们的字面意义，分别专指以仁义道德和强力手段主宰天下。王道与霸道思想的提出和比较，是战国以来的事情。当时的人们总结以往政治经验，认为天下政治非王即霸，王道与霸道不可调和。在先秦儒家内部，孔子本人没有王道和霸道的说法。孔子在倡导恢复以周天子为首的天下政治秩序的同时，对齐桓公称霸的历史功绩也有所肯定。总体上讲，孔子是肯定王道的，霸道充其量也是对王道的补充而已。可是，到了孟子那里，却独遵王道，力排霸道。

荀子认为仁义道德具有更强大和持久的力量，在终极意义上，荀子依然是王道论者。这既是儒家学者的良知所在，也是反省历史、思考现实的结果。从历史上看，齐桓公和晋文公的霸业虽然轰轰烈烈，卓有成效，但终究还是人亡政息，昙花一现。至于现实中的秦国，战场上的胜利充满了血腥，比如在与赵国的长平之战中，用坑杀降兵的做法削弱敌国的士气，这必然激起更大的仇恨，难以让人口服心服。这就说明，要想实现天下统一并要长久保持下去，必须以王道为根本。

不过，荀子的成长经历和思想历程既不同于孔子，也不同于孟子。孔、孟生活在鲁国，受传统周礼影响很深，理想主义倾向严重，都强调王道的唯一性，主张以王道一统天下。荀子生长在三晋地区，深受三晋法家思想和战争文化影响。中年之后，荀子又在齐、楚、秦这样的军事大国之间游历，特别是秦国的对外争胜和国内的井然有序，使荀子深深感受到了霸道的现实有效性。所以，荀子不仅没有从根本上反对霸道，而且还关注霸道之术，比如研究兵法战策，形成一套战略战术思想。

荀子在肯定了霸道的现实有效性的同时，也提出了对霸道的修正和制约。荀子主张发展经济，以国力的全面提升作为实行霸道的基础。荀子还强调守信在推行霸道过程中的重要作用。对本国的人民讲究信用，可以有效调动各方面力量；对他国讲究信用，可以牢固控制天下局势。

总而言之，王政是荀子心目中最高的政治标准和政治理想，霸政又是荀子不得不肯定的有效的现实政治，而荀子最终的选择，则是王政与霸政的结合和平衡，在指导思想上，则是儒家思想与法家思想的结合。儒家主导政治方向，法家应对现实政治；儒家道德高于一切，法家赏罚行之有效。

王政裕民，王道经济

所谓"王政"就是"王者之政"，"王道"就是圣王之道，用一句话来说，就是孔子以来儒家集群逐渐形成的理想政治模式和政权原则。不过，在荀子之前，孔子、孟子等大儒对王道和王政的阐述多集中在政治领域和道德层面，其他方面虽有提及，但并没有深入论述。只有在荀子这里，王道和王政才最终成为一个全面的政治理念和政治过程，特别是荀子王政思想对于经济的重视，对于普通人利益的重视，使儒家的王政思想具有更加明确的现实性。

在荀子的王政之中，经济问题得到了多方面关注，被视为王政的重要基础。荀子思想的这一特色，与他的整体思想是一致的。之所以说这是荀子思想的特色，是说在先秦儒学中，没有其他思想家能像荀子这样，不仅重视一国经济问题，而且把经济发展与社会发展的关系在学理上做出了方方面面的探讨。从荀子的整体思想看来，他能够理性对待一切问题，总是能够结合社会现实提出他的主张。

孔子并不否认经济和民生问题的重要性，但他基本上不认为这是儒家学者应该特别关注的事情，他们的职责不在于此，因为国家自有专门负责经济问题的人员。孔子也不排斥经济利益，虽然他认为过度注重经济利益会有碍于良好社会风气的养成，但如果君子能尽其责，在社会道德建设方面取得预期效果，社会风气不会有太多问题，经济建设也自然会走上轨道。这其中不管有多少理想成分，孔子终究是没有否定经济问题在治国理政方面的作用。

相对来讲，孟子对"利"的反感甚至排斥更为强烈和明显一些。孟子思路是沿着孔子思想下来的，但由于道德问题在他的时代更为突出，使孟子对经济问题，特别是对个人的经济利益的诉求更为敏感。他虽然有"有恒产者有恒心"的著名论断，但这个论断更多的是针对普通民众而言的，而他心目中的君子或大丈夫是要超越类似利益诉求的。不过，纵观现实，正是社会中上层人物的物质欲求才是决定社会稳定与否的最重要因素。在这个问题上，孟子基本上是文不对题的，他的"义利之辨"也更容易成为社会中上层贪婪之徒的口头文章。

荀子主张人性为恶，是说人们总是把个人利益摆在首位，并且多半时候是自然而然的，下意识的。即使是有修养的社会中上层人物，绝大多数也无法超越私利。与其漠视其存在，还不如直面现实，想办法疏导，更重要的是加以限制。理性地来看，荀子的主张更具有现实合理性。但是，在政治专制的时代，这种思想的危险性却胜过孔子和孟子的主张。在个人权力无限膨胀的情况下，荀子的主张更容易滑向助纣为虐的境地。

在荀子"王者之法"的理想政治中，经济原则占据基础性地位。荀子强调，王者之民并不是生活在纯粹道德原则之下，而是必须在必要的和优渥的物质条件下生活，这个方面是孔子、孟子的思想中相对薄弱的一面。这就说明，当荀子考察各国状况时，特别是考察秦国发展进程时，注意到了生产和生活对一个社会、一个国家的重要性。在韩非子思想中，特别强调奖励耕、战之士，其中的"耕"，就是农业生产，也包括人民生活。农业生产有进步，人民生活有保障，是"战"的根本保证。秦国士兵的战斗力超强，原因是秦国士兵不仅纪律严明，而且体格好，兵器好，而这些都有赖于高水平的农业生产和有保障的物质生活。在山东六国都在力保上层社会享受的同时，秦国却非常在意所谓"耕战之士"的生活。这样一来，最终的胜负其实早就有结果了。荀子虽然没有看到秦国一统天下的最终结果，但在现实的考察和理性思考之下，他清楚地认识到了"王者之法"的基础是经济，这在那个时代是非常可贵的思想。

王者富民，王者生民

整体的早期儒家确实注意到了经济问题对于国家和社会的重要作用，甚至是基础性作用。只是他们同时也意识到了经济利益的负面作用更是巨大，所以宁肯把他们的思想重点首先放在道德教化上，也就有意无意地尽量避免谈及经济问题。但是，在这方面，荀子确实是个例外。他的理性主义精神让他有勇气面对现实。从其思想大方向上讲，荀子甚至可以说是明确了经济利益的基础性作用，因为他以经济利益为基础，划分出了各种类型的君主、各种类型的政治模式。

聚敛之君。如卫国的成侯和嗣公，只是想方设法从民众手中聚敛财富，而并不在意民心向背，荀子认为这种君主迟早是要亡国灭身的。

取民之政。如郑国著名政治家子产，注意发展生产，保障人民生活，很得民心，但却没有在政治方向上多做文章，荀子认为也只能做到使民心安定，社会不出现大的动荡，国家也能保证平稳无大事。确实，在子产当政的年代，郑国是小国，本来夹在晋、楚两个争霸的大国之间，日子并不好过，但由于郑国能够很好地发展生产，有一定的经济能力进贡大国，子产本人又有足够的智慧，使得子产治理下的郑国保持了三十多年的安定状态。这一结果的基础是子产注重经济，保障民生，以至于当他去世之时，孔子称他是"古之遗爱"，一个对百姓有爱心的政治家。但是，子产离世后，郑国很快就陷入了往日的紧张和混乱之中。这是为什么呢？荀子认为是缺乏对政治方向的调整，没有进行政治改革。

为政之政。如春秋中期齐国的管仲，在政治上进行大刀阔斧的改革，直到辅佐齐桓公称霸天下。但在荀子看来，管仲的政治改革力度有限，方向也不明确，并没有走上儒家礼治道路，所以，齐国也只是在齐桓公的时代成为强国，而当管仲和齐桓公相继去世后，齐国就一蹶不振了。

修礼之政，也就是王者之政。可惜在荀子时代还没有出现这样的政治，当然也就不能列举出这样的政治人物。

再从经济建设的角度去看，荀子认为，王者是让老百姓富裕，霸者是保证士卒的经济收入，那些勉强生存的国家则是富了当权者，而走向灭亡的国家则是富了君主一人。

荀子强调，一个国家到底是走向贫困还是走向富裕，从一些现象当中是能够看出来的。

导致国贫民困的原因当然有很多，但荀子在其列举中，君主的作用是第一位的。君主的好大喜功、贪财贪利是首要原因。其他则是政府机构过于庞大，吃财政的官员太多，再其次则是从事工商业的人数太多，减少了农业劳动力，最后则是政府的税赋没有一定之规，随意收取。

在说到一国之主对于国家经济发展和人民生活的首要作用时，荀子强调了一个非常重要的传统儒家的主张。这一主张，源于孔子弟子有子与鲁哀公的一场著名对话。

这一年，鲁国农业收成不好，鲁哀公的税收大减，日常用度都有了问题，就请教有子有没有好办法。有子是孔子前期弟子，以见识卓越闻名。对于鲁哀公之问，有子反问："为什么不采用十取其一的税制呢？"这是说农民把收成的十分之一交给土地的主人，在此就是指鲁哀公。鲁哀公听后当然大吃一惊："我现在用的是十取其二的税制都不够日用，为什么你反倒让我十取其一呢？"也就是说，十取其一不就更捉襟见肘了吗？

这时候，有子才明确地说出了他真正想说的话，真正想表达的思想。有子说："如果百姓都富足了，君主怎能会不富足？如果百姓不能富足，君主怎么能够富足呢？"这一思想，乍听上去有些书生气，其实是道出了一个根本的治国理政之道。

鲁哀公的看法是基于一年一时的情况，有子的主张则是治事当国的长久之策。鲁哀公认为，他的日常不足，是因为自然灾害影响了税收。但在有子看来，正是鲁哀公多少年来一直收税太重，致使百姓收入太少，缺乏劳动积极性，没有足够积累，没有能力抵御自然灾害。

荀子说，在下者贫困，在上者也会贫困，在下者富足，在上者就会富足。所谓小河有源，大河才会有流。能够生长庄稼的田野，才是天下财富的源泉。百姓劳动积极性高，把必要的劳力投入到田地之中，国家的收入才会有保障。国家仓库充盈，是庄稼丰收的结果。英明的君主，必定是要想方设法激励百姓的劳动积极性，开源节流，增加劳动者收入。当劳动者收入有余之时，在上者自然就不会发愁收入的问题了。在下者与在上者都很富足，相互不用算计得失，到了这个时候，治国大计就到了极致之处了。

荀子的这一思想，既不是单纯的经济考虑，也不是完全的政治考虑，而是政治思想与经济思想的有机结合。这个道理并不难懂，但只有高瞻远瞩的政治家才能付诸实施。一个国家，田野荒芜而国库充实，百姓家中空虚无物而君主仓库爆满，可以称作为"国蹶"，即已经开始跌蹶倾覆的国家。这样的国家犹如根基受损的树木，好比源头已经枯竭的泉水，虽然看上去叶子还很茂盛，下游也还有流水，而其主人却浑然不知根本处发生了什么，这样的国家，灭亡就在眼前了。对于这样的国家及其君主，荀子是真为他们着急。荀子接触过他们，观察过他们的国家，所以才深切地说，以全国之人都不能养活君主一个人，这样的君主真可以说是世上最贫困的人，也是极端愚昧的人主了。这些君主的本意是求富求利，结果却是丧国危身。这可不是危言耸听。荀子说，在他的时代之前，曾经存在过的诸侯国有千千万万，但现在却只剩下十几个。原因就是一个，即没有把百姓的利益作为立国的基础去巩固。讲到此，荀子不无感慨地说："那些做人君的，应该可以觉醒了吧！"

在中国古代政治中，老百姓处于一个相当尴尬和矛盾的地位。传统儒家充分肯定了普通百姓在社会和国家中的基础作用，所谓"能载舟，亦能覆舟"者也。如果得不到老百姓拥护，一个政权或王朝是不可能安定，不可能长期存在的。这基本上是历代统治者的共识。但是，在具体治国理政中如何落实上述理念，通过什么样的途径让百姓发挥作用，如何让民意影响、作用甚至主导一国政治的走向，却是相当复杂的问题。

要理解中国古代百姓的作用和地位，事实上必须以那个农耕时代的基本状况为讨论的基本点或出发点。即使是亲民的传统儒家思想，也只是立足于倾听民意、为民服务这一点上，归结为一，就是尽量满足百姓需求。儒家的基本思路，还是把百姓放在一个较为被动的位置上的，即英明的君主、称职的官员一定会为百姓考虑好需求，并积极地满足他们。在农业社会，农民只是经营着土地，他们居处分散，见识不高，不可能尽情地表达愿望。城市里的平民也是各为自己打算，不会发表共同主张，不能集中表达利益诉求。至于政治上的要求，在儒家看来，圣王先哲已经规划好的蓝图，不仅是百姓，就是官员，也不能随意改变。

这样一来，在中国古代，百姓的地位和作用只能通过他们对政府提供给他们的服务的满意与否来表达。他们没有主动选择，也不必要有主动选择、不应该有主动选择。更为重要的是，无论是在政府听取和满足民意的过程中，还是在民意反过来表达他们的满意不满意的过程中，传统中国的政治思想中都不太注意途径和方法，更谈不上将这类途径和方法加以制度化，并强调其操作性。这方面的不足，就为相关方面的冲突埋下了祸根。

生民有道，以政富国

在荀子礼、法治国的政治思想中，礼在终极意义上讲是居于主导地位的。但是，荀子讲礼法之治意义上的礼，并没有轻率地认为礼是自然而然的、无须证明的先验之物，而是源之于经济利益的。这样一来，荀子不仅把礼和法统一了起来，还把礼的产生和发挥作用置于一个合理而坚实的基础之上。既然经济利益是礼的产生和发挥作用的基础，那么，注重社会的经济发展和人们的经济利益也就成为必然之事，至少在逻辑上讲就是社会首要问题了。

荀子认为，礼是一种规定，也是一种标准。表面上看，礼要达到区分贵贱、长幼、贫富的目的，但这种后天的区分是有一定之规的。那就是，有其德才能有其位，有其位才能有其禄，有其禄才能有其用。这里提到的用，应该是物质生活方面的享用。所以，礼并不是无原则的条文，也不是什么人想象出来的规则，而是与德相适应的经济法则、生活法则。

与传统儒家的理念相一致，荀子也认为对社会管理层应该用礼乐加以节制，对普通劳动者则以法规加以管制。那么，这样的礼乐制度是如何产生的呢？制定它们的必要性在哪里呢？荀子指出，从上到下，先根据土地的大小设立诸侯国；在诸侯国之内，要根据耕地的多少、肥瘠和分布情况来决定人口多少；对于劳动者，则根据能力大小决定他耕种多少土地。这样一来，就把国家政治制度与经济基础相联系，并取得了一致性。

在政治理念和经济理念取得一致之后，荀子具体讲述了他的经济措施。他认为，只有让劳动者的能力与他们所从事的工作相适应，才能保证完成他们应该做的事情，不管是农耕之事，还是百工之事。劳动者顺利完成了他们应当做的事情，才能产生足够的经济效益，也才能保证劳动者的衣食所需，进而还能有一定的盈余。荀子把这个合理过程称为"称数"，即与客观需求相称、相一致。

既然是客观需求，荀子就自然推导出，上自天子，下至庶民，人们所从事的工作不管是体量大小，还是重要性如何，都应该遵循"称数"规则。一个社会若以"称数"为准则，无论是社会管理者，还是劳动者，就都不会有侥幸之心，也不会有侥幸之事，更不会有侥幸之行。作为社会基础的经济行为一旦走上了合理之途，政治合理性、道德有效性就不在话下了。

在荀子时代，国家经济的主体是农业经济，中国社会也是一个成熟的农业社会，所以，发展经济的核心内容是保证农业经济正常进行。历史经验已经证明，农业经济更是保证专制政治正常运作的基本条件。在荀子看来，经济政策，以至于国家政治，是"裕民"的关键所在。这就是，减轻农业赋税，消除农产品流通过程中的征税环节，减少商贾之人的投机营利，最低限度地征发劳役，更不要因为劳役而影响农时。很显然，这些政策都是保证和促进农业生产的措施，包括减少商贾的数量，也是由于商人在流通过程中过度谋利会增加农民负担、减少农业有效产出。落实好上述政策，就能有效保护农业健康发展，从而增加农业产量，达到"国富"和"裕民"的目的。

一国之政治和经济的目的是一致的。荀子坚持"以政裕民"，强调政治的作用之一就是提高民众的物质生活水平。荀子这一主张在传统儒家思想中是不明确的。在与荀子思想紧密相关的法家思想中，这一思想虽然很明确，但其动机和目的又严重脱离荀子最初设想。荀子思想站在儒家和法家之间，本意是要弥补双方思想的不足之处，但其合理的真意却未能得到当时任何一国的真正理解和贯彻，这不能说不是一个绝大的历史遗憾。

荀子"以政裕民"思想的另一个重要方面，是突出君主个人的示范作用，并且这种示范作用是那个时代其他思想家不敢想象，也不可能提出的。

荀子说，身为人民之主，一定要喜欢美饰自己、追求富厚生活，以此来统一民心，让人们满足物质欲求。君主过着优渥生活，耳、目、口都得到了最大满足，就会使人们知道，追求物质享受是合理的。这样一来，人们就会在守法的前提下努力劳作，追求最大的物质利益。在个人物质利益得到满足的同时，社会财富也会不断增加，以至于因为没有足够的地方收藏物产，不得不烧掉。荀子用这种夸张的说法是要告诉人们，统治者不可以用限制人们物质消费的方法统一思想和安定社会，而是要用必要的物欲去刺激人们的行为，让人们明白物欲是可以通过必要的劳作而得到满足的，这就在客观上为社会经济的发展找到了一个合理的根据或发展动力。

　　荀子是在讲到刑罚的作用时提出这一主张的，但同时也揭示出一个道理，即发展经济必须选择积极倡导的途径，而不能片面采取过度节制的手段。君主要通过自己的消费方式做出示范，告诉百姓物质享受是合理的，是必需的。这样一来，人们就会为了实现合理的物质欲求而努力，当然其前提是遵纪守法。站在更高视野来看，君臣上下都在一定的规矩之内勤奋劳作，就会创造源源不断的甚至大大超出人们所需要的社会财富，而完全没有必要担心资源不足有、财富不够用。也就是说，要想发展经济，让全社会在丰裕的物质环境下生活，君主必须采取必要的政治方式。在这里，荀子真正想要表达的是，只要政治合理，完全可以使经济发展走上良性循环的轨道。甚至可以说，没有合理的政治，经济的长久发展是不可能实现的。

　　荀子是理性的乐观主义者，体现在他的"以政裕民"思想中的，就是"天下何患乎不足"。天下的财富足够支撑天下之人的生存，关键是人们有没有使用合理的手段去获取。

　　正如上文所言，荀子"以政裕民"的一个重要内容，就是君主的率先垂范作用。根据传统儒家的主张，孝悌之道的自然提升，就是忠君。荀子认为，君的本义，就是组织和领导民众。组织和领导得到位了，万事万物都得到了该有的位置，家禽家畜都能够正常生长，人们自然就会各顺其命、生生不息。只要有足够的时间饲养，牲畜就会长成；只要按时劳作，庄稼就会丰收。更重要的是，只要国家管理得当，百姓就会心齐，贤能之人就会顺从出力。这三个方面事实上是相互关联的，是一个国家政治方向正确的表征。

在一个有秩序的社会里，人们的生产生活都是有规矩可循的。治理国家和社会的大方向确定之后，荀子还提出了具体的生民之道。这样的要求，不论是经过实际检验的，还是荀子思考所得，都是颇为符合生产生活实际的，并且与现代人的认知水平相一致。比如说，砍伐树木要遵循树木的生长规律，幼小和没有长成的树木不要砍伐，即使它们是有经济价值的。至于养鱼捕鱼，同样要遵循鱼类的生长规律，特别是在鱼类的孕育期内，一定要禁捕，目的是保证鱼类生长期，以便获得更多收成。至于春耕、夏耘、秋收、冬藏等农业生产的基本要求，荀子更是不敢忘记，并且提醒人们，只有不失四季之时，才会五谷丰登，收获有余。最后，荀子强调，这些要求的目的，是要保证"百姓有余用"和"百姓有余材"，经济目的非常醒目。

在确定了基本方向，提供了基本方法之后，荀子为人们展示了美好经济前景，最后归结到了"大神"社会。

荀子以渊博的知识为人们展示了当时中原地区东西南北四个方向所在地区的独特物产。当然，荀子的深意并不是告诉人们这些具体事物，而是昭示人们，只要去努力，天下就有收获不尽的物产。

更为重要的是，人们之所以能够获得如此丰富的物产，不必都是亲自获取，而是还可以通过物品交换的渠道去得到。打鱼的人能够获得树木，砍树的人能够吃上鱼虾，农夫能够用上各类工具，工匠和商人能够吃到粮食，都是物品交换的结果。天地间一切有用之物，只要获取方法正确，获得渠道得当，就都能够为人所用。上自贤良有地位者，下至普通百姓，都能从收获财物的过程中得到乐趣，并享用劳动成果。荀子把这个过程、这种境界称之为"大神"。

所谓"大神"，就是最大的神用。这是荀子对劳动的赞美，也是对人类的信心。这里的"神"并不是指任何一种神灵，而是指那种人类集体智慧和力量所创造的神奇。之所以说是最大的神用，强调的是这种神奇不是个别人通过个别行为能够在短暂时间内所创造，而是人类群体发出的最深沉、最无形的力量。

节用裕民，既富且教

在荀子王政的经济建设方面，"节用裕民"又是一个重要的方面。

荀子指出，要想使国家富足，拥有雄厚的经济基础，必须节用裕民。实现了节用裕民，国家财政收入才会有富余。荀子顺便强调，要妥善积藏富余下来的资财。

对于节用，荀子只提到了"节用以礼""以礼节用之"。根据先秦儒家的一贯主张，"节用"的主体通常是指在位者。比如孔子就有"节用而爱人"的主张，要求在位者节约开支、节省民力。

荀子"节用裕民"思想的重点在"裕民",并且有着比较全面和系统的主张。所谓"裕民",就是让民众富裕,有富裕的收入,过上富裕的生活。

节用和裕民,都要根据一定之规来进行。因为节用是针对在上者,所以要依礼而行;裕民针对在下者,所以要依照政令行事。

"裕民"的实质不是单单地让民众得到实惠,更重要的是让国家有多余的收入,这样一来,社会便进入了一种良性循环。国家政策对头,把民众利益放在前面,民众收入就会增加,民众收入增加的结果,必然是国家税收有保障,甚至会有多余收入。国家利益有了保障,就会更加坚定执行既定政策,从而进一步解放生产力,民众生产积极性也会更加提高,结果就会使国家经济进程步入良性发展轨道。

为什么会是这样的呢?荀子解释说,一旦实现了"裕民",民众就会富有;民众富有了,就会把更多的人力物力投入到田地之中,使田地更方便耕种,更有可能实现高产,获得百倍于投入的产出。由此可见,荀子"裕民"思想中的民众,就是粮食的生产者农户或农民,而在荀子时代,这些人,或者是至少这些人中的大部分,是拥有土地的,所以才会在土地中进行投入。

更为重要的是,如果在上者实现"节用裕民"政策,还会得到"仁义圣良"的好名声,更不用说富厚如丘山一般的实际收入了。所以,"节用裕民"才会成为王政之经济政策的不二选择。

那么，不实行"节用裕民"的政策会有什么恶果呢？这样的描述更是荀子所擅长的。他说，不采取"节用裕民"之道，民众就会贫困，贫困之民的田地当然不会得到必要投入，长此以往，耕地日益贫瘠，收成日益减少。到了这般境地，即使在位者喜欢侵夺民力民财，也无从下手，难有收获。进而言之，如果因此而采取无礼节用的做法，即不加选择、不顾利害地要求民众节用，必然会得到贪图利益、强迫民众的恶名，更不用说事实上就根本不会得到实际收获了。

着眼于现实，既然利益是基础，是每个人都离不开的，是当政者回避不了的，那么，与其避而不谈，还不如直面讨论，更不如合理利用。特别是对于当政者来说，充分重视和利用实际利益的作用，只有好处，没有坏处。

荀子分了若干层次讲述他的以利导民的原则。

在普通层次上，当政者如果要想从民众身上得利，可取的办法是让民众也从中获利，而不应该不让他们有所得。此所谓从民众身上获利，既包括税赋之类的直接从民众劳作中获利，也应该包括社会安定，即民众奉公守法，当政者安享国运。为此，荀子主张，当政者必须让民众也从这个过程中得利，即至少要保证他们的温饱和心情舒畅。这也就是荀子接下来解释的，与其以不爱民众的心态去役用民众，不如怀着慈爱之心去役用他们，因为只有这样才能真正建功立业。

在高层次上，荀子的主张也是非常明确的。当政者与其让民众得利之后再利用他们，还不如让民众得利之后，根本不要从民众身上获利，这样的利益才是当政者最应该得到的利益。同样，以慈爱之心役用民众，还不如既有慈爱之心、又不去役用民众所获得的功业更为宏大。其实，国家要保证正常运转，不取利于民，不役用民众，显然是不可能的。所以，当荀子倡导"利而不利"的时候，主要是强调当政者对待民众的指导思想以及尽可能低额度的取民用民政策。这应该说是受到了《老子》"无为"政治观念的影响，不主张当政者的过度作为。

很显然，在荀子思想中，治国临民的重要基础之一就是经济利益。如果保证了民众的经济利益，如果当政者如同对待自己的利益一样对待民众的利益，就能使国家走向兴盛。这样的观点，在其他儒家大师的思想中是不明确的，甚至是难以推导出来的。正是有着这样的理性思维，荀子思想才能在务实的汉唐时代受到普遍重视，产生广泛社会影响。

当然，在主张富民，让民众生活富足的同时，荀子也没有忘记他的政治思想家的使命，即以儒家道德思想教化民众，以期造就一个理想社会。根据荀子的人性之论，性是人的本质，情是性的表现。对于民众来说，其思想本质需要通过道德教化加以调理，而其实际表现则需要通过提高他们的物质生活水平加以调养。如果只有道德说教，缺乏提高其生活水平的办法，就无法从根本上改变人性之恶、节制人情之放纵。当然，如果只强调物质生活，不进行教化，也无法实现民性、民情的改变和提高。从逻辑上讲，富民与教民应该同时进行，二者同等重要。但从实际操作层面讲，荀子还是主张富民放在前，这从他的文字表述中就能看得出来。

因为必须富民在先，荀子主张，普通人家应该有五亩大的宅院、百亩大的耕地，还必须保证其劳动时间，当政者不能用太多的劳役影响农时，这才是富民的正确路径。做到了这一点，才能设立各种层次的学校，用礼乐教化导引人们由富走向善。值得强调的是，荀子的真意并不是说富了之后再去教化，而是说必须在民众的基本生活得到保障后，教化才能发挥其真正作用。

总之，要想治理好一个国家，不论是理想中的王政，还是现实中的霸政，必须注重发展经济，提高民众生活水平，这其实是法家的基本主张。但是，法家人物，比如荀子的弟子韩非子，认为只要解决了民众的物质生活问题，就不需要刻意进行道德教化。在儒家思想传统中，孔子早就提出了所谓"先富后教"的思想。不过，孔子以及随后的儒家人物所主张的"先富后教"，是将富作为教的手段和过程，教才是最崇高的目的。荀子的高明之处是把富也作为不可或缺的目标。也就是说，其他儒家大师们有意无意地认为只有教才是天经地义的，而荀子则认为，既富且教才是合理的现实选择。

君臣关系

在中国古代君主专制政治体制下，君主和大臣的关系是最重要的政治关系。整个先秦时代，这个专制体制正在形成之中，旧有的以封建制为背景的相对分权的君臣关系，到了战国中后期正在向着高度集权的阶段进发。在这个过程中，君主和大臣都在寻求和定位各自新的位置。

无论是从君主专制的体制来看，还是从儒家重视政治人物的道德修养的角度来看，在君臣关系中，君主无疑居于主要地位，所以，荀子把大量笔墨放在了对君主的要求和批判之上，当然，对大臣也有各方面的要求。事实上，所谓君臣关系的问题，换个角度来看，也是如何做君主、如何做大臣的问题。

在儒家政治理想中，君臣关系应该是"君使臣以礼，臣事君以忠"，君主根据周礼的要求对待大臣，大臣则以忠诚作为回报。这是孔子在与鲁定公的一次对话中，回答鲁定公所问"君使臣，臣事君，如之何"时的答复。这场对话看似简短，其实政治内涵相当丰富。鲁定公时，孔子在鲁国做官，官至司寇，甚至有记载说孔子代理国相的工作，而鲁君当时虽然已经不再大权在握，但尚未完全失势，所以，鲁定公与孔子进行这场对话的时候，还是代表了春秋末期君臣关系中的一个重要时期。

从这次君臣对话中可以看出，当时的君臣关系是相当紧张的，不仅鲁国如此，其他国家也一样。在鲁国，主要政治资源已经掌握在"三家"（季氏、叔氏、孟氏）手中，据称鲁君只有"国之十一"，即只有国力的十分之一。完全可以想见，在这种情势下，身为大臣的三大家族的权贵，对于鲁国君主的忠心和服从是相当有限的。但是，作为对于"周礼"的遵从，对于鲁国作为周公之后的周文化的遵循，鲁定公还是把君主放在前面，大臣放在后面，因为这是周礼文化下必须有的政治等级。

孔子的回答虽然也是君在前、臣在后，但显然已经超越了等级的重要性，而是把君主的典范作用放在首位。也就是说，只有君主以礼待臣，大臣才可能以忠事君。反过来讲，如果君主不能守礼，就很难指望大臣表忠。孔子不能这么明说，但实际的蕴意应该包含这样的内容。所以，在孔子的这个经典论断中，既有儒家的精神，即礼、忠，也有对法家的启迪，即大臣的忠君是有条件的。

对于孔子思想的上述内容，荀子是有着深刻认识的，并且结合他游历各国政治所得，特别是与各国君臣的交往，应该说认识是有进步的。更重要的是，荀子在楚国做官多年，虽然没有做到后世所谓庙堂之上的高官，但在与春申君的往来中，不能不实际体会到君臣上下关系的种种态势。

荀子是儒生，也是以儒家思想为基础的王政倡导者，他当然认为君臣关系应该建立在双方都有着足够的道德修养的基础上。但是，由于他也十分强调君臣以礼相处、治国不能离开法制，所以，在他的学生韩非子那里，就发展出一套全新的政治伦理，明确认为君主和大臣的道德修养是无关紧要的。特别是在为臣的一方，治国理政、侍奉君主，并不需要具备道德修养，相反，有道德修养的大臣更危险，更易于危及自身，危及社会。

对君主的要求和批判

中国古代思想家，在明朝黄宗羲之前，并没有人明确而系统地对于君主的家天下提出过质疑和批判，而是完全承认家族式的打江山、坐江山的合理性，并逐渐使这一观念深入人心。在那个时代思想家的心目中，要治理天下之乱，重点并不在改变政治制度，而在于约束和改造君主本人。

在荀子时代及其以前，思想家们也是把治理天下的重点放在君主身上，并没有想到在国家的根本政治制度上做文章，荀子也不例外。

荀子指出，天子是人世间位势最重，身体最为放松，内心最为愉快的人。说其位势最重，是说天子的意志无人能够改变；说其身体最为放松，是说天子不会亲自去做具体事情；说其内心最为愉快，是说天子是至尊无上之人。这正好比《诗经》中所说的，"溥天之下，莫非王土；率土之滨，莫非王臣。"天下的土地都是天子所有，天下的人民都是天子之臣。

荀子的如此政治观念是时代使然，也是当时所有思想家都认可的。在农耕社会经济条件下，生产力水平较低，人治更有效率，人治社会的经济成本也最少，一个君主确实可以很快地决定一国政治的成败。所以，荀子的理性主义也只能发挥在对于君主政治的修正上。

那么，荀子对君主的具体要求是什么呢？

（1）君主有智，君主有利

对君主而言，所谓取天下也好，治天下也罢，并不缺乏相应策略，而真正缺乏的，首先是君主对这种策略的认知。这样的策略，源之于历史教训、思想家的思考，但要让君主接受，却不是件容易的事情，而君主能否接受，则决定了一个国家的政治走向和成败。

像周文王那样，用百里之地就夺取天下，这是可以实现的事情，但其真正的难处在于君主从思想深处认识到这一点，也就是认识到它的真正奥妙在哪里。在荀子看来，所谓夺取天下，并不是让人家把土地送过来，而是君主的道德修养足以让人家心服。如果人家能够心服于你，他们的土地还会是个问题吗？即使你只有百里之地，如果能够让天下贤士获得适当爵位，让天下能士获得合适官位，让天下体力劳作的人们处于良好法制之下，那么，天下资源就尽在你的掌握之中了。这样一来，百里之地也能够占尽天下优势，忠信仁义思想足以让天下之人服从。有势、有人，外内尽得，那么，天下之人，包括各国诸侯，就都会争先恐后地赶来了。

在中国古代，逐渐形成了所谓"家国一体"的观念和现实，而在荀子政治思想中，在他对于君主的要求中，这种观念也表现得很明显、很突出。荀子强调，国家的危亡混乱、国家的安定，与君主的忧愁和快乐是紧紧联系在一起的。荀子如此强调的初衷，是要把君主的个人利益大小甚至个人享乐跟国家的安危建立起直接联系，以期对君主施加最大的影响和压力，使其走上治国之正道。有些君主，或者说那些危亡之主，把个人享乐与国家治理相分离，以为个人纵欲与国家治乱无关，或者说国家治乱不会影响其享乐，以至于无限制地享乐，而把治国放在一边，这种行为，也太过分了。

即使是地域广大、经济发达的强大之国，也必须坚持不懈地走治国之道，才能保证君主身心愉悦，没有患难，然后再享受人间各种乐事。君主的快乐之源就是他们所治理的国家，所有的快乐都建立在国家大治的基础上，而所有忧患也是发源于国家大乱。那些急于追逐享乐而把治国放在其次的君主，并不是真正知晓享乐的人。英明的君主总是先治理好他的国家，以使种种享乐自动到来。

为了达到治国的目的，荀子想着各种办法说服君主，以至于用个人享乐去诱导他们。但是，还是有一些昏愦之君不明白这个道理，并因此而陷于无穷无尽的忧患之中，直至身死亡国，才不得不停止片面追逐个人享乐。对此，荀子也是寄予了无限同情。本来是想得到享乐，结果却陷入无限忧患；本想得到安逸，结果却身处危险之中；本想得福，结果却是灭亡。"岂不哀哉！"

当然，荀子并不是单单地同情那些君主的个人遭遇，而是他们的个人遭遇一定会影响到一国之人。在当时政治架构下，君主的作为是国家治乱、百姓祸福的最关键因素。但是，当时的人们，包括像荀子这样的政治家、思想家在内，还不可能找到一种从制度上制约君主的途径，只能晓之以理、动之以情，把个人利益，甚至个人享乐，与国家治乱挂起钩来，以便解决君主的思想认识问题。这是不得已的办法，所以荀子才大声呼喊："呜呼！君人者，亦可以察若言矣！"那些君主们呀，一定要认真思考我所说的啊！

　　荀子引用了孟子的一段佚话，说的是，当年孟子与齐宣王交往时，在最初若干次面谈中，孟子始终不谈具体事情，即齐国如何治国理政之事，更不谈他对齐宣王有什么具体要求，而是大谈哲学、大谈道德。一些弟子们对此迷惑不解，怀疑老师是不是错过了向齐宣王说事的机会。对此疑问，孟子道出了相当具有震撼力的名言，他说："我先攻其邪心。"意思是说，我先要改变齐王的思想、转变齐王的态度。"攻"是治理之意，"邪心"则是指不正确的思想。这就是说，如果齐王的思想态度有问题，说多少事情也没有用；如果改变了齐王的思想，让齐王思想转变到正确道路上来，好多事情不必孟子主动去说，也能顺利进行下去。荀子引用这个故事，说明荀子虽然不认可孟子的某些观点，比如性善论，但总体上对孟子的思想和为人还是相当了解，相当赞成，甚至是相当敬重的。当然，更重要的是，荀子力图以孟子思想为证据，说明改变和确定君主思想认识有多么重要。

　　（2）君主有责，君者能群

在荀子看来，不仅社会各个阶层有其职分，而且社会中的各色人等也有其职分，包括君主。君主之职分，就是君主的职责所在。社会管理者，君主、宰相、官员、普通公务人员，都有各自职责，不要去追求职责之外的公务。只有这样，老百姓才能安分守己，使国家实现有效治理。那么，具体到君主，他们应该做的是什么呢？

君主能够管好身边的人和眼前能见到的事，抓住国家发展的大方向，其职责就算是完成了。在当时君主专制的政治体制下，君主并不需要处理具体事务，也不需要到处跑着去了解情况，更不需要去管理基层官员和职员，不需要去追究人们做事的动机和原因。君主管好身边的亲近之人，这些人不胡作非为，朝廷就会正气压倒邪气；君主任用称职的宰相，宰相就会选任称职的部门负责人，这样一级一级走下去，各级官员就不会失范；管理好了各级官员，君主当然不用操心具体事务。正是在此基础上，荀子才批评那些企图兼听天下的君主，批评他们尽管忙到时间不够用，却把国家治理得一塌糊涂。他们的动机不错。远近、明暗、大小之事都想知道、都想处理，但实际情况却并不允许，反而是方方面面都出了问题。荀子称之为"过"，过度管理。这正如孔子所批评的"过犹不及"啊！过度和不及，其错误和危害是一样的。至于不能管好身边的人，却去要求其他官员的君主，以及连暴露出来的问题都看不到，却去探求深层次问题的君主，还有那些连国家大方向都把握不住，却去干涉无穷无尽事务的君主，荀子直斥其为

"悖者"，即与常理、常情相背离的人，完全没有可能治理好一个国家。

荀子说，英明的君主喜欢抓住要害，"暗昧"的君主则喜欢事无巨细都要过问。但实际情况却是，越是擅长抓住要害，越能把所有事情都管理好；越是想过问所有事情，越是容易把事情荒废。这是因为，任何人的时间和精力都是有限的。君主不过是肉身一人，如果所有事情都要过问，那么，所有事情就只能都等着他来亲自处理。但事实上却是他根本不可能有那么多的时间和精力顾及所有事情，所以，所有办事的人就只能等待，而不能去处理，也不敢负责任。就这样等来等去，最终什么事情也办不好、办不成。正是因为有这样的事实存在，荀子才说，所谓君主，就是任用一个宰相，坚持一个原则，明白一个方向，并以这样的思想去明白一切、掌握一切，最终让事情得以完成。所以说，君主定好规则，用对人，就等于有了一切，而不必亲自去做任何具体事情。只有这样，那些无穷无尽的具体事情才能顺利完成。

根据传统儒家观点，加之荀子的细化要求，君主要想尽其责，关键环节是选任称职的宰相。所以，对于宰相，荀子也提出了要求。那就是，宰相是百官之长，俗称"一人之下，万人之上"。宰相是各级官员的首长，他要了解和掌握朝廷中重要事情，以管理和监督大臣们完成本职工作。年终岁末，宰相要论功行赏，以表明对君主的效忠。如果宰相不称职，君主要马上废黜，以保证行政系统正常运行。

荀子主张君主确定国家体制的基础、抓社会发展大方向，反对君主插手和干涉大臣的具体事务，这是做君主的大体。强调这个大体，并不是说君主就可以无所事事，也不是说君主在确定了大方向、选定了宰相之后，就可以百事不问、高枕无忧了。事实上，君主的职责和应该做的事情，应该是人世间最繁重的。特别是在君主专制的家天下时代，国家命运更是与君主身家性命息息相关，君主是没有任何理由置身国事之外的。所以，在强调了君主主导国家大方向之后，荀子从君主职责入手，进一步细化观点。

诸子百家都讲"道"，都把"道"的理念放在思想首位，都认为自己所定义的"道"是天下大道。作为政治思想家，荀子的主张也很明确，认为"道"就是君道，因为人间所有的"道"都不及君道来得更高、更具体、更有力，并且对天下的影响更为直接。荀子说"道"就是"君之所道"，可以理解为君主所走的道路，当然是思想上的道路，也可以如通常所言，"道"字与"导"字通假，理解为君主所倡导的思想和行为。

要理解君主倡导什么，君主走什么样的路，首先要弄清楚君主是什么？荀子在此的答案是，君主是能够组织社会、带领社会发展的人。"群"的观念在荀子思想中占据重要地位。在荀子看来，"群"是人区别于自然界和动物界的最基本标志，那就是人类社会。人类要在群中生活，要依靠群获得生存和发展机会。"群"之所以能够成立，就是因为有"君主"存在。

为什么有君主存在，群才能存在呢？因为君主有四大作用，或者说是四大擅长，荀子称之为"四统"：

一是生养人们，使人们获得基本生存和发展环境。具体说来，就是解决人们基本生计问题，使社会生产者各安其事，使作奸犯科者受到惩罚。这样一来，人们就会亲近君主，进而服从君主。荀子重视手工业劳动者和商人的作用，并把他们与农夫并列，这种观点在后来并没有被社会完全接受。

二是管理人们，安排他们的工作，确定他们的社会地位，并要求各个职位上的人们依照法度行事，以求得公平公正的社会环境。这样一来，人们就会在君主那里获得安全之感。

三是任用人们，根据德行和才能，使人人有事，各尽其职，在岗位上做得出色，出人头地。这样做的结果，人们就会从君主那里、从君主安排的工作中获得快乐。

四是使人们在工作之余，还能充分享受生活，获得精神满足。结果就是，人们从所作所为中获得了足够的荣耀，活得很体面。

很显然，"四统"已经包括了社会生活的各个方面，所以荀子才说，能够使"四统"全面落实的君主，天下人就会归其所有，这可以称之为"能群"。一旦"四统"名存实亡，天下人就会离开这样的君主，并且只能称之为"匹夫"，即无所作为、格调低下的普通人。

"四统"之道存在，国家就会存在；"四统"之道亡失，国家就会灭亡。

立足于人的本性，荀子以他一贯的逻辑，强调了遵循"四统"的重要作用。上自天子，下至庶民百姓，都有共同心愿，即发挥才能，实现志向，做事有规矩，并从工作中得到乐趣，衣食无忧，安居乐业。但是，如果去追求过度享受，那就是多余的了。一个英明君主的作用和职责，就是要求人们去除过度追求，明辨什么是不应当得到的东西。通过表扬贤良之人而让人们知道什么是高贵、什么是低贱，通过强调长幼之序而让人们明白了什么是亲近、什么是疏远。无论是在上位的王公世家，还是在下位的普通人家，都知道守规矩、明职分，才能达到天下大治，保障万世太平。具体说来，就是天子、诸侯不要有奢靡费用，士大夫不要有过度行为，各级官吏不要怠慢工作，庶民百姓不要作奸犯科、行为怪僻，全社会的人都把行义作为普遍行为准则。天下大治之时，老百姓都会受益；天下大乱之时，王公大人都不能保全。

由"四统"构成的治国大道，荀子称之为大形，即世间最大的"形体"，无边无际，没有比它再大，也就是说，没有比它更伟大的政治原则了。这个原则就是，儒家之礼与法家之法并重，使国家政治运行在永恒轨道上；推崇贤良有才能之人，让老百姓知道什么是规矩、什么是方圆；法令公开透明，让民众不再有疑惑；奖赏勤勉、惩罚苟且，让民众不再怠惰；兼听各方意见，让天下之人尽数归来。然后，这个国家呈现出的景象就是，社会成员明白职责和地位，尽心尽力完成好工作，各行各业井井有条，公道大行，私门去除，有德者被任用，无德者被制止，贪婪财利者被黜退，廉洁奉公者被起用。

荀子政治思想之所以能够影响秦王朝之后的中国传统政治，就是因为荀子政治思想不仅有着高超的理论阐述，而且与现实问题又联系紧密，两个方面不脱节，便于指导一国之政。特别是就君主的地位、作用和职责而言，荀子继承和发扬了孔子思想的基本精神，并加以系统化和具体化，其影响之深远，非当时其他思想家可以比拟。

（3）选贤任能，用人有道

在确定了治国之道后，用人的问题就是根本问题了。在先秦儒家传统的政治观念中，用人的问题始终是国家和社会的根本问题。荀子强调的君主在国家政治的首要作用，本质上也是用人的问题。对于英明君主来说，用人的问题也是其治国之策的根本问题。

羿和蠭（fēng）门是古代有名的射手，王良和造父则是有名的驾车好手，而聪明君子则是公认的管理社会的高手。君主虽然有占据权位优势，但是，如果没有贤能之士负责社会管理，这种优势是不可能保持的，所以，要想称王于天下，必须任用贤能之士进行合理的社会管理。普通人都知道，要射远中微，必须得找到像羿和蠭门这样技能高超的射手；要想驾车平安致远，必须得有像王良、造父这样的技能高超的车把式；那么，要想制服像秦国和楚国这样的大国，就一定得有聪明君子，即合格的人才。要治理好一个国家，甚至称王于天下，对君主的智力要求并不繁杂，而是相当简约，那就是用人、用人、再用人，只有这样，君主才能获得最大功名，直到享受极致快乐。这样的原则，英明君主视之为宝，愚暗的君主则视为艰难不堪的畏途。

在当时家国一体的政治制度下，国家安危荣辱其实就是君主的安危荣辱。荀子深明这一点，当他面对君主时，经常从君主利益出发，劝谏君主遵从王道。这乍看上去关乎策略，其实是掌握了君主专制体制的根本。

君主若想国家强大、江山稳固、自身安乐，最好的途径就是关注民众；若想让民众一心，就要搞好政治；若想政治清明、风俗美善，就得选择称职官员。那样的人才肯定是有的，历朝历代也都出现过。他们生活在当代，但其政治志向却在于古代圣王的治国之道。对于古代圣王治国之道，当政者和普通百姓都没有当回事，只有贤人才会用心掌握，即使为此而陷于贫困、处于不得志之中，他们也不会有丝毫放松。只有他们才明白先王之政的得与失，知道国家为何处于安危、善恶之间。正因为他们达到了如此境界，当君主重用他们的时候，就能够一统天下，让诸侯称臣；就是不很重用他们，也能够让邻国敬畏；即使不任用他们，如果让他们安安稳稳地留在国内，这个国家也不会出现大的问题。总之，一国之主，如果爱护民众，国家就会安定；如果喜欢士人，国家就会显荣。如果这两者都做不到，就只能亡国亡身了。

君主如果想找好的射手和车把式，肯定会用贵爵重赏招徕那些能够射微中远、一日千里的人才，甚至是那些隐居在遥远地方的人，也要想办法找到他们，而不会随随便便地照顾自己的子弟。这难道不是说明，君主一定是要得到真正的人才吗？可是，令人惊诧的是，当国家需要治理、民众需要管理、社会需要上下协调，以实现内部团结、坚强对外的时候；当国家需要法治，混乱的局面需要改变的时候；更重要的是，当需要称职的宰相和大臣辅佐朝政的时候，君主却放弃了寻找射手和车把式时的公正、公平做法，反而去任用身边的人、无原则谄媚君主的人。对此，荀子不仅表示这是一种过度和过分的做法，而且不无痛心地描述了种种本不应该发生的政治现象。

上古时代，天下曾有过上万的诸侯国，现在却只剩下十几个。之所以出现这种现象，荀子认为没有其他原因，就是因为君主在用人问题上犯了错误。凡是英明君主，可以在私下里把财宝赐给宠爱的人，但却不会把官职和事业留给他们去做。这是为什么？因为这样做肯定会害了他们。

君主喜欢的那些人没有真才实学，却得到了任用，就说明君主是昏愦之主；这些人确实无才无能，却在君主面前谎称能够胜任，他们就是使用了诈骗手段。这会形成昏君在上、诈臣在下的局面，结果只能使国家很快走向灭亡。国家灭亡了，君、臣都会受害，所以才说是君主害了那些他偏爱的人。

回顾历史，荀子从爱人的角度讲述了周文王任用姜子牙的著名故事。以周文王的地位和才德，周围肯定也有不少他喜爱的人，但他并没有把他们中的任何一人放在一人之下、万人之上的位置上，而是把姜太公从一个普通船夫提拔为宰相，这难道是出于偏私之心吗？显然不是。

那么，周文王提拔姜太公，是因为姜太公是周文王的亲戚吗？事实上，周文王是姬姓，姜太公是姜姓。是因为姜太公是他的故旧之人吗？实际上，他们以前根本不认识。难道是周文王看上了姜太公的外表了吗？可那时的姜太公已经七十二岁，连牙齿都掉光了！这只能说明，周文王就想树立起他看重的大道，就想推崇他看重的名声，以便让天下人受惠，所以才不会胡乱主张。

在当时，除了姜子牙，没有任何人能够胜任，周文王才作了那样的提拔任用。周文王的这种做法，才是对子孙后代真正的爱。爱护子孙，不是把那些他们根本把握不住的好处给他们，更不是把所有利益都给他们，而是让他们做力所能及的事情，否则就等于是害了他们，害了大家。然而，只有那些英明君主才能真正爱护所爱的人，昏愦君主只会危及所爱之人。

面对现实，荀子政治思想并不追求太多的理想主义，更没有去空想。荀子承认君主特权，同时又希望把这种特权限制在合理范围内。可惜的是，在那样的时代，人们还不可能发明出可操作的制度去限制这种特权，而只能对君主晓之以理。这是荀子的长项，也符合他的理性主义精神。所以，荀子在此娓娓道来，既讲公义，也讲私利，并且努力把公义和私利一致起来，真可谓用心良苦啊！所谓君主私利，从小处讲，无非是让自己和亲近之人享受到福祉；从大处讲，则是江山稳固，甚至万代永续。但是，荀子强调，君主要想实现这样的私利，必须任用有德有能的官员，特别是宰相，而这就是公义了。

（4）选择良相，无为而治

既然君主的一举一动，甚至他们的个人享乐，都与国家治乱兴衰直接关联，而治乱的根本原则又是用人，任用贤能之人，那么，君主治国的首要用人原则，荀子认为就是"择相"，选择后世所称的丞相或宰相，居于君主之下、臣民之上，全面负责政府日常工作。

作为一国之主，一定不要独揽朝政。国家的强大和荣辱，与任用良相息息相关。君主有能力控制大局，也能任用有才能的宰相，这个国家就能称王。君主缺乏操控大局的能力，并因此而恐惧，于是任用有才能的宰相，这个国家就能保持强大。那些没有能力，又没有因此而恐惧，当然也不去任用贤能宰相，而只会任用左右亲信的君主，他的国家只能会日渐削弱，最后灭亡。

君主适当选任宰相，就会取得天下，如果宰相选择不当，政权就会出现危亡。如果连这个最重要的人选都不能确定，还说接下来要选择更多的人管理政治和社会，那就是根本不能成立的说法了。反过来讲，如果选择好了宰相，君主还需要做什么事情呢？什么事情也不用做，轻轻松松地就可以安定天下了。

商汤王任用伊尹做宰相，周文王任用姜太公，周武王任用召公，周成王任用周公旦，都是历史上的王者著名的成功案例。即使是霸者，也有这方面的例证。荀子举的是天下公认的管仲辅佐齐桓公成就霸业的例子。尽管齐桓公极尽享乐，天下人也不觉得怎么过分，因为他成就了"九合诸侯，一匡天下"的霸业，成为五霸之首，而其成功的关键，就是对管仲的完全信任。任何一位君主，如果他还有头脑的话，就不应该轻视或放弃这一原则。根据耿振东《管子学史》研究，《荀子》中不断出现管子辅佐齐桓公称霸天下的记载，说明荀子对管仲的霸业持肯定态度，也证明了君主选相的重要性。

荀子在齐国时，曾经与一位齐国宰相（相国）有过交流，讨论如何做一个合格宰相的问题。《荀子》虽然没有给这位宰相留下姓名，但荀子对于宰相的严格要求还是表明了荀子在这个问题上的观点。更重要的是，从荀子对他的面对面的严厉批评来看，这位宰相并不是出色的政治家。

在荀子看来，身处高位之人，无非有两个最大优势，一是胜人之势，能够克制、压制，或者说胜过他人的优势地位，特别是政治地位；二是胜人之道，胜过他人的思想、途径和办法。面对这种优势地位或做法，被克制的一方肯定会有反应，有可能接受或服气，也有可能不接受、不服气，甚至程度不同的反抗。荀子的结论是，商汤王和周武王身处最高的胜人之势，推行合理的胜人之道，天下人都能接受。相反，暴虐的夏桀王和商纣王，虽然身处胜人之势，但却没有合理的胜人之道，所以，即使贵为天子，到后来只想做一个平民百姓都没有机会。这就说明，有了胜人之势，并不见得就能掌握胜人之道。更重要的是，胜人之道的重要性远胜于胜人之势。

身为宰相，肯定是获得了胜人之势。那么，宰相的胜人之道应该是什么呢？荀子认为，是非分明，能够辨别能人和无能之人，去除私欲，坚持公道，持守通义，就是宰相的胜人之道。

面对这位齐国宰相，荀子指出，他已经上得君主信任，下得主宰一国之政的权力，可以说是得到了充分的胜人之势。但是，这位宰相并没有尽到合格的宰相之责，因为他并没有充分发挥胜人之势，以求得胜人之道。最重要的一点是，没有去求得仁厚、明理、通达的君子之人，并把这样的人才推荐给齐王，让他们参与国政、纠正是非。

举荐贤才是传统儒家政治的核心内容之一。在君子的典范作用下，君臣上下，老少贵贱，甚至普通百姓，都会循义而行，直到天下人都用义来约束自己。在这种风气带动之下，贤能之士都愿意到齐国做官，本性好利的民众也都高兴以齐国为最佳归宿，到了这个程度，也就是齐国统一天下的时候了。令人遗憾的是，现在的相国，却舍弃了上述正确道路不走，仍然行进在世俗老路上，即只求胜人之势，不求胜人之道。必然是君主乱于宫中，伪诈之臣乱于朝堂，贪官污吏乱于官场，老百姓则以贪图财利、肆意争夺为风俗。很显然，主持国政的宰相是要负主要责任的。

荀子替这位齐国之相分析了齐国形势。齐国虽然东面临海，实质上也是四面受敌。在北方是燕国，西方是魏国和其他国家，特别是秦国，南方和东南方则是楚国。荀子不无忧虑地指出，只要三国之中有一国有所图谋，其他国家就会乘机而上，所以，齐国没有任何理由高枕无忧。从历史上看，比齐国更强大、更有势的王朝，莫如夏朝和商朝。即使到了亡国之君夏桀王和商纣王的时候，这两个王朝还是有着强大的势力。他们都是圣王之后，是合法的王者；他们都拥有千里之地、亿万之众。可是，为什么突然之间全天下的人都离他们而去，都去投奔商汤王和周武王了呢？荀子认为，原因很简单，就是亡国之君的所作所为都是人们厌恶的，而兴国之君的所作所为都是人们喜好的。

作为有理想、有使命感的思想家，荀子明知眼前的这位宰相与其他绝大多数在位者一样，都不是实现儒家王政的合适人选，但道理讲到这里，荀子还是会照例迸发出一种豪情，不得不强调和重申其政治理想。

从大的原则来看，凡是能够得胜的人，必定是有人来给他出力的，即有得力的追随者、参与者，这就要求必须"得人"，得到得力的人。而要得人，就必须遵循大道，即礼义、辞让、忠信之德。在此大原则之下，荀子举例说，如果已经有了四五万人的战斗力，或者有了数百里之地，并借此强大的力量获胜，看上去是人多势众之力，但荀子却认为应该是崇尚信义、修治国政的结果。事实上，历史上和现实中确实不乏数万之众、数百里之国的在位者，但却由于思想污漫、行为突盗而招致失败，这显然是因为抛弃长项而去争取弱项，减损已经不足的东西而重复已经多余的事情。荀子不无可惜地指出，如此做下去，还想求得汤王、武王那样的功名，就好比是趴在地上想接触到上天、救助上吊的人却去拉拽人家的脚一样，当真是背道而驰啊！

说到这里，荀子又回到了与齐国之相讨论的主题，即做宰相的"道"。那就是，身为人臣，如果不在意行为是否妥当，只求谋得私利，就好像是驾着一辆巨大战车，不去攻城，却用于跑路谋利一样，这是有头脑的人羞于去做的事情。不用说，人最看重的莫过于生命，最快乐的莫过于平安。要想保护生命、保证平安，最重要的途径就是遵循礼义。一个看重生命、乐于平安的人，却弃礼义于不顾，就好比一个追求长寿的人却刎颈自杀一样，真是最大的愚昧无知了。荀子的结论是，一个合格的管理人民的当政者，必须做好两件事情，一是爱护民众，让他们安居乐业；二是喜好士人，让他们显荣有功。这两件事情连其中的一件都做不好的话，就只能让自己和国家走向灭亡了。

荀子的主张，后来又受到了秦国政治的影响。荀子考察秦国政治，与秦国君主和宰相有过深入交谈。根据考察所得，荀子对于秦国政治的有效性和先进性了解甚深。秦国日渐强大的主要原因之一，就是实行宰相制，秦王掌控大局，任用宰相处理事务，政府机构日常工作完全由宰相负责。与此同时，山东六国还是沿用千百年来的政治模式，君主独揽大权，一个人说了算，若干大家族明争暗斗，争取在君主面前的主动权。在君主失去威权的时候，或者某一个大家族掌权，或者各个大家族轮流执政，到最后，则是某个或某几个大家族篡权，然后再继续上述模式。总之，山东六国从来不曾有效集聚起本国政治资源和社会力量，以图一边发展自身，一边向外扩张。秦国与山东六国不同的政治模式和发展走向，不管原因如何，终于分出了强弱高低，并使得秦国式的所谓"宰相负责制"政治模式成为此后中国社会的选择。这样的选择，与秦国的政治成功有关，与荀子的理论分析和政治总结也有着密不可分的关系。由于荀子对秦国"宰相负责制"模式的重视和分析，使得后世政治人物和政治思想家及早认识到这种制度的合理性和有效性，进而把它选择为一种最为理想的政府结构。

（5）以身作则，垂范天下

先秦儒家政治思想的一大特色是对君主的严格要求，甚至是严厉要求、首要要求。根据孔子和孟子的思想，君主以礼使臣，臣才会以忠事君。君主视臣亲同手足，臣下则忠心耿耿；君主视臣如走狗，臣下则视君为普通人；君主视臣为无物，臣下则视君如仇人。君臣关系如此，治国之道亦复如是。君主以身作则是一切治国之道得以成功的保证。

在这个问题上，荀子也是继承和发扬了传统儒家的刚直精神。

在追求功业和享乐等方面，君主和臣民的想法是一致的，那么，为什么有这种追求的君主和贤能之士从不缺乏，而双方却很难一拍即合呢？荀子认为，是因为君主不能持守公道，致使臣下不能尽忠。

君臣之间如此不能相合，荀子认为主要原因在君主一边。君主如果排斥贤才，偏信偏举，臣下就会为争取职位而嫉妒贤臣，以求迎合君主心意。但是，荀子并没有去思索，或者没有彻底思考清楚君主为什么会如此行事。这种缺憾，是时代使然，不仅是荀子，那个时代的其他思想家也未能解决这个难题。所以，荀子只能万分遗憾地发出浩问：身为人主，为什么不能广纳贤才，不能在用人问题上不偏袒亲近、疏远贫贱呢？如果人主能够不偏不倚地用人，臣下就不会过度看重职位，而是让位于贤才，安于追随贤人。这样一来，古来圣王创造过的业绩就会复兴，人主也会美名传万世。荀子反问：世上还能有比这更美好的事情吗？可惜君主们从来都不会认真看待这样的言论啊！

荀子引用哲学前辈杨朱的名言说："此夫过举跬步，而觉跌千里者夫！"这就是越过一小步，就会错过千里之外的事情啊！杨朱说这话的背景，是他最有名的举动，即"遇衢途而哭"，每遇到四通八达的路口就会痛哭，因为一旦选择错误，就会走上不归之途。个人的行路如此、人生如此，人主治国也是如此。荀子虽然没有杨朱那么过敏，但还是提醒君主，能否任用贤才，就相当于人生路上的衢途。但是，纵观历史，荀子也不无悲观地意识到，对于这个道理，君主当真是"千岁而不觉"，永远难以觉醒。不过，正如上言，君主为什么不能觉醒？这是荀子时代的思想家们想不通的事情。

　　既然荀子不可能去怀疑当时的政治制度，不能从根本上认识到"君人者千岁而不觉"的原因，他也就只能尽其所能地从正面提醒君主如何作为了。荀子指出，任何一个国家都有治国之法和乱国之法，有贤能之士和无能之士，有纯朴之民和凶悍之民，有美好风俗和恶劣风俗。通常情况下，治国之法、贤能之士、纯朴之民和美好风俗等"四上"，与乱国之法、无能之士、凶悍之民和恶劣风俗等"四下"是共存于一个国度的。这个时候，就需要英明君主做出选择。偏于"四上"，国家就会安定；偏于"四下"，国家就会危难。选择"四上"则称王，选择"四下"则灭亡。"四上"齐备，国家就能达到不战而胜过对手，不攻而得到土地，不用武力也能让他国服从。荀子举出商汤王和周武王的正面例证，以及夏桀王和商纣王的反面例证，强调"四者齐"和"四者无"的相反结局，所谓"百王之法不同若是，所归者一也"，所有的王者，很可能具体做法不同，但"四上"齐备的大方向是一致的。

　　身为君主，以身作则是关键。当有人请教他君主如何治理国家时，荀子甚至回答说："闻修身，未尝闻为国也。"只听说过君主必须修身，没听说过君主还需要去治国。

　　君主好比仪杖，民众就是仪仗在阳光下形成的影子；君主是盛水的盘子，民众就是盘中之水。君主的所作所为直接影响和决定着民众的所作所为。楚庄王喜欢细腰宫女，致使有的宫女过度绝食，不慎饿死。这就说明，君主是水之源，民众是水之流，在正常情况下，水源的清浊，直接决定了水流的清浊。

拥有社稷的君主，如果不能爱护民众，不能为民众谋利，反而要求民众爱戴自己，这是不可能的事情。一个不能被民众亲近和爱戴的君主，还要求民众随便听自己使唤，必要时还要为自己献身，这也是不可能的事情。一个民众不肯为他所用，不肯为他献身的君主，还想着军队强悍、城池坚固，这也是不可能的事情。这样的君主治下的国家，军队不强悍，城池不坚固，却还不想让外敌入侵，同样是不可能的事情。敌人来了，又无力抵抗，却还想着不被侵略，不被灭亡，也是不可能的事情。这样推断下来，荀子最后的结论是，已经到了这般危险田地，还想求得安乐生活，这样的君主可以说是"狂生者"，狂妄之人啊！这样的狂妄之主，不用多久就会失去最后光芒，走向灭亡。

（6）奉行礼法，依法治国

从历史角度看，荀子政治思想的进步之处，是其在遵循孔子政治理念的同时，与时俱进，充分吸收了现实政治中行之有效的新的政治理念和举措，特别是法家的一些合理思想，使得他的政治思想不仅视野更加广阔，而且也更具合理性。具体说来，荀子在主张以德治国、君主以身作则的同时，明确强调礼与法共治的必要性。这显然是吸收了法家思想的合理性，更是受到他本人所亲见的社会现实的深刻影响。荀子把法家依法治国的观念融入他的政治思想之中，从而使他的政治思想从汉代开始成为历代统治者不得不认真考虑、切实履行的治国方略。从这个意义上讲，真正全面影响中国社会历史进程的，荀子是中国古代的第一人。荀子的政治思想固然有其理想性的一面，但其现实针对性来得更为强烈。他的儒法兼容、德治与法治并举，是历朝历代所谓"阴法阳儒"治国之策的最早、最全面的思想基础。

荀子的依法治国思想，与他的整体思想是一致的，特别是他的关于社会职分、社会分工的思想，更是法治社会的有机组成部分。更为重要的是，所谓礼法兼容的治国之道，是一国之主必须明了的指针。

君主在确定了治国方略，选定了合适的宰相，并能够严格约束自身之后，自然而然地就会去爱护百姓，而爱护百姓的最适当办法，就是"制之以礼"，用礼法加以管制。这听上去似乎有些不够现代，但在当时社会历史条件下应该说是不二选择。因为，"制之以礼"的前提是君主对待百姓"如保赤子"，就好像家长养育刚出生的婴儿一样，必须百般呵护。呵护的具体措施，就是制定政令制度，让百姓都能够循理而行，即使是鳏寡孤独这样最弱势的群体，也要纳入制度范畴，不去轻视他们。

荀子强调的管制百姓的政令制度是有前提的。最大的前提是君主必须是英明之主，必须视百姓如赤子，切实为百姓着想，最低的前提则是所有百姓必须服从法制约束。这种思想，从现代政治的角度去看，似乎是把百姓置于过度被动的位置，没有给予百姓自主选择的权利，然而，在当时社会条件下，如果在位者果真能做到荀子的要求，无疑就是最大的政治进步了。

如果君主能做到上述要求，百姓就会视君主如父母，即使让他们去死，他们也会顺从君主。君臣上下，不论长幼贵贱，都视法令为最高要求，然后去努力做好职分之内的事情，农夫耕田，商贾贩货，百工做事，士大夫勤政，诸侯守土，三公议政，到了这个时候，天子也就只有恭敬自身，享受生活了。对于这种理想的过程和境界，荀子认为是所有王者的追求，更是礼法治国的必有过程和必然结果。

在荀子看来，世间之事，出与入、付出与获得，是非常公平的，古往今来都是如此，对于礼法来说，这也是一项根本原则。礼法的具体内容，涉及社会生活的所有时间和所有方面，达到衣服有定制、宫室有制度，直至各种人员配备、丧礼祭礼等的举行，以及所有事务，都有各自的等级和规矩。万事万物，长短大小，都按照既定的规则和数量加以落实。不管是什么样的具体事务，都由负责的官吏去处理，而不必事事请示大君子，即掌握国家发展方向的当政者。至于君主，更是不必过问。

另一方面，君主不遵循礼义行事，就会伤害国家，对此，荀子有明确的观点。

以下三种行为，都是"伤国"的表现。

一是身为一国之主，不为国家谋大利，却喜好个人小利。

二是一味喜欢个人享受，而且还要变本加厉地攫取。

三是不是做应该做的事情，守护好应该守护的东西，而是老想着攫取他人的东西。

以上行为，荀子称之为"三邪"。

君主一旦"三邪"在胸，并且在处理国事之时还喜欢权谋，不循礼义正道，就一定会丧失权威、名声受损，进而危害社稷，伤害国家。

贵为一国之主，一旦不尊崇本该走的正道，对于已有礼法不能做到心存敬意，而且喜欢用伪诈手段行事，那么，就会影响到朝廷群臣也不行正道、不尊崇礼义，只喜欢邪门歪道。一旦朝廷之上形成这种作风，老百姓中间也会流行不尊崇礼义的风气，只想贪得利益，不想付出，更不想为社会和国家做贡献。在这样的社会风气之下，一个国家，地域广大，也不会有什么影响力；人口够多，也不会有强大的军队；刑罚很繁苛，政令也不会通达。这是因为，国家机体内部已经受损严重，成为一个极度危险的国家。而这一切的发生，根源就在于君主是个"伤国者"。

对大臣的要求和批判

在中国古代传统政治人治特色的背景下，做君做臣都不是件容易的事情。在君主集权、世卿世禄、裙带关系、权大于法等等政治现象之下，政治人物的自主性看上去无边无际，但事实上却经常相互牵制、举步维艰。正是在此背景下，在传统政治中才会堂而皇之地出现君臣术之类的规则，以及对此类规则的无穷无尽的研究。这既是人类文明进步的过程和标志，也是人类文明的一种悲哀。

荀子是大儒，又是深入研究法家思想的思想家。儒家重视从政者个人修养和德行，法家则强调服从和约束。这样一来，在荀子的思想中，必然要出现大量的对于从政者个人品德、素质和才能的论述。

（1）大臣的分类

荀子的政治主张以严谨、周详而著称。对于大臣，荀子有泛泛而言，也有非常具体和详细的分类，以便让人们全面认识这个独特的政治群体。就大臣的品德、才能和建功立业方面而言，荀子把大臣分作四大类，即"慝（tè）臣，篡臣，功臣，圣臣"。

慝臣。"慝"字是奸邪、阴险之义。荀子对"慝臣"的描述是，在国内没有能力团结民众，对外没有能力抗拒灾难。国内百姓不想亲近他，其他诸侯不愿意信任他。这就说明，这种大臣的才能和品德都有很大问题。然而，"慝臣"的最大能耐是善于获得君主信任，因为他们反应快、口才好，能够让君主欢心。不过，荀子一针见血地指出，如果君主信任这样的大臣，并委之以重任，只能使国家灭亡。荀子时代，在齐国从政的苏秦，在秦国得势的张仪，楚国的州侯，就是标准的"慝臣"。张仪和苏秦是有名的纵横家人物，张仪主张连横政策，苏秦主张合纵政策，此二人曾经让东方六国不断陷入战争灾难之中。荀子说他们使国家败亡，也主要是指对六国的损害。至于州侯，则是楚顷襄王身边的佞臣，顷襄王在位时，楚国国势彻底不振，与州侯的谄媚误政很有关系。

篡臣。荀子定义的"篡臣"，是那种有才能但没有品德的大臣。他们不能忠于君主，但却善于笼络民众，不在乎公道和大义，而是着力结党营私。国家一旦被这种大臣左右，就会陷入深深的危难之中。比如韩国的张去疾、赵国的奉阳君、齐国的孟尝君，都是善于结成利益集团，而不在乎国家利益，在那时，国家利益与君主利益基本上是统一的。这三人之中，齐国孟尝君最为有名，是著名的战国四公子之一。与其他三位战国公子一样，孟尝君也是门客盈门，一般人认为他是齐国的能臣，但在荀子看来，他更多的是谋取个人利益，并不是那个时代所需要的真正的大臣。

功臣。所谓功臣，就是能够为国家建功的大臣。他们既能团结民众、管理国家，又能解决与周边国家的矛盾和冲突，民众喜欢亲近他们，士大夫信任他们，他们是尊君爱民的典范。荀子所举例证，是齐桓公时代的管仲、晋文公时代的咎犯、楚庄王时代的孙叔敖。这三位大臣，与他们的君主一道，创造了一国历史上的辉煌，建立了不朽功业。三位霸主与三位功臣一直是历史上的美谈。在荀子看来，大臣做到这个程度，应该是值得肯定的。国家有这样的功臣，君主肯定会获得荣耀。

圣臣。圣臣无疑是做大臣的最高境界。与功臣相比，圣臣不仅能够完成职责，还具有创制性。在圣臣努力下，国家的法令和教育工作都能得到落实，遇到突发事件也能很好地处置，对于其他不测事件同样能够应付裕如。在圣臣治理之下，国家能够得到其他诸侯的遵从，直至称王于天下。荀子心目中的圣臣，就是商朝的伊尹和周朝的姜太公，他们不仅为商、周二朝的得江山立下大功，而且这两个王朝最初的立国和发展，也有赖于他们的才德。

不用说，功臣和圣臣是荀子政治思想中做大臣的典范，而慝臣和篡臣则是受到批判和否定的大臣。这四类大臣，有最好的，也有最坏的，君主对此要心中有数，以便做出恰当选择。欲荣欲尊，就选择功臣和圣臣；欲危欲亡，则选择篡臣和慝臣。

同样是大臣，其政治表现却迥然有别，现实和历史对他们的评价自然也有不同。荀子如此用心地对大臣的高低做出区分和划分，应该说是受到了法家赏罚观念的影响。

（2）大臣的品质

根据传统儒家思想，身为大臣，除了必须完成的职责和一定要遵守的礼法之外，必须具有过硬品质，包括个人修养和政治品质。在个人修养方面，传统儒家对于士大夫的要求基本上是一致的，而在政治品质方面，则身居不同官位，要求不尽相同。反过来讲，具有什么样的政治品质，也是做到什么程度大臣的必要条件。在这方面，由于荀子政治思想相对更为全面，提出的要求也更多、更详尽。

荀子把大臣的政治品质，从正反两方面加以分析和比较。

大臣正面的政治品质表现在顺和忠，反面的政治品质表现为谄和篡。这两方面截然不同的品质并不表现在是不是表面上顺从君主，而是表现在是不是实质上有利于君主。至于那些既在表面上不尊重君主，又在实际上对国家造成损害的大臣，他们不过是只顾个人利益的"国贼"而已。

荀子指出了两种政治表现方面的缺点或恶习，即"眛"和"妒"。眛，是损害公家利益，满足私欲；妒，是明知贤良之人却不推荐给当政者加以任用。荀子说，有这两种不良政治习惯的人，可以称是"狡谲"之人，即狡诈奸险之人。狡谲之人是国家的污秽和妖孽。荀子还特别对"妒"的恶习做了更明确和具体的批判，认为如果有士人与妒人为友，贤人就不会来亲近；君主如果重用了妒臣，贤能之人就不会来做官。

从后世逐渐形成的儒家思想来看，作为大臣，忠君是第一要义。臣不忠，何以为臣？当然，孔子说过，"君使臣以礼，臣事君以忠"，为忠君提出了先决条件。尽管如此，忠君还是必要的，否则，君臣关系就无法正常建立和维系。或许正是虑及这层关系，荀子对大臣之"忠"做了进一步分层，以使臣之忠道更趋合理和完善。

忠君有高中低三个层次，而于君不忠者，则不必分层，总括之为"国贼"。

所谓大忠，是说能够以德行感化君主，使君主思想发生质的变化，致使国家全面走向大治。荀子举的例子是周公旦之于周成王。周成王继位时年少，周公旦精心辅政，以德治国，最终把周成王培养成一代明君，成就周朝早期的"成康之治"。当然，有德之大臣从本质上感化君主，并不是件简单事情，客观来讲，应该是所谓天时、地利、人和的综合结果。

大忠之后是次忠，是说有德行的大臣有能力改变君主，特别是改正君主的一些重大失误，不至于使君主在错误的道路上一去不回。荀子所举例证是管仲之于齐桓公。管仲辅佐齐桓公成就一代霸业，这是包括孔子在内的传统儒家所肯定的一面。但是，从孟子开始，也批评管仲并没有很好地利用他对于齐桓公的影响力，未能完成一统天下的王者之业，或者至少没有认真恢复周天子的权威。当然了，这样的观点也有许多可商榷的地方。客观地说，管仲应该没有这个修养和能力，有些儒者在这个问题上不依不饶，也有一定的合理之处。

忠君的最低层次是下忠，是指大臣劝谏君主的不妥之处，君主未予接受，致使大臣发怒，甚至在冲动之下做出不得体的事情，比如伍子胥之于吴王夫差。因为吴王不接受伍子胥的意见，导致公开冲突，最后伍子胥被吴王错杀。伍子胥不仅因为冲动而送命，也使吴王担负了杀死忠臣的恶名。不用说，下忠之臣如何把握好与愚君甚至昏君相处的分寸，也是君主专制体制下的典型难题。

忠君者有各种各样的表现，其实不忠君者也有各种类别的表现。也许是这种大臣太容易识别，或者是荀子认为不值得为这类人多费笔墨，就把他们统称为"国贼"，即对国家的贼害者。这类人极其自私，谈不上任何道德修养，当然也不在乎君主和国家的荣与辱、好与坏，只求博得君主欢心，以便从君主那里获得利益，进而结成利益集团。荀子以商纣王时代的曹触龙为例，强调像商纣王式的亡国灭身，就与这种国贼的投机钻营有着必然关系。

荀子思考大臣的品质，重点在于如何让大臣称职，处理好与君主的关系，所以，其重点必在那些有资格做大臣的人们的身上。

大臣是不是听从君主命令，是不是有利于君主，这是个非常复杂的问题，并不像说起来那么简单。荀子讨论了大臣与君主关系之间、相处之中的种种具体情形，并对此类情形做了明确定义，然后把它们上升到政治品质的高度。这些政治品质包括：

谏。君主做出的决定、做出的事情，就要危及国家，甚至到了陨灭社稷的地步，大臣或君主的近亲中有人会向君主进言。君主如果能够接受那是最好，一旦不接受就会辞职而去，这种表现叫作"谏"，劝谏。荀子认为，商朝早年的伊尹谏太甲王，商朝末年的箕子谏商纣王，就是最好的例证。

争。在上述情形下，如果向君主进言之后，君主接受了当然可以，可一旦君主不接受，就以死抗争，这种表现就叫"争"。与"谏"相比，"争"并没有选择躲避或逃避。此二者的共同之处是没有向做错的君主屈服，更没有选择同流合污。商朝末年的比干，春秋末期的伍子胥，都是与君主抗争的典范。当然，"争"的结果都是悲剧。比干被商王剖心而死，伍子胥实质上也是死于吴王之手。

辅。当君主犯错的时候，有些大臣并不选择个人劝谏或抗争，而是运用智力，说服并率领群臣，以大家的力量强迫君主接受。这时候，尽管君主心里不舒服，但最终却不能不听从众人的意见，结果证明大家是正确的，当然也就解除了国家面临的大问题，或者消除了国家的大害，使君主和国家都得到尊荣和平安，这就是"辅"，用实际行动辅助君主和国家走出困境。荀子认为，赵国的平原君是当之无愧的辅臣。

弼。最为极端的一种情形是公开与君主对抗，不听从君主命令，甚至假冒君主的命令和身份，做出君主反对的事情，但结果却是使国家走出危险境地，去除了君主受到的侮辱，功劳至上，为国家带来了最大利益。"弼"也是辅佐之义，但在荀子的使用中，显然比"辅"的程度更加直接，甚至更加强烈。比如魏国的信陵君，不顾魏王的命令，窃符救赵，还杀死了魏王的大将晋鄙，结果大败秦国，不仅救援了赵国，也安定了魏国，其中的惊心动魄，真是非普通大臣敢于担当。

荀子对于具有谏、争、辅、弼这四种政治品质的大臣给予了高度评价，认为他们是社稷之臣、国君之宝，是英明君主应该尊重和厚遇，并加以奖赏的对象。与明君相反的是"闇君"，即所谓的暗主，昏愦之主，其做法与明君正好相反，当然是荀子严厉批判的对象，前文已经多有叙说。

另外，荀子又从言行是否合格、是否一致的角度分析了具有不同修养和政治品格的大臣。

言与行都合格的，荀子认为是国之宝物，即可以全面管理国家的大臣。言语不行，但有实际才能的，是国之重器，即具有某一方面治国才能的大臣。言语能行，但才能不足的，是国之物用，即在某个时候、某件事情中可以发挥作用的大臣。很有口才，但行为恶劣的，则是国之妖孽，是会为害于国家和社会的大臣。不用说，要想治理好国家，必须敬重国宝，爱护国器，使用国物，剔除妖孽。

（3）大臣的灵活性，事君之义

在中国古代传统政治关系中，有一个死结是非常引人注目的，这就是，尽管一个大臣品质高尚、才能卓著、责任心强烈，但在现实政治中却并不能保证其必能发挥应该发挥的作用，更不用说建立其应该建立的功绩了。在荀子时代，政治制度是君主制，君主与大臣是主人与仆人的关系，或者说，江山社稷是君主的私人财产，大臣是为君主维护其江山社稷而服务的。仆人再好，再能干，却始终存在着主人是否认可、是否接受的问题。在当时，人们并不能认识到问题出在这里。思考和研究政治的人们，不管是站在君主立场上，还是站在大臣立场上，都只能在君主专制的政治体制下思考如何处理好君臣关系。即使是荀子这样的大学者、大思想家，在大臣如何侍奉君主的问题上，也只能要求大臣掌握灵活性，在"事君之义（宜）"上做文章。

荀子首先强调大臣在国家政治中的作用。他说，有坚持正义的大臣在位，朝廷就不会出现偏颇之政，不会从国家的决策层发出邪曲的决定。如果有上述谏、争、辅、弼四种大臣能够发挥作用，君主即便有过错，也不会走得太远。以上是文的方面。在武的方面，荀子认为，君主身边有勇士，有仇恨的敌对之人就不敢对君主本人做什么。如果守卫边疆的武将很称职，就不会受到别国侵扰。

一国之主如果能够任用上述四方面的人才，就说明这是个喜欢"同"的君主，能够做到尚贤使能，让各方面的人才共同出力、共同发挥治国理政的作用，并且为他们的成功而欢欣鼓舞。这样的君主，就是荀子心目中的英明之主。与此相对，那种昏暗之主则喜欢"独"，喜欢做独裁者，或者如孟子所说的"独夫"，大权独揽，自己逞能。这样的君主必然妒贤畏能，生怕大臣建功立业，更有甚者，还会找各种借口惩罚忠臣，奖赏贼人，荀子把这种君主称作"至闇（àn）"，即最昏庸"暗昧"的君主，糊涂到家的人。像夏桀王和商纣王这样的君主之所以灭亡，就是因为他们是"至闇"之主。

说到这里，问题就来了。既然君主有明有暗，那么，大臣面对不同君主时，应该如何思考和行事呢？

不用说，应对这个问题的大前提是，无论是明主还是暗主，大臣都不可以取而代之。所以，重点是如何对待不同类型的君主，而不是改易君主。

君主都是什么类型的呢？从荀子整体思想来看，以实际政治成就为标准，荀子大体上把君主分为三类，即王者、霸者和亡者。从大臣的角度来看，则是相应地划分为圣君、中君和暴君。

对于圣君，即圣明的君主，大臣只能听从命令，不会有机会去谏争，因为圣君总体上讲是不犯错误，至少是不犯大错的。这样一来，大臣只能恭敬听命，谨慎执行，不敢自行更改甚至改变圣君之命。这种表现，就是把顺从君主作为工作志向，甚至人生向往。

对于中君，大臣不能完全听从，而是要保持一种谏争之态，因为中君时常犯错误。但是，因为中君能够接受谏争，所以也不能对中君阿谀奉承。这也就是说，对中君要坚持一种刚强而不退让的态度。大臣要忠于君主，但面对中君时，要做到是就是是，非就是非，以此保证不让君主堕落为暴君。

对于暴君，大臣则一定要讲究精细的策略，以保证自己的人身安全，一旦失去人身安全，一切就都无从谈起了。对待暴君的策略，其核心是，可以对暴君之政的某些方面做些修修补补，而不是选择公然对抗的方式方法。荀子设想了一种比较极端的状况，比如适逢乱时，大臣无处可去，只能处在某国暴君之下。到了这般田地，就要在公开场合多说君主的优长之处，避免谈及君主的短处，并把这当成一种常态，以静观事态变化。这就是说，对于暴君，要调整心态但却不能流于俗气，温柔但不屈从，宽容而不乱法，坚持最高的道德原则，不细究某些细节，以求逐渐影响暴君，使其改邪归正。

总之，要做一个荀子眼中的合格大臣，必须是德才兼备，既要有儒家定义的政治美德，还要有法家认可的治国才能。儒法兼容，才是合理的、有前途的政治走向。

（4）大臣的现实性，以术事君

在处理具体事务，特别是日常政务方面，合格的大臣也要讲究适当的方式方法，以实现各个层次的政治目的。

对于从政之"术"，孔子是非常重视的，除了强调从政者崇高政治追求之外，孔子并不反对适度的政治智慧。孔子称赞卫国大夫宁武子，国家政治清明时就积极表现其聪明才智，政治昏暗时就装糊涂，尽量不发表当权者不能接受的政治意见。孔子不无羡慕地说，表现聪明才智并不难，难的是本来清楚，却要装糊涂。同时，在一些细节上，孔子本人也很注意自己的表现，《论语》记载了大量孔子从政时的日常言行，甚至君主紧急召见时，等不及备好马车，孔子便徒步而行了。事实上，事情再急也急不到这种程度，马车备好之后也能够追上徒步行走之人，但孔子就是要表现出对君主之命的极度重视，不能说没有"术"的味道。不过，与后来法家人物，比如申不害和韩非子的"帝王之术"相比，孔子是依礼而行，有摆样子的嫌疑，但并没有与君主斗智斗勇、相互克制的意思。

荀子探讨以术事君，秉承了孔子以来儒家君子的传统，认为大臣想要长久保持受宠的高位，就需要相应的方式方法。

一位大臣，如果被君主尊敬和看重，就应该表现出恭敬和谦卑；如果受到信任和宠爱，就要越发谨慎和谦让；如果大权独任，就要更加小心，并注意细节；如果经常在君主身旁，就要表现出足够的亲近之态，但不要有邪恶之念；如果被疏远，也要忠诚如一，不要有背叛之举；如果被降职，就要更加警惕，但不要怨恨。总的来说，尊贵的时候不自傲，被信任的时候不得意，委以重任的时候不专权。面对财货时，虽然喜欢，也不必随意获取，而是要尽量辞让，符合大义的时候再去获取。有好事的时候要以平和心态对待，有祸患的时候也要以安静心态对待。富有的时候要广为施惠，贫穷的时候则生活节俭。贵贱贫富都无所谓，关键是要有节操，宁可被杀死也不做奸邪之事。

如果上述几项是初级之术，如下所述就是中级和高级之术。

对于中级之术，荀子说，做大臣的当然要学会善于身处国之大位、完成治国大事，同时还要受到君主的宠信，避免后患无穷。为此，要与贤人相处，与贤人取齐。大权在握，要任用贤才，博施恩惠，以此消除人们的怨恨，使自己的政治主张能够顺利贯彻执行。

荀子与楚国春申君交往较深，春申君黄歇是著名的"战国四君子"之一，长期左右楚国朝政。所谓"战国四君子"共有的特点之一，就是广纳贤才，博施恩惠。只要有一技之长，"四君子"便把他们招致门下供养，能任用则任用之，不能马上任用的，对他们也没有任何要求，让他们在门下安逸地生活，有任用他们的时候再说。这种做法，有法家弄权的一面，也有儒家看重贤才的一面。

在荀子这里，就是要把儒、法的用人观念结合起来，发展一套实用主张。如果能够做到推举贤人、让位给能人，那么，位高权重的大臣，在得到君主宠信的时候会荣耀无限，而一旦失宠也不会获罪，因为有贤人在位或继任，既不会给君主造成损失，也不会恩将仇报，不会加害于当初推举他们的人。荀子的这个思路是能够自圆其说的，所以他认为这是侍奉君主的法宝，也是身为人臣的必要的自保之术。

在中级之术的层面，荀子欣赏智者的作为。这个智者之"智"，在荀子这里是正面意义，因为先秦时代的许多思想家对"智"是有异议的，即把过度的巧技甚至心计置于"智者"的定义中。荀子的智者是智慧之人，特别是在政治领域，智者既有儒家道德修养，又能明白各种情势，并做出适当对应。

智者的做事原则是，志盈愿满之时要设法谦让，一切平顺时要考虑可能的艰险，安稳的时候要想到危机。就是做了这么多的考虑，还是担心祸患的发生。只有这样，才能做事不出偏差。虽然有巧妙的心思，也要把握好分寸，这样才能找到事物的关键；虽然有能力，也要尽力在差异中找到共同点，这样才能保证必胜；虽然有智慧，也要把谦让放在首位，这样才是真正的贤者。荀子是理性主义大师，讲任何道理时都很周详，所以他强调，做事如果把握不好"度"，就容易陷入机巧之中。他的学生韩非子的政治思想之所以成为"帝王术"，就是荀子理性主义思维的发展结果。

在论述了中级之术后，就是高级之术了。其实，所谓高级，并不是说比中级或低级更高一筹，而是站在不同的角度照察君臣关系而已。高级之术是在最一般的意义上论述君臣关系，当然主要是为臣之道。

具体说来，做大臣的，尽管有时不被君主所知，也没有怨恨之心。在古代君主专制体制下，因为是家天下，君主一人说了算，所以，做大臣的，特别是没有家世背景的知识分子，要想在现实政治中有所作为，首要问题是获得君主知用。到了荀子时代，除君主而外的世家大族左右一国政局的情形已经少见了，士人从政已经成为政治常态，这就更凸显出了君主知用的关键作用。

在得到君主知用以后，做大臣的必须严格自我约束。因为有君主的知用在先，所以，有功必赏已经不成为问题，容易出现的问题是大臣的矜功之色，夸功的表现。既然是自夸，就不免夸大。夸大了自己，其他人，有时甚至是君主之功，就会在无形之中被贬低。可想而知，这肯定是从政大忌，既有碍于团结同僚，又会招致君主反感。

那么，正确的态度应该是什么呢？荀子认为，即使是功劳很多，也要尽量少地向君主要求什么。因为功劳是和君主的赏赐联系在一起的。在古代，这种赏赐在君主那里还是比较随意的，并没有十分明确的制度安排。这样一来，就存在着受赏赐的大臣是否满意的问题。无论赏赐合理与否，或者是大臣自己感觉合理与否，在接下来的工作中，都还应该视工作为爱和敬的对象，不敢有丝毫懈怠。

上述三项高层次要求是有反有正的，是相互扶持的。对于这三项原则，首先要以恭敬之心去看待，然后从内到外深信不疑，并在行动中谨慎遵守，老老实实地坚持执行。长远来看，如果这样做了，就不会有不通顺的时候。侍奉君主必会通达，修身为人必会达至圣人的境界。

第四章

教育家：传述儒家经典，终老回归学术

从政楚国，著述兰陵

荀子游历天下各国，到达秦国的时间当在秦昭王中后期。范睢在秦昭王四十一年（公元前266年）任秦国之相，至秦昭王四十八年（公元前259年）辞去宰相，荀子访秦应该在这个区间之内，也就是说，荀子最晚在公元前259年离开秦国。这一年是楚考烈王四年。荀子离开秦国，当然主要是因为与秦国君臣政治理念不同。之所以选择楚国，一是因为其他各国荀子都有过考察，同样不适合荀子久留；二是因为当时主政楚国的春申君黄歇有礼贤之名，荀子有结交之意，当然也不排除春申君邀请过荀子。加之楚国与秦国相邻，荀子就到了楚国，没想到一直生活到终老，使楚国成了第二故乡。

投奔春申，从政楚国

《史记·春申君列传》说："春申君为楚相八年，……以荀卿为兰陵令。"楚考烈王元年春申君开始做楚相，楚考烈王八年就是春申君做楚相八年，这就是说，荀子在到达楚国的若干年之后才得到了兰陵令的职位。

不管时间上是什么时候，荀子终究是离开了秦国，到达了楚国，并最终在楚国兰陵地方作了行政长官，即"令"。这主要是因为，根据在秦国所闻所见、所遇所谈，荀子意识到，秦国虽然算不上传统意义上的霸政，比如远不及齐桓公、晋文公时代，但秦国依靠其有效的国家建设和社会管理，必定能够统一天下，而山东六国成为"亡国"只是个时间问题。荀子及其追随者当然改变不了这样的大势，所以，荀子最后决定，放弃近乎无效的游仕，去寻找一个能够养老的安稳之地，就这样，荀子来到了楚国。

荀子在楚国的经历与著名的春申君黄歇有着密切关系。

根据《史记》记载，战国中期以后，七国政治中逐渐出现了著名的"战国四公子"，他们是楚国的春申君黄歇、齐国的孟尝君田文、赵国的平原君赵胜和魏国的信陵君魏无忌。《史记》给他们都有专门传记，足见司马迁对于"四公子"的重视程度。"四公子"共同的手段或特点是：招揽四方宾客，特别是优待士人，并形成相互争夺人才的局面。"四公子"如此作为的目的只有一个，即壮大力量、保持权力，而保持权力的目的是使国家安定繁荣。正是因为"四公子"有着上述特点，像荀子这样的思想家才能充分利用他们的思想学说描述和冲击那个时代。

"四公子"有上述相同之处，也有一些不同之处。除了所在国家不同，还有一个明显不同，就是四人之中只有春申君是平民出身，并不是传统意义上的"公子"，而其他三人都是真正的诸侯世家出身。所谓"公子"是一个习惯说法，指的是诸公之子，即各国君主的后人。从《春申君列传》来看，春申君是楚国人，姓黄名歇，显然不是楚国的国姓熊姓，他之所以得志于楚考烈王，并在楚考烈王去世之前的二十五年一直占据着楚相之位，是由于他具有战国纵横家的才能和胆识。战国纵横家是那个时代最有想象力、最有创新精神的一批人才，而这种精神与荀子思想比较契合，这也许是春申君能够任用荀子的内在原因。

荀子之所以在秦国受到思想"重创"之后去楚国，应该是与春申君有关。在《荀子·成相》中，荀子说："世之愚，恶大儒，逆斥不通孔子拘。展禽三绌，春申道辍基毕输。"这显然是把春申君归于大儒行列，并且与孔子和鲁国贤人展禽相并列，这应该是对春申君很高的评价了。春申君黄歇以布衣贤士的身份，能够在楚考烈王在位的二十六年间从始到终地做国相，这在古代史上也是相当少见的，并且也只有具备了高深的儒士修养的贤人才能做到这种地步。所以，荀子以他高超的见识，毅然投奔春申君，应该说是自然而然的事情。

荀子到了楚国后，被春申君赏识，在公元前255年（楚考烈王八年、齐王建十年）担任楚国兰陵地方的行政长官。兰陵在楚国东南边陲，与齐国邻近，应该说是楚国应对齐国的重要地区。荀子在兰陵的政绩，后人知之甚少，但从他能够长期担任此职来看，至少也是相当称职的。

有一则故事说，看到荀子在兰陵治政有方，春申君的一位门客就对春申君说，荀子很有才能，很危险，如果长期给他一方土地，他就会建立商汤王和周文王一样的功绩，从而对春申君的地位形成威胁，于是，春申君就将荀子解职，迫使荀子不得不离开楚国，回到家乡赵国，并成为赵国上卿。然而，当另一位门客又以历史事件为例，认为像商汤王的宰相伊尹和齐桓公的佐臣管仲一样的贤人是安定国家的必有人选时，春申君同样认可，于是又派出使者，要把荀子请回来。很显然，春申君做楚国宰相二十六年，却在任用一位贤人时如此缺乏主张，是不合情理的。所以，这样的故事是不可靠的。这类故事透露出的真正信息应该是荀子在楚国做官并非一帆风顺，而让荀子这样的胸有济国救世之志的政治家长期待在远离楚国政治中心的地方，显然不能让荀子满意。或许，就在荀子于春申君为楚相的第八年做兰陵令之后，直到春申君为楚相的第二十六年被谋杀，这十八年期间，做兰陵令的荀子有过思想上的彷徨，甚至有可能暂时离开过这个职位。

有关荀子的类似逸事，在汉代广泛流传，这主要是由于荀子的学说在汉代很受推崇。这类故事的出现，最大的可能是，荀子的追随者或荀子后学，只是为了给荀子的怀才不遇寻找的若干原因中的一种。

失去官职，著成《荀子》

楚考烈王去世后，阴谋家李园谋杀了春申君。这一年是公元前238年（楚考烈王二十五年，秦王嬴政九年）。春申君死后，荀子就失去了兰陵令的职位，但还是在兰陵安家，生活在那里，直到去世。这样一来，荀子五十岁离开家乡赵国，直接到达齐国，后来被迫离开齐国后，游仕中原各国，可以确知的有赵国和秦国，最后到了楚国，直到寿终。

从公元前255年至公元前238年，荀子一直担任兰陵令。由于不可知的原因，春申君主政下的楚国一直没有委荀子以重任，大概也不愿意承担无视人才的名声，才一直任用着荀子。但是，这样的情状，既让春申君尴尬，也让荀子尴尬。荀子对于楚国政治多有尖锐批评，对于天下士人的政治遭遇也多有慨叹，这应该都与荀子在楚国的复杂政治经历密切相关。

大概在兰陵生活日久，晚年荀子就在兰陵安了家，并没有回到战争连绵的三晋地区。一直在身边的弟子李斯，看到老师在现实政治中已经无路可走，也离开了荀子，到秦国去谋求发展了。荀子认识到他所处的世间政治混乱而又腐败，各国君主多半昏庸无道，不遵循大道，把国家政治的兴盛寄希望于各种迷信手段，同时，鄙陋的儒生目光短浅，还有像庄子一样的士人逃避现实，于是，荀子就担负起了矫正世俗思想弊端的责任。荀子此时应当是在七十岁八十岁左右，不可能亲身在各国之间奔走，就选择了著书立说的形式，写下了几万言的著述，也就是现在看到的《荀子》十万言，或者至少是其中的主要部分。

荀子生逢战国之末，既有条件和才能总结先秦学术，也以自己的不懈努力为后世学术树立了独一无二的榜样。在先秦诸子中，荀子的学术成就最为丰富，也最为多样。

《荀子》最早成书，是出于西汉学者刘向之手。刘向（约公元前77年至公元前6年），字子政，是西汉著名经济学家、历史学家和文学家，其一生的主要贡献是奉命整理古籍，《荀子》是重要的一种。当时的书名叫《孙卿书》，全书三十二篇，是把几百篇杂文辑集而成。总之，现存《荀子》三十二篇基本反映了荀子及荀子之门的学术面貌。

自刘向校定《荀子》以来，这本书变化并不大，这不仅说明其校雠和编辑有着相当的合理性，更说明了以《荀子》为代表的荀学思想在历朝历代都有着广泛而深刻的影响力。

在汉代，著名的《礼记》和《大戴礼记》有多篇完全使用《荀子》的文字。在唐代，学者杨倞注《荀子》二十卷，这是对《荀子》最早也最权威的注释。在宋代，《荀子》刻本很多。到了元代，《荀子》刻本依旧多有。在明代，各方面都相当看重《荀子》。有清一代，由于乾嘉之学的兴盛，先秦古籍得到了学界的全面整理，《荀子》也不例外，并最终由王先谦（1842年至1917年）集成，形成《荀子集解》，为近现代的荀子研究奠定了坚实基础。

荀子思想及其著作对周边受中国传统文化熏陶的国家也有影响。在日本和朝鲜均有《荀子》古刻本。宣扬军国主义的日本靖国神社内有"游就馆"，得名于《荀子·劝学》："君子居必择乡，游必就士"。

《荀子》从成书到现在，在篇章文字方面流变不大。从现存内容看，《荀子》书中既有荀子本人所著，亦有其后学甚至荀门之外人士撰作和编辑的痕迹。到刘向校书时，发现有重复的内容，方才进行整理，成为流传至今的《荀子》模样，至于书名的变化，当然是最不重要的事情了。

综合来说，汉代以来，因为荀学更多的影响是在实际政治领域，而未能在思想界和学术界持续成为显学，也就没有更多的学者关注或利用《荀子》之书，这反倒是很大程度上保全了《荀子》的基本内容。这本巨著，从荀子撰文，到后人辑成，是其第一阶段；到刘向校辑整理，是第二阶段；到唐人杨倞作《荀子注》，是第三阶段；到清朝中期以来学者们考校整理和研究，是其第四阶段。从文本的角度来看，以后也不应该会有很明显的变化。更全面更深入的思想研究，是未来的《荀子》和荀学的发展方向。

《荀子》文辞犀利而有规法，既有力度，又不乏所谓"现代"意识。《荀子》文章以论说体为主，但也兼有其他各种文体，比如长短句的语录体，夹叙夹议的文学体，容易上口的辞赋体，还有通俗易懂的诗歌体。《荀子》的体裁和写作风格在《韩非子》中有所回应，但是，与《荀子》相比，《韩非子》的文章虽然更具战斗性，但因此也显露出了独断性，并且在言辞上不太讲究，在文学表现力上远不及《荀子》。可以说，荀子思想总结了先秦学术成就，启发了汉代一大批思想家，如贾谊、司马迁和王充等，而《荀子》的文章则达到了诸子百家的顶峰，促进了汉代文学的发展。汉代学者的著述多称引"孙卿"，证明了荀子在汉代的巨大影响。汉代以降，《荀子》的影响则更多集中在其思想内容方面。

○
○

教育思想和教育成就

荀子是中国古代伟大的教育家。荀子有博大精深的教育思想，也培养出了震撼历史的弟子。荀子的教育思想和教育成就是人类史上罕见的。

荀子是学者型政治家，即使他有过从政经历，也是以学者身份做官。学者的特点是不仅明白去做什么，还要弄明白为什么要这么做。

荀子是儒家思想家。他的思想历程相当复杂，与孔子和孟子相比较，思想内容更为丰富，涉猎思想面更为宽广，但他始终离不开儒家思想这个核心。特别是在晚年，当荀子离开官职，专心在兰陵讲学的时候，更是以丰富的阅历和广博的思想，回归儒学领域。这样的回归集中体现在他关于"学"的思考和论述上。

先秦时代的思想家们都有远远近近的追随者，但并不是每一位思想家都能把这样的追随转化为成功的教育。在向教育的成功转化方面，儒家有着行之有效的方式方法，并从孔子开始就逐渐形成独特的教育传统。更重要的是，儒家教育在注重现实的同时，还有鲜明的教育思想，而到了荀子这里，教育思想更为全面和系统，并深刻影响了他身后的中国历史。凡是受过教育的人，无不记得荀子的著

第四章　教育家：传述儒家经典，终老回归学术·

名论断，"青，取之于蓝而青于蓝；冰，水为之而寒于水"，这句话来自《荀子·劝学》，而这篇著名的文章同样是每个求学者的必读之文。

荀子身为教育家的另一项成就是教育出了历史上两位著名的法家人物，即法家思想家韩非子和法家实干家李斯。韩非子是公认的先秦法家思想的集大成者，中国古代"帝王术"的全面创制者；李斯则是秦始皇统一天下过程中的秦国丞相，为秦国一统天下、建立秦王朝立下了不可或缺的大功。

刻苦学习，尊师重教

看重学习是先秦儒家的传统，孔子自称"好学"，孟子"好为人师"，都强调了学习的重要性。但是，对学习做出系统而全面的不朽论述的，还是荀子。更为重要的是，荀子关于学习的阐述，也一直是历史上的经典之论。此后各个时期的学者们，但凡论及学习的，无不必须面对荀子的论学观点。

谈到荀子论学，有一点是必须强调的。那就是，荀子之学既包括学知识之学，也包括学道术之学，既有学问，也有学术或学说。这两方面的内容既不能相互替代，还又相互有关联。有学问未必能够走向有学说，但是，好的学问必然有助于好的学说，好的学说必须包含好的学问。在荀子的论说中，学问与学说在多数情况下是揉在一起的，但有时候也有分开或有所侧重的时候，这是后世学习者必须注意的一个方面。

（1）学习不可停息：学习的态度和方法

《荀子》开篇就是《劝学》篇。把劝勉人们积极主动求学的内容放在首篇，应该是后人编排过程中的想法，并不见得就是荀子认为论述学习是他的思想的第一要义。不过，这篇文章中的许多观点和名言警句却一直为后人津津乐道，甚至可以说是荀子学说中唯一没有让后世学者产生思想分歧的内容。

《劝学》篇开头就说："君子曰：学不可以已。"

这应该是荀子对于学习的总态度，就是学习不可以停止，不可以中止，必须持之以恒，甚至不可以有暂时的停歇。孔子说，学习就像追赶在前面奔跑着的人，就算不停地追赶，还怕赶不上，更何况是停下来呢。而荀子说"学不可以已"，"已"是停止的意思，更为直白。这是他对世人的要求，应该也是他的学习原则，甚至是人生准则。

在学习方法上，荀子首先要求日积月累。有了相当程度的量的积累，才会出现实质性的变化和提高。积善而成德，成德而神明得，神明得而圣心备。人的成长是一种不断上升的过程，这个过程由多个阶段组成，每一阶段的进步都有赖于上一阶段的积累，正所谓"不积跬步，无以至千里；不积小流，无以成江海"。不断的积累，锲而不舍的努力，是学习成功和人生进取的必要保证。

其次，学习还要有始有终，不能半途而废。学习成功的要诀之一在于"不舍"，也就是"不已"。事实上，做成任何一件事情，都需要"不舍"和"不已"的精神。一时的热情或激情，相对来讲比较容易达到，经年累月的坚持则非有强大的精神支持不可。凡事总是开头容易，坚持到底就太难了，但是，要想成功，必须坚持到底。

要做到有始有终，必须专心一致，戒绝浮躁。同时看、听两样以上的事物，必然得不出清晰的印象。以人生经历而言，总在岔路口上徘徊，肯定到达不了目的地；总在多个君主之间奔波，肯定不会被任何一个君主容纳。荀子的结论是，君子之人，必须把思虑集中在一处，持之以恒，直到成功。

可以说，学习是一项终身事业。学习要想有所成就，必须坚持不懈，终身不怠。荀子引用了当年孔子弟子子贡与孔子的一场对话，用来说明这个道理。

子贡很聪明、有头脑，孔子对他的要求也格外严厉。终于有一天，子贡向孔子请求说，在您这里求学让我太累了，我想改行，去侍奉君主，在从政之际稍做休息。孔子回答说，正像《诗经》里所说的，"温恭朝夕，执事有恪"，对待君主，时时刻刻都要保持温良恭顺的态度，做事更是不敢有丝毫松懈。侍奉君主太够了，怎么可能让你有休息的机会呢！

既然侍奉君主无法休息，子贡就希望在奉养亲人的过程中获得休息。可是，在孔子看来，奉养亲人也是一项艰难的事业，同样不会得到休息。子贡接着提出，在妻子、朋友那里，甚至去做个农夫，能否得到休息呢？对于这些想法，孔子的回答也都是否定的。子贡困惑了，我就找不到一个可以休息的地方了吗？孔子的回答是，当然有啊，对于想有所成就的人来说，只有躺在坟墓里，才能得到真正的休息。

通过这场伟大的对话，荀子想要告诉世人的是，人生是不可止息的，而伴随人生的学习同样是不可须臾停止的。只要是一个活着的人，特别是一个想对这个世界做些什么的人，学习就是一项终身事业，甚至是连稍做休息的地方和机会都难以找到。

（2）学习改变人生：学习的作用和重要性

学习可以改变一个人，可以改变人的命运。

学习的重要内容之一是学习所谓"文学"，即典章文物、礼仪法度，这也是传统文化的重要组成部分。在荀子看来，"文学"对于人生，犹"琢磨"之于玉器一样重要。璞石要经过不断打磨加工，才能成为玉器。比如楚国卞和发现的著名的和氏之璧，本来就是一块普通石头，只是经过了玉工精心加工，才成为贵重宝贝。如果说以人的成长为例，孔子弟子子贡和子路，他们本来都是普通人，可是，通过在孔子门下的不断学习，深受文学和礼义的教育和熏陶，最终却成为有影响的士人。

荀子说："青，取之于蓝而青于蓝；冰，水为之而寒于水。"这是荀子最著名的关于学习的论断，但也有可能是当时的俗语，意指后人总是能超过前人，社会一定能够进步。其中的"青"和"蓝"是当时的两种颜料，青比蓝的颜色更深更重。

荀子把这句话用在学习上，意义更加深邃。不过，结合荀子整体思想，他真正想要表达的是，如同青胜于蓝、冰寒于水一样，人通过学习，就可以超越人性之恶，达到善的境界。同样一个人，不学习就是蓝和水，学习之后就是青和冰。不学习只是一个普通人，学习之后就是不同寻常的人。学习可以提升人的素质和思想境界，学习可以改变人生。

一段木头，经过木匠加工，可以把它做成直木。再经过必要工序，也可以把它做成车轮，让它不再回复原来的样子。这就是说，任何天然事物都可以通过适当加工，比如木头的刻削、金属的磨砺，使其改变原有状态或属性。任何人，只要经过合理而必要的学习，比如不断的博学和反省，就能去掉本性中恶的东西，变得明理而不犯大错。

不同的人，其自然属性相同，但社会属性却千差万别，荀子认为这是"教"的结果。教与学是同一事物的两个方面，正是后天的学习，才使人与人之间产生了明显区别，甚至本质区分。孔子说："性相近也，习相远也。"人的本性是相近的，只是不同的习染，即不同的生长环境使人相区分。此所谓生长环境中，学习是最重要环节。

根据学习经验，荀子强烈主张，哪怕是短时的学习，也胜过成天的思考。更重要的是，学习并不完全是个人努力的事情，必须有所凭借。个人踮脚远望，不及登高所见；驾车之人，即使行路不便，也能到达千里之外；摇船之人，即使不会游泳，也能渡过大江大河。这些事例都说明，君子之人并不是在生理上与其他人有什么不同，而是在智力和思想上有所差异，他们明白，人必须通过利用外物的长处拓展生存空间和提高生活质量。要实现这个利用外物的过程，人必须学习。

（3）为什么要学习：学习的动因和目标

一个人会不会选择学习，是内因和外因共同作用的结果，有时甚至是难以区分内外的。靶子搭起，就会有箭射来；绿树成荫，就会有鸟来栖；食物变质，就会有腐虫生出。对于人来说，身处何地，言行如何，就决定了他的生存状况和生活方向。

人的生存环境真是太重要了。在其他环境下随处蔓延生长的荒草，如果生长在麻秆中间，不必特别扶持，也会正直地生长；白色的沙土，如果跟黑色的染料掺在一起，一定也会变成黑色。只有身处良好环境，获得良好的学习榜样，才能走上正道，否则就会同流合污。

人为什么要学习呢？君子的学习如同蝉蜕一样，学成之时，人就会焕然一新。他的行走、站立、坐着，甚至是表情和说话的语气，都会表现出蝉蜕一样的效果。

有人问道：我想由卑贱到达高贵，由愚钝变为智慧，由贫穷转为富有，如何才能实现呢？

荀子的回答是：只有通过学习才能实现！那些真正的求学之人，如果严格按照学习的要求去做、去行，就会成为士人；如果对学习表现了十足的渴望，就会成为君子；

如果学通学成，就会成为圣人。荀子在此所说的学，主要是指某种思想学说，严格说来，就是指孔子儒学。对于孔子儒学的三种态度和做法，决定了做人的三个层次或高度，当然都是积极的层次和高度。通过学习，上可以做到圣人，下可以做到士、君子，这完全是凭借自身努力就可以实现的，是任何人都无法阻止的。

以前是一个浑然无知的普通人，通过学习，达到了尧、舜一样的思想认识，这难道不是由卑贱到达高贵了吗？以前连家庭琐事都分辨不清，通过学习，却弄清楚了大仁大义是怎么回事，能够分清是非，看待天下大事如同分别黑白那么容易，这难道不是由愚钝者变为智慧之人了吗？以前只是个普通劳动者，通过学习，能够把治理天下的本领学到手，这难道不是由贫穷转为富有了吗？有这么一个人，家中藏有千金之宝，即使去乞讨而食，人们也会认为他是个富人。尽管他所拥有的财宝不能当衣服穿、不能当粮食吃、不能当东西卖，人们依然认为他很富有，这是为什么呢？难道不就是因为他拥有足够的购买能力吗？

作为思想家，荀子更认可精神财富，因为真正的精神财富是外力剥夺不去的，是有着无穷无尽的创造力的，而这种力量的基础，就是学习。那么，学习的目的和动因，在荀子看来，就是要获得这样的精神财富。

（4）如何完成学习之一：学习之"术"

荀子所重视的学习的内容是什么呢？

荀子说，如果认识不到比你更高明的东西，你就只能有退无进。具体到人的学习，一项重要的学习内容就是"先王之遗言"，也就是以儒家思想为核心的传统文化。

针对学习内容，荀子提出了学习方法，也就是"数"，或者称之为"术"。荀子主张，从外在方面来看，学习开始于诵读经典，终了于知晓礼制。当然，所谓诵读和知晓，并不是浅层意义上的阅读和了解，而是指对于经典和礼制的通晓和掌握。通过"数"或"术"的学习和锤炼，经典和礼制中的精神贯注到人的头脑中，人的思想和行为就会发生变化。荀子认为，这个变化过程，最初阶段是士人的表现，最终阶段则是圣人的表现。

人们能不能实现这样的学习过程，能不能达到学习的成功呢？荀子的回答是肯定的。如果真下功夫，日积月累，每个人都能进入这个由始到终的进程，但从总体上讲，这样的学习是没有止境的，荀子甚至直截了当地说，学习只能停止于离开人世的那一刻。另一方面，即使"诵经读礼"的外在活动有完结的时候，言行守义、处世做人却也一刻不能舍弃。因为人活着就要做人，做人就要奉义行事，所以荀子才会不客气地说，守义则为人，舍义即为禽兽。

既然学习在形式上必须起始于读经，荀子就很具体地道出了他所说的"经"是什么经典，这些经典的主旨是什么。

《诗》《书》《礼》《乐》《春秋》是荀子为人们的学习之始提供的经典。荀子认为，《书》，即后世的《尚书》记载的是古来的政事，即历史上发生的重大历史事件和进程。

《诗》，后世称《诗经》，既有广博的内容，又能使人从诗篇的音乐中体会音声的和谐节奏。《礼》，即后世的"三礼"（《周礼》《仪礼》《礼记》）之类，可以规范人的仪表和行为。《乐》应该是指后世失传的所谓《乐经》之类的书籍，可以使人的内心达到平和的境界。《春秋》，即《春秋经》，可以调节人生的细微之处。

从荀子对于学习之起始的要求来看，荀子对于儒家经典的重视是不言而喻。更重要的，荀子认为这些经典是人生修养的最高标准，并囊括了世间的所有美好。正因此，《荀子》中不仅处处体现着这些儒家经典的思想和精神，而且经典原文也不断地被引用来阐述和证明荀子的观点和思想。

（5）如何完成学习之二：学习之"义"

学习的具体步骤是始于读经，终于学礼，而实际目标则是始于做士人，终于做圣人。这就说明，荀子认为的学习的终极目的并不是掌握某种具体知识，而是做人、做圣人。换句话说，学习之"术"只是手段和途径，学习之"义"才是真正的目标和目的。

从学理上讲，人的本性是有认知能力的，是有学习能力的，这是人的自然本性，或者说是生物特性。另一方面，人之外的自然界，或者说人之外的万事万物，它们之所以那样存在，是有其存在原理的，并且这样的原理是可以被人所认知的。

人有认知能力，事物有被认知的特性。这样一来，至少从理论上讲，人只要想认识事物存在的原理，或者人只要想认知事物，就可以不断地认识，在数量上和程度上都是没有限制、没有穷尽的。不过，一个人认识的事物再多也是有限的，而事物的数量是没有穷尽的。要想认识事物的普遍原理，必须通过学习，从对个别事物的知识加以提升，达到一般性认识，得出一般性结论。如果想通过认识一件件事物，最后达到认识所有事物，最终掌握事物的一般原理，这显然是一种很愚蠢的想法，因为任何人都不能以有限的生命去认知所有事物。明知这样做不现实，却还不知道适可而止，那就是"妄人"，虚妄之人。

既然一般意义上的学习既是对人的认识的提高，又是对人的认识的限制，那么，学习的真谛究竟是什么呢？荀子给出的答案是，学习，就是学习"止"。

"止"的本义并不是停止，而是走到某个地方。一旦走到了那个应该到达的地方，当然就可以停止了。所以，"止"的全部含义，是说走到那个应该停止的地方。那么，这个地方是什么呢？荀子说是"至足"，即最高的满足，那就是圣人的高度、圣王的境界。

什么才是圣王的"至足"境界呢？荀子的解释是"尽伦"和"尽制"，并断言此"两尽"是天下的至极之处。

荀子所说"尽伦"之"伦"和"尽制"之"制"，指的就是事物的一般规律，而不是具体事物的性质和原则。"伦"是类别的意思，"制"是规则的意思。伦和制相结合，就是指一类一类的事物、一层一层的事物的一般性规则，直到大道和天理。

荀子之学，是通过学习之"数（术）"，达到学习之"义"，即在学习和认知具体事物的过程中，从"伦"得"制"，通过效法事物之法则，求得对事物的一般规律和普遍规则的认知。

（6）向老师们学习：老师的资格和形象

荀子指出，学习的重要途径之一是"近其人"，即向那些比自己更强更好的人学习，以他们为师。在向老师学习的时候，还要注意礼仪，把学习和实践结合起来。按理说，学习传统经典主要是学习者个人的事情，为什么还要向其他人学习，向老师学习呢？荀子指出，《礼》《乐》之文正统规法，但缺乏面对具体情况时的具体指导；《诗》《书》记载的都是过往之事，对现实没有直接明示；《春秋》意义隐约，不能很迅捷地指导现实。这就说明，要想让这些经典指导人生，必须在学习经典的过程中，向那些学成在先的君子之人靠拢，学习他们的思想学说。经典是古代的，君子是当代的。古今结合，一个人才能得到普遍尊重，畅行天下。

学习礼法，向老师学习，是学习的正道。学习是学什么呢？从根本上讲是学习礼法，学习做人。因为老师在学习上先行一步，并且学有成就，有资格为人师表，为人正仪。无法，则不知道学什么；无师，则不知道跟谁学。失去了这种最基本的学习原则，反而喜好自作主张，那么，一个人就只能妄乱其所作所为了。

向老师学习，并不是因为老师这个人，而是因为老师拥有特别的知识和智慧，荀子称之为"师法"。

从求知或成人的逻辑顺序来讲，无所听闻不如有所听闻，听闻所得知识又不如亲眼所见获得的知识，而仅凭目见所获知识又不如有所探索、对其原理有所了解的知识。当然，最好的知识，是那种经过实践检验的知识，特别是经过亲身实践、能够有益于行为的知识。学习某种知识，或探求某种思想，最终目的应该是能够指导言行，有助于生活。能做到这个程度，荀子称之为"明"，即思想和心灵的通明，这就是荀子心目中的圣人所达到的学习境界。圣人之所以能够做到以仁义为本，是非分明，言行一致，没有其他奥妙之处，就是把学而行之放在了首位。

反过来讲，一个人，一个学习的人，只凭听闻，不亲自去见识，即便很广博，也一定是谬误多多；亲自见识之后，却不做深入了解和思考，即使有深刻记忆，也一定会陷入妄乱之中；有了深入了解和思考，却没有实践和体验过程，即使了解和思考得很厚实，也会出现困惑。同样，只注重实践，而缺乏必要的听闻和见识，即使行动没有问题，因为没有达到像仁者那样的通达，到最后也会出现错误。

求知和实践是一个整体，无法分开，也不能分开。向老师学习和自己思考、实践，也是一个整体。如果不向老师学习，不接受已有规则的约束，就会作奸犯科、犯上作乱，比如说，有小聪明的人就会去盗窃，有勇力的人就会去做贼寇，自认为有能力的人就会扰乱社会，善于观察细微之处的人就会发表奇谈怪论，善于辩论的人就会提出怪诞言论。所有这一切都是有害于社会的。相反，如果一个人有老师、讲规则，那么，有智慧者就会很快成为通达之人，有勇力者就会很快树立威严，有能力的人就会很快成就业绩，观察入微的人就会很快完成要做的事情，善于辩论的人就会很快把道理说清楚。由此可见，有老师、讲规则就是人生的一大宝藏，反之，就是人生的祸殃。

没有老师、不讲规则，人的本性就会放纵；有了老师、讲求规则，人的后天所获就会不断积累。从老师那里得到东西，以及按规则行事，是后天所得，不是先天具备，因而也不能自然生成。根据荀子的人性论，完全顺从或依据人的先天所得去生存，就会走向自私自利，产生无限祸害。人必须约束和改造先天之性，在社会生活中不断学习，获得社会所允许的正确行为规范，以此造就完善的人性，并且有利于社会发展。

发表言论的时候不强调老师，这叫作叛逆；从事教学的时候不称道老师，这叫作背离。像这样的背叛者，英明的君主绝不会接纳，更不用说重用，而朝中的士大夫即使是与其偶遇在路途上，也不会跟他有任何言语。由此看来，"师"就是思想学说的正当来源。有师承，才会有思想学说的健康发展；个人重视师承，才能约束和要求他献身于思想学说的传承和发展。

一个国家要想兴盛，必须看重师傅、尊崇师长，只有这样，国家才会有法度、有规矩。相反，在一个行将衰亡的国度里，师傅和师长肯定没有崇高社会地位，这会直接导致人们完全按照自己如何快意的原则去行事。每个人都随心所欲，法度自然就会被践踏，社会也就走向混乱无度了。

要向老师学习，当然对老师本身也要有明确要求，即什么样的人才有资格做老师。荀子主张有四类人可以为师，但是，仅有广博的知识，而没有做老师的品质，是不可以称作老师的。做老师的四项品质是什么呢？

一是有尊严，言行有所忌惮，有所不敢为，才可以做老师。二是年龄要达到五十或六十岁以上，并且讲求信用，才可以做老师。三是能够诵读和解说经典，并且个人能够履践经典的要求，才可以做老师。四是能够明于事物的细微之处，能够区分事物的类别，才可以做老师。

以上四项要求，应该是同时起作用的，不能说达到其中一条就可以做老师。水达到了一定深度才会出现漩涡，树叶落到树根处才能化为肥料，弟子被培养成通达便利之人才能思念老师的恩德。不具备上述四项要求的老师，就如同不够深度的水、无法归根的落叶一样，无法把弟子培养成才，当然也就不能得到弟子的拥戴。

荀门弟子，李斯和韩非

在教育事业方面，荀子的情形与孔子、孟子相似。与那个时代几乎所有学者和思想家一样，这些儒家大师的首要追求也是从政，以其思想学说指导现实政治，以期最有效地为人世间造福。在此过程中，他们必须传播思想学说，这势必会吸引一些人的注意力，更会引起一些年轻人的兴趣。他们会集聚在这些思想大师周围，在聆听其思想学说的同时，形成某种形式的团体。这样的团体，既有思想学术追求，也有政治追求，从教书育人的角度看去，也是教育事业的追求。对于孔子、孟子和荀子来说，他们的教育事业严格说来是其政治事业的副产品。如此定性并没有贬低之意，而是强调他们的教育成就与他们的政治追求是息息相关的。

既然可以把以孔子和孟子为首的团体称作孔门和孟门，也就可以把荀子及其追随者组成的团体称作荀门。荀门的人数不及孟门，更不及孔门。从学生质量来说，即使不能说荀门一定强于孔门和孟门，至少荀门也是很有特色，并且是光芒四射的。

一位名叫李斯的人，曾经是荀子弟子，后来做了秦国相国。

李斯是楚国上蔡地方的人，年轻时做郡中小吏，看见生活在厕所中的老鼠只能去吃不洁之物，却还不断受到来来往往的人和犬的惊扰，过着恐慌的日子，而粮仓中的老鼠却是优哉游哉地吃着上好粮食，如此鲜明的对比让李斯大为感慨，"人之贤不肖譬如鼠矣，在所自处耳"，人的贤与不肖，很大程度上取决于所处位置和生活的层次。为改变处境，李斯跟随荀子学习。学成之后，李斯认识到楚王不足以成就大事，而山东六国日渐衰弱，同样无法让人建立盖世之功，于是，他就打算西入秦国，参加到秦国统一天下的大业中。

李斯跟随荀子学习所谓"帝王之术"，一直到学成后入秦，这期间只有一个时间节点，即李斯入秦之时，适逢秦庄襄王去世，秦王政继位，这一年是公元前246年（楚考烈王十七年）。根据上一章分析，荀子最迟在公元前259年到达楚国，这距李斯奔秦还有十多年的时间。所以，李斯在荀门学习"帝王之术"，最有可能就在这段时间。

不用说，人们更关心的是李斯表白离开师门的理由。

李斯的人生总则是，一旦看中时机，就必须毫不懈怠地去努力、去争取，直至获得成功。那么，李斯看中的时机是什么呢？他认为，各国君主此时此刻都在争取压制甚至消灭他国的机会，并因此而对"游者"格外重视。所谓"游者"就是游说之人、游仕之士，即非本国世家大族的有真才实学之士。李斯认定，最有资格吞并天下的是秦王，而历代秦王最为看重出身布衣的游说之士。另一方面，李斯深深感受到，身处社会下层的人士，如果不以自己卑贱的社会地位和穷困的生活为耻辱，就只能算是长着人的面孔的行尸走肉一般。这样的人本来没有地位，生活无着落，却还喜欢议论长短、空谈世事，甚至号称厌恶利益，自认为是无为之人。在李斯看来，这并不是士人内心的真实想法，而是懈怠之心在作怪。李斯完全不赞成这样的思想，也根本不想做这样的人，所以，他毅然决定起身西去，说服秦王，成就功业。

李斯其人及其坚定的政治立场和鲜明的政治观点，在历史上影响深远。上述李斯之语，是他告别老师时的自白，铿锵有力，不容辩驳，很有震撼力。事实上，荀子兼容儒、法的政治思想并没有被所有弟子接受，这就很自然地出现了宗儒与宗法的两类弟子。宗法弟子以李斯和韩非子为代表，宗儒弟子则以包丘子为代表。坚守儒家仁义的书生，与推行法家法制的现实主义者们，在更多情况下是难以相容的。但是，在实际政治上，二者必须相容，才是实现切实可行的治国安邦之策，尽管这种相容经历了艰难过程，也不断出现起伏。

在两千多年前的西汉昭帝始元六年（公元前81年），朝廷专门召开了历史上著名的盐铁会议，名义上是讨论经济政策，实际上是要统一政治思想，即如何使儒、法思想在实际政治中并行不悖。参会者是朝廷主要大臣和各地著名儒家学者，共计六十多人。他们就治国之道和理政之策展开对话，后由著名学者桓宽将会议记录整理成书，即《盐铁论》。对话的双方是"大夫"和"文学"，前者主张以霸道治国，后者主张以仁政治国，这显然是荀子政治思想的主题。对话的双方还屡次提及李斯和包丘子，显示出荀子的思想和李斯的功业在西汉时代的广泛影响。

官员们肯定和仰慕李斯的功业，瞧不起儒生包丘子的穷途潦倒，而学者们则是直指李斯的惨痛结局，赞扬包丘子的气节。最为难得的是，同出于荀子之门的两位弟子，立场和结局是如此不同，几百年后还让立场完全不同的人们一起提及，并拿来证明完全不同的政治主张。

对于李斯，官员们认为他不仅身居高位，权倾天下，而且功业可以与辅佐商汤王打江山的伊尹和辅佐周武王夺天下的姜太公吕望相提并论。可是，学者们却认为，李斯虽然深得秦始皇的信任和重用，却让他的老师荀子一直担心他的不幸结局。李斯最终受刑而死，就是因为身无仁义修养，却享受了高官厚禄。

对于儒家学者，官员们极尽其嘲讽之能事。他们引用李斯的说法，认为学者们思想并不正确，却自认为是正当的；嘴上说没有欲望，实际上并非如此。他们对内无力奉养家人，在外没有名望，身处贫贱之中，却声称喜好大义。这样的人，即使能够言说仁义，又有什么可贵之处呢！但是，学者们却大声辩护，认为学者确实有可能生活很窘迫，但这又有什么关系呢？因为坚持仁义而过不上富裕生活，当不上权力赫赫的高官，这只能让学者的内心更坦然。他们不会像现实中的那些在位者一样，见利之时就不去考虑害，贪婪而不顾廉耻，直到因为牟利而丢掉性命。

事实上，《荀子·议兵》就记载了李斯与荀子的一番针锋相对的对话。这段对话的意义，不仅可以作为荀子与李斯存有师生关系的铁证，也证明了师徒二人在思想上的分歧。由于本书的主旨和篇幅所限，不能深入讨论李斯的思想，不过，从结局上看，李斯在思想上与老师分道扬镳，与荀子对法家治国之术的重视，以及荀子对秦国政治的某种程度的肯定，也有着一定关系。

荀子坚持儒家主张，认为讲求仁义的目的，或者说仁义的作用，就是要使国家政治更为合理。国家政治走上了正确轨道，民众就会亲近在上者，爱戴君主，甚至会毫不犹豫地为君主而死。以治军为例，如果能以仁义治国，将帅的作用就不会是第一位的。反观秦国，由于无视仁义，虽然不断打胜仗，但却始终处在恐惧之中，就怕天下人集合起来一起攻击他，所以，荀子认为秦国之军缺乏思想道德基础，是末世之兵。事实也证明，秦国统一天下之后，强大的军队竟然经不住陈胜、吴广这两位农民起义军的振臂一呼，确实是被荀子不幸而言中了。

在那个时代，如果没有深厚的学术修养和精准的政治洞察力，确实难以认识到秦国政治的不足之处，所以，李斯难以接受荀子的上述看法也是很自然的。

从结果上看，荀子并未阻止李斯，或者是阻止未果。李斯最终踏上了赴秦国之路。在秦国，李斯一路披荆斩棘，做到秦国最大的官，即丞相，并为秦国的统一天下和秦朝早期法制建设做出了巨大贡献。但是，秦朝的迅速灭亡也与李斯一味以强力统治天下的做法大有关系，可以说李斯发挥了推波助澜的作用。至于李斯本人，最终死在奸臣赵高手中，也从一个侧面证明了秦国政治的缺陷和像李斯这样的政治人物的短视。

李斯还有一位同窗，即韩国的韩非。韩非是韩国公室后人，贵族出身，与李斯同学于荀子门下。韩非有口吃之疾，不方便与人交流，就把时间更多地用在学习上，以至于壮志雄心的李斯也得自愧弗如，并在后来的关键时刻把这种"学不如人"转化成了报复行动。

韩非子后来成为最杰出的法家思想家，思想史上认为他是法家思想的集大成者，集传统法家的"法、术、势"为一体，提炼出不折不扣的"帝王术"。在韩非子之前，法家思想已经在思想界广泛存在了，而韩非子则为传统法家思想找到了真正归宿，即"黄老"之学，一种假托于黄帝和老子的唯我独尊、专制独裁的思想取向。这些思想看似与荀子思想毫无共同之处，但是，荀子是真正能够读懂法家思想的人。荀子对儒家思想的信仰、对圣王的崇敬也很具有独断性的，这是荀子之学真正能够吸引韩非的地方。更重要的是，荀子的理性精神也完全映照在了韩非思想中，而《荀子》之文和《韩非子》之文在文气上是息息相通的。

韩非子对儒家思想有过许多极其辛辣刻薄但也不乏中肯的批判，这就说明，韩非子对儒家思想是相当了解的。对于已经成了名的儒家人物，韩非子对孔子和子夏尚存好感，对子思（孔子之孙）则持批评态度，这与荀子对这几位的态度是一致的。韩非子对于儒家思想和人物的了解，与荀子有着很大的关系。

思想成熟之后的韩非子完全瞧不起他那个时代各家各派的学者，对于儒家主张的以道德约束政治的观点也嗤之以鼻，这可能也是受到荀子对于当时一些思想学派所持苛刻批判态度的影响，尽管荀子可能无法接受韩非子否定人

荀子

荀子弟子韩非子画像

的道德修养和道德品格可以在政治社会领域里发挥作用的观点。不过，对于韩非子铺陈在他的犀利文章中的极端法家思想，秦王嬴政（后来成为秦始皇）却极度欣赏，并把韩非子请到秦国，当面求教。秦王和韩非子都是帝王术的学习者，而对帝王术深有心得并能娴熟使用的，却是韩非子的同窗李斯。李斯恐怕受宠中的韩非子取代自己的地位，便联合朝中大臣进谗言，最终把老同学害死在了狱中。可怜的韩非子，虽然他把君臣之术讲得头头是道，本人却惨死在了脱不掉的书生气之中。在这一点上，韩非子与老师荀子倒是相差无几。

○
○

结语：人生尤重身后事

凡是在传统文化深厚的民族和国家，人们尤其看重身后的名声和影响。孔子断言"仁者寿"，认为仁义之人的长寿，不仅在于生前寿数，更在于身后在世人记忆中的地位。

儒学是入世的学问，儒家君子不仅重视在世之时的成就和口碑，更重视离世之后对人世的影响以及后人的评价。如果身后没有好的名声传世，对君子来说是疾愤至极的憾事。当然，这样的影响和名声并不是仅靠主观愿望就能获得的，而是由生前所作所为决定的。

对于身后之事，荀子是不必担忧的。尽管他在世之时怀有政治思想和政治愿望未能付诸现实的遗憾，但他的思想成就和教育成就，以及他的人格力量，足以让他流芳百世。当然，更令人欣慰的是，荀子在世时是长寿者，离世之后更是长寿者。

荀子身后，弟子推崇

荀子去世的确切时间已无法得知，秦始皇在公元前221年统一天下，荀子著述中未谈及与此有关的事实，说明荀子的寿数应在这一年之前。有人认为他可能活过百岁，本书也认为他应该达到百岁左右的高龄。那个时代人们的平均寿命在五十岁左右，能活到百岁之年，确实是超高寿的了。

荀子去世后就葬在了兰陵，这应该是荀门弟子所为。兰陵距荀子家乡郇邑并不太远，但因为中间正好有太行山和黄河等天然阻隔，而在那样一个兵荒马乱的年代把荀子安葬回家乡也确实不易。如果有幸，也只能让荀子魂归故里了。

一代宗师荀子的去世，标志着先秦学术的终结。对于荀子思想成就的评价，弟子们甚至认为胜过了孔子。《荀子》结尾处有一段话，可能是弟子们为《荀子》一书所作的后记：

为说者曰："孙卿不及孔子。"是不然。

孙卿迫于乱世，鳍于严刑。上无贤主，下遇暴秦。礼义不行，教化不成。仁者绌约，天下冥冥。行全刺之，诸侯大倾。

当是时也，智者不得虑，能者不得治，贤者不得使。

故君上蔽而无睹，贤人拒而不受。

然则孙卿怀将圣之心，蒙佯狂之色，视天下以愚。《诗》曰："既明且哲，以保其身。"此之谓也。

是其所以名声不白，徒与不众，光辉不博也。

今之学者，得孙卿之遗言余教，足以为天下法式表仪。

所存者神，所过者化。观其善行，孔子弗过。世不详察，云非圣人，奈何！

天下不治，孙卿不遇时也。德若尧、禹，世少知之。方术不用，为人所疑。其知至明，循道正行，足以为纪纲。呜呼！贤哉！宜为帝王。

天地不知，善桀、纣，杀贤良。比干剖心，孔子拘匡，接舆避世，箕子佯狂，田常为乱，阖闾擅强。

为恶得福，善者有殃。

今为说者又不察其实，乃信其名。时世不同，誉何由生？不得为政，功安能成？志修德厚，孰谓不贤乎！

有些人说，荀子不如孔子。可在荀子弟子看来，这种说法并不符合事实。理由是，从个人角度来看，荀子生活在乱世，山东六国没有贤能之主，再加上秦国横暴行径，使得儒家礼义教化难以实行，像荀子这样的儒者迫于时势压力，也是无所作为。从天下大势来看，智者没有机会运用智慧，有才能者得不到施展舞台，贤者也得不到适当任用，正所谓君主受到蒙蔽，对国家混乱根本看不到，贤能之人自然就会被拒之门外。在这种形势下，荀子尽管没有把其他人放在眼里，也只能胸有圣者志向，努力做到明哲保身而已。结果就是，荀子并没有获得巨大名声，也没有收受很多弟子，更没有把他的思想光辉广泛发散出去。

那么，在弟子们看来，荀子的人格高度和思想成就到底在哪里呢？他们认为，当代任何一位学习者，只要能够得到荀子遗言余教，就足以为天下人树立起榜样。荀子的人格和思想，只要是存在过的地方，就会显现出神奇效果，只要是经过的地方，人们就会受到道德化育。仔细观察荀子妥善的行为，是孔子都难以超过的。世人不去详细了解，却说荀子不是圣人，真是让人无奈啊！

接着，弟子们又举出了历代贤能之人所遭受到的不公正待遇，以及祸乱天下之人却得到良好结果的例子，以证明荀子确实生活在一个作恶者得福、行善者遭殃的时代。

可是，那些多嘴多舌之人却相信表面现象，不去深入考察实际情况。在荀子弟子们看来，正是这样的时代使荀子无所作为。在如此恶浊的时代，荀子凭什么能得到荣誉？那些昏庸君主连从政的机会都不给荀子，凭什么让他建功立业？然而，弟子们深信，荀子的志向是那样崇高，德行是那样深厚，凡是对他有所了解的人，肯定不会认为他不是贤者。

这段文字的中心思想，一是认为荀子是胜过孔子的圣人，二是认为荀子具有成为帝王的品德和才能。这当然是弟子们的溢美之词，后人可以理解。但是，弟子们对于荀子一生遭遇的描述，以及对于荀子之学的巨大价值的肯定，却是非常可取的。与孔子时代不同，荀子时代的政治更加混乱，各种各样的学说层出不穷，争鸣激烈，要想在这样的一个时代有所成就，有所作为，难度可想而知。荀子不受世俗影响，坚持自己的主张，最终成为一代宗师，就对中国历史和思想史的影响而言，在许多方面确实不亚于孔夫子。

平心而论，上述荀子弟子对荀子的评价中，断言荀子胜过孔子，甚至认为荀子可以做帝王，应该说有着很浓厚的对于荀子的个人崇拜甚至造神的成分在其中的。这种情况，在任何时代、任何思想大师身后都是发生过的。孔子之后，弟子们甚至认为孔子之高明堪比日月，无人能及，这同样是对孔子的神化。神化固然有些过度，但孔子之高明，荀子之光辉，却也是事实。

荀子之光，照耀历史

流传于世的《荀子》十万言，肯定包含了各方面文字来源，这在先秦诸子著述中是常见事情。荀子弟子数量虽然不及孔子和孟子那么多，但是，除了像韩非子和李斯这样的个性突出、谋求自我发展的弟子之外，还有一些弟子追随在荀子左右，并能不同程度地继承其衣钵。荀子死后，他们把老师生前的著述编辑缀合，也把他们自己的作品附在其中，这也是正常事情。比如说上引《荀子》最后一段对荀子的称颂，显然不可能是荀子本人所作。但是，总体上看，《荀子》中的大多数内容还是荀子本人所写，也是后人研究荀子生平和思想的最可靠依据。

荀子的历史影响，除了他教育出来的杰出弟子之外，就是他的著作及思想。荀子及其思想，与他的著作一道，深刻影响了秦汉以后的中国历史。

正如本书一再强调的，荀子的两大贡献：一是系统化和深化了传统儒家思想，包括对儒家经典的研习和传承；二是从理论上证明了儒、法思想在管理社会、治理国家方面的兼容性。在西汉前期，从文、景时代朝廷置经学博士，到汉武时代"罢黜百家，独尊儒术"，都与荀子的第一项思想贡献有着直接关联。

至于荀子的第二项贡献，《汉书·元帝纪》记载说，西汉元帝做太子时，与父亲汉宣帝有过一次具有历史意义的对话。汉宣帝在位二十多年，是历史上公认的复兴汉武帝之政的皇帝。当身为太子的元帝劝谏宣帝不必对大臣惩罚太重，同时应该加大任用儒生的力度时，宣帝很生气，称汉王朝已经形成了自己的政治传统，那就是"霸、王道杂之"，即法家的霸道和儒家的王道兼收并用。如同荀子一样，宣帝也批评了那种"俗儒"，他们不识时宜，喜欢肯定古代、否定当今，擅长玩弄概念、空洞说教，却不懂得治国理政的根本之处是什么。

汉宣武此说，乍听上去有批评儒家的味道，但从他的整体言论来看，显然不是冲着荀子所说的大儒、圣人而去的。宣帝批评的重点是那种"俗儒"，这样的儒生，就是孔子、孟子和荀子都瞧不起，就更不可能被"霸、王之道杂之"的皇帝任用了。那么，霸道、王道杂而用之、兼而任之的思想是从哪里来的呢？不用说，就是来自荀子的著作及其思想。这一点，无论从本书的分析中，还是从历史的事实中，都能得到无可辩驳的证明。

在汉代，荀子及其著作的影响广泛而深入。西汉前期学者们编撰的一些重要典籍中，采自《荀子》的内容很多。如《韩诗外传》逐字引用《荀子》有四十四处之多，清代学者考校《荀子》多依赖《韩诗外传》的转引。此外，《大戴礼记·曾子立事》载有《荀子》中的《修身》《大略》等文，《礼记》的《乐记》《三年问》《乡饮酒义》则载有《荀子》的《礼论》《乐论》。

对于荀子其人，汉武帝时司马迁著《史记》，专写《孟子荀卿列传》，并在《儒林列传》中认为"于（齐）威、宣之际，孟子、荀卿之列，咸遵夫子之业而润色之，以学显于当世"，可以说是高度肯定了荀子的历史地位。到西汉后期，著名学者刘向受朝廷指派，对《荀子》之书进行专门整理，形成流传后世的荀子之书。刘向认为：

> 汉兴，江都相董仲舒亦大儒，作书美郇卿。
>
> 如人君能用郇卿，庶几于王。
>
> 观郇卿之书，其陈王道甚易行，疾世莫能用，其言凄怆，甚可痛也！
>
> 其书可比于传记，可以为法。

刘向对《荀子》的高度评价，证明了荀子及其思想在汉代的巨大影响。到东汉时，著名学者王充在其著作《论衡·寒温篇》中提出："夫天道自然，自然无为。"与荀子的天道观可以相互发明。王肃所编《孔子家语》也是多载《荀子》中的故事。《荀子》书中后几篇所载逸事或故事，几乎都出现在了汉代学者编撰的各种书籍之中，由此可见《荀子》的流传之广、影响之深。

直到隋唐时代，荀子依然广受重视。著名学者韩愈写有《读〈荀子〉》，文中说："及得荀氏书，于是又知荀氏者也。考其辞时若有不粹，要其归，与孔子异者鲜矣，抑犹在轲、雄之间乎！"认为荀子思想不及孟子，但高于西汉

安泽荀子文化园的荀子塑像

另一大儒扬雄。顺着这个思路，韩愈又做了一个很有名的论断，认为"孟氏醇乎醇者也，荀与扬大醇而小疵"，孟子是纯粹的儒者，荀子和扬雄在大方向上是儒生，但都有纤小的不足之处。韩愈的如此评价显然是很苛刻的，并且由于韩愈在唐代以后影响力很大，他对荀子"大醇而小疵"的评价便开始动摇荀子作为大儒的地位。韩愈在他的另一篇重要著作《原道》中，甚至认为荀子的思想"择焉而不精，语焉而不详"，并因此把荀子排除在韩愈认定的儒家道统之外，认为"孔子传之孟轲，轲之死，不得其传焉"。当然，孟子不可能传学于荀子，但认为荀子不是儒家传统中的正宗学者，显然是草率的结论。

不过，同是唐代人，学者杨倞不仅充分肯定了荀子思想，还在历史上首次为《荀子》作注释，这对于《荀子》更加广泛的流传起到了重要促进作用，在《荀子》发展史上具有里程碑意义。他在《荀子·序》中指出："孔氏之道，几乎息矣，有志之士，所为痛心疾首也。故孟轲阐其前，荀卿振其后，观其立言指事，根极理要，敷陈往古，掎挈当世，拨乱兴理，易如反掌，真名世之士，王者之师。"这是说，荀子与孟子并驾齐驱，都是传世之名士，也都堪任王者之师。这样的评价，比韩愈的观点显然更加公允。对于《荀子》一书，杨倞认为可以"羽翼六经，增光孔氏"，是儒家经典的必要补充，"非徒诸子之言也"，在儒家史上的作用要高于其他儒家学者。所以，杨倞才为《荀子》作注，以彰显它的本质和作用。

唐代的另一位大思想家、文学家柳宗元在他的著名论文《封建论》中说："荀卿有言：'必将假物以为用者也。'由是君长政生焉。"在《天说》中，柳宗元认为上天并不能赏功罚祸，因为人间的福祸全是人们所为，即所谓"功者自功，祸者自祸"，这显然是受到了荀子自然观的影响。这都说明，柳宗元对《荀子》是相当有研究的。

可是，在宋代，理学思潮兴起，孟子的心性之论开始大行其道，性善论也成为绝对真理。随着孟子地位在思想界不断被抬升，激烈批评孟子并与孟子思想有所反对的荀子及其思想必然会受到非议甚至打压。理学大师程颐认为，"荀卿才高学陋，以礼为伪，以性为恶，不见圣贤……圣人之道，至卿不传"（《二程全书》卷十《大全集拾遗》），这种论调与理学的独断性特点是一致的。著名文学家苏轼在《荀卿论》中则说："荀卿者，喜为异说而不让，敢为高论而不顾者也。其言愚人之所惊，小人之所喜也。子思、孟轲，世之所谓贤人君子也。荀卿独曰：'乱天下者，子思、孟轲也。'天下之人，如此其众也；仁人义士，如此其多也。荀卿独曰：'人性恶。桀、纣，性也。尧、舜，伪也。'由是观之，意其为人必也刚愎不逊，而自许太过。"由不赞成荀子思想，甚至怀疑到荀子的性格和为人。如此过激的批评，对荀子地位的毁损是可想而知的。到了南宋时期，著名理学家朱熹也对荀子发出批评，认为荀子思想"全是申、韩，观《成相》一篇可知"。以《荀子·成相》一篇而概括荀子思想，进而认为荀子思想都是如申不害和韩非子一样的观点，显然是失之偏颇的。

总括宋人对荀子的批评，主要是集中在荀子"性恶论"上。但是，宋代理学家对于人性的气质之性和义理之性的区分，实际上是深受荀子人性观的启发和影响。只是他们的思想取向不允许他们公开承认"性恶论"的合理性，这反倒使荀子整体思想的影响力自宋代以后不断下降。其实，荀子思想影响力下降的过程，也是中国古代社会逐渐走下坡路的过程。事实上，即使是在诸多有影响力的学者猛烈批判荀子的宋代，《荀子》一书依然拥有广泛读者。荀子在宋代遭到围攻的事实也说明，在宋代之前，荀子的影响力是相当可观的。

在明朝，受理学思想占据思想界统治地位和科举考试完全控制知识分子人生取向的影响，荀子之学的影响力很是有限，也没有出现专门研究荀学的重要人物。对荀学有所接触的学者，对荀子及其思想的看法也是有褒有贬。学者黄佐说："荀况之书，以性为恶，以理为伪，其言曰：'一之于性情则两失之矣，一之于礼乐则得之矣。'人惟性善，故可以用礼乐，不然其如礼乐何矣？其言戾矣！"（《南雍志》卷十八）这是把荀子的性恶之说与儒家的礼乐之教对立起来，显然是对荀子思想的极大误解，说明他并没有全面深入研习荀子思想。

不过，也有学者极力推崇荀子，代表人物就是明清之际颇具批判精神的思想家李贽。李贽把荀子列为"德业儒臣"的首位，将孟子列在其后，认为："荀子与孟子同时，其才俱美，其文更雄杰，其用之更通达而不迂。"（《藏书·德业巨儒》）李贽是那个时代的"反叛"者，所以更能洞悉荀子思想精髓。对于《荀子》一书，文学家归有光的评价是，"当战国时，诸子纷纷著书，惑乱天下。荀卿独能明仲尼之道，与孟子并驰。顾其为书者之体，务复于文辞，引物联类，蔓衍夸多，故其间不能无疵。至其精造，则孟子不能过也"。根据对《荀子》之文辞的分析，归有光的褒贬是颇有见地的，证明他是认真阅读和思考过这本书的。所以，归有光才能进一步断言，"自扬雄、韩愈皆推尊之，以配孟子。迨宋儒，颇加诋黜，今世遂不复知有荀氏矣。悲夫！学者之于古人之书，能不惑于流俗而求自得于心者，盖少也。"在归有光看来，韩愈尽管认为荀学有"疵"，总体上还是推尊荀子的，只是在宋儒打压之下，荀子才消失在流俗之中。

有清一代，由于实学兴起，理学统治地位逐渐式微，人们对于荀学的关注日渐复兴，甚至超过了两汉之后任何时代。《四库总目提要·荀子》认为，"平心而论，卿之学源出孔门，在诸子之中最为近正"，正是代表了清代之人对荀子的总体看法。近现代以来，荀学研究的复兴，与清代学者的相关学术成果有直接关系。尽管谭嗣同在其《仁学》攻击荀学，认为中国古代"两千年之政，秦政也，皆大盗也；两千年之学，荀学也，皆乡愿也"，但这种政治家的偏激之论，并没有实质性地影响近现代以来人们对荀学日益提升的关注度。

综上所述，秦汉以来荀子地位及其思想影响的跌宕起伏，与荀学的内在思想有关，也与时代的变化和世事的纷繁有关。荀子及其思想在秦汉之际很受学者重视，对当时政治也很有影响，直到隋唐之世，荀子还以其博识深思而受到学者推崇。最有影响的《荀子》版本就是唐代学者杨倞的《荀子》注本。两宋以后，由于理学大盛，荀子的思想逐渐受到理学家排斥，这主要是因为荀子讲求实效的学说与理学的悬浮作风格格不入。到了清代，理学开始衰败，实学兴起，荀子之学又重新受到重视。近现代以来，荀子思想越来越引人注目，甚至被称为"荀学"。但是，不管对荀学的褒贬是非如何，都说明荀学已经成为时代发展和思想进退的必要组成部分。随着对于《荀子》和荀子思想研究的不断深入，荀学的影响一定会一日高过一日。光芒四射的荀学不仅是三晋文化的一颗明珠，也是中国思想史上不可或缺的重要内容。

参考文献

[1] ［汉］司马迁:《史记》，中华书局，1959年。

[2] ［汉］班固:《汉书》，中华书局，1962年。

[3] 王利器:《盐铁论校注》，天津古籍出版社，1983年。

[4] 钱穆:《先秦诸子系年》，中华书局，1985年。

[5] 向宗鲁:《说苑校证》，中华书局，1987年。

[6] ［清］王先谦:《荀子集解》，中华书局，1988年。

[7] 王志民:《齐文化概论》，山东人民出版社，1993年。

[8] ［唐］林宝:《元和姓纂》，中华书局，1994年。

[9] 陈奇猷:《韩非子新校注》，上海古籍出版社，2000年。

[10] 孔繁:《荀子评传》，南京大学出版社，2011年。

[11] 高专诚:《论语通说》，山西人民出版社，2004年。

[12] 高专诚:《孟子通说》，山西人民出版社，2004年。

［13］刘保明：《荀子故里考》，载《山西日报》2008年10月21日版。

［14］廖名春：《〈荀子〉新探》，中国人民大学出版社，2014年。

［15］顾立雅著、高专诚译《孔子与中国之道》，大象出版社，2014年。

［16］耿振东：《〈管子〉学史》，商务印书馆，2018年。

荀子年表

约公元前340—前345年，战国晚期，出生于赵国郇邑。

约公元前340—前290年，主要在家乡生活、学习。

公元前320—前311年，在燕国求仕。

约公元前290年，赴齐国。

约公元前290—前264年，在齐国"稷下"游学。

公元前264—前259年，在赵国，与赵国将军临武君和赵孝成王对话。在秦国，会见相国范睢和秦昭襄王。

约公元前259年，离开秦国，到达楚国。

公元前255年，担任楚国兰陵令。

公元前246年，李斯与老师荀子告别，入秦求仕。

公元前238年，失去兰陵令职位。仍在兰陵生活。

约公元前235年，百岁左右。

荀卿传

荀卿，赵人。年五十始来游学于齐。驺衍之术迂大而闳辩，奭也文具难施，淳于髡久与处，时有得善言。故齐人颂曰："谈天衍，雕龙奭，炙毂过髡。"田骈之属皆已死。齐襄王时，而荀卿最为老师。齐尚修列大夫之缺，而荀卿三为祭酒焉。齐人或谗荀卿，荀卿乃适楚，而春申君以为兰陵令。春申君死而荀卿废，因家兰陵。李斯尝为弟子，已而相秦。荀卿嫉浊世之政，亡国乱君相属，不遂大道而营于巫祝，信机祥，鄙儒小拘，如庄周等又猾稽乱俗，于是推儒、墨、道德之行事兴坏，序列著数万言而卒。因葬兰陵。

（《史记》卷七十四《孟子荀卿列传第十四》）